舊唐書

後晋 劉 昫 等撰

第 九 册

卷八五至卷一〇〇（傳）

中 華 書 局

舊唐書卷八十五

列傳第三十五

唐臨 孫紹　張文瓘 兄文琮　從弟文收　徐有功

唐臨，京兆長安人，周內史瑾孫也。其先自北海徙關中。伯父令則，開皇末爲左庶子，坐諂事太子勇誅死。臨少與兄皎俱有令名。武德初，隱太子總兵東征，臨詣軍獻平王世充之策，太子引直典書坊，尋授右衞率府鎧曹參軍。宮殿廢，出爲萬泉丞。縣有輕囚十數人，會春暮時雨，臨白令請出之，令不許。臨曰：「明公若有所疑，臨請自當其罪。」令因請假，臨召囚悉令歸家耕種，與之約，令歸繫所。囚等皆感恩貸，至時畢集詣獄，臨因是知名。

再遷侍御史，奉使嶺外，按交州刺史李道彥等申叩冤繫三千餘人。累轉黃門侍郎，加銀青光祿大夫。儉薄寡欲，不治第宅，服用簡素，寬於待物。嘗欲弔喪，令家童自歸家取白衫，家僮誤將餘衣，懼未敢進。臨察知之，使召謂曰：「今日氣逆，不宜哀泣，向取白衫，且止之也。」又嘗令人煮藥失制，潛知其故，謂曰：「陰晴不宜服藥，宜即棄之。」竟不揚言其過，其寬恕如此。

高宗即位，檢校吏部侍郎。其年，遷大理卿。高宗嘗問臨在獄繫囚之數，臨對詔稱旨，帝喜曰：「朕昔在東宮，卿已事朕，朕承大位，卿又居近職，以疇昔相委，故授卿此任。然為國之要，在於刑法，法急則人殘，法寬則失罪，務令折中，稱朕意焉。」高宗又嘗親錄死囚，前卿所斷者號叫稱冤，臨所入者獨無言。帝怪問狀，囚曰：「罪實自犯，唐卿所斷，既非冤濫，所以絕意耳。」帝歎息良久曰：「為獄者不當如此耶！」

永徽元年，為御史大夫。明年，華州刺史蕭齡之以前任廣州都督贓事發，制付羣官集議。及議奏，帝怒，令於朝堂處置。臨奏曰：

臣聞國家大典，在於賞刑，古先聖王，惟刑是卹。虞書曰：「罪疑惟輕，功疑惟重，與其殺弗辜，寧失弗經。」周禮：「刑平國用中典，刑亂國用重典。」天下太平，應用堯、舜之典。比來有司多行重法，敍勳必須刻削，論罪務從重科，非是憎惡前人，止欲自為身計。今議蕭齡之事，有輕有重，重者流死，輕者請除名。以齡之受委大藩，贓罪狼籍，原情取事，死有餘辜。然既遣詳議，終須近法。竊惟議事羣官，未盡識議刑本意。律有八議，並依周禮舊文，矜其異於衆臣，所以特制議法。禮：王族刑於隱者，所以議親；

刑不上大夫，所以議貴。知重其親貴，議欲緩刑，非爲嫉其賢能，謀致深法。今既許議，而加重刑，是與堯、舜相反，不可爲萬代法。

高宗從其奏，齡之竟得流於嶺外。

尋遷刑部尚書，加金紫光祿大夫，復歷兵部、度支、吏部三尚書。顯慶四年，坐事貶爲潮州刺史，卒官，年六十。所撰冥報記二卷，大行於世。

兄皎，武德初爲秦府記室，從太宗征討，專掌書檄，深見親待。貞觀中，累轉吏部侍郎。先是，選集無限，隨到補職，時漸太平，選人稍衆，皎始請以冬初一時大集，終季春而畢，至今行之。歷遷益州長史。卒，贈太常卿。

子之奇，調露中爲給事中，坐嘗爲章懷太子僚屬徙邊。文明元年，起爲括蒼令，與徐敬業作亂伏誅。

臨孫紹，博學，善三禮。神龍中，爲太常博士。景龍二年，韋庶人上言：「自妃、主及命婦、宮官，葬日請給鼓吹。」中宗特制許之。紹上疏諫曰：「竊聞鼓吹之樂，本爲軍容。昔黃帝涿鹿有功，以爲警衞。故棡鼓曲有靈夔吼、鵰鶚爭、石墜崖、壯士怒之類，自昔功臣備禮，適得用之。丈夫有四方之功，以恩加寵錫。假如郊天祀地，誠是重儀，惟有宮懸，本無案據。故知軍樂所備，尙不洽於神祇；鉦鼓之音，豈能接於閨閫。準式，公主、王妃已下葬禮，惟有團扇、方扇、綵帷、錦鄣之色。加之鼓吹，歷代未聞。又準令，五品官婚葬，元無鼓吹，惟京官五品，得借四品鼓吹爲儀。令特給五品以上母妻，五品官則不當給限〔二〕，便是班秩本因夫子〔三〕，儀飾乃復過之。事非倫次，難爲定制，參詳義理，不可常行。請停前敕，各依常典。」疏奏不納。

紹尋遷左臺侍御史，兼太常博士。中宗將親拜南郊，國子祭酒祝欽明等希旨皇后爲亞獻，紹與博士蔣欽緒固爭以爲不可。又則天父母二陵各置守戶五百人，武三思及子崇訓墓各置守戶六十人。以武氏外戚乃與昭陵禮同，三思等復逾親王之制，又上疏切諫。當時雖皆不從，深爲議者所美。睿宗卽位，又數陳時政損益，累轉給事中，仍知禮儀事。

先天二年冬，今上講武於驪山，紹以修儀注不合旨，坐斬。時今上旣怒講武失儀，坐紹於纛下，右金吾將軍李邈遽請宣敕，遂斬之。時人旣痛惜紹，而深咎於邈。尋有敕罷邈官，遂擯廢終其身。

張文瓘，貝州武城人。大業末，徙家魏州之昌樂。瓘幼孤，事母兄以孝友聞。貞觀初，舉明經，補幷州參軍。時英國公李勣爲長史，深禮之。累遷水部員外郎。時兄文琮爲戶部侍郎，舊制兄弟不許並居臺閣，遂出爲雲陽令。龍朔年，累授東西臺舍人、參知政事。尋遷東臺侍郎、同東西臺三品，兼知左史事。

時初造蓬萊、上陽、合璧等宮，又征討四夷，廐馬有萬匹，倉庫漸虛。文瓘因進諫曰：「人力不可不惜，百姓不可不養，養之逸則富以康，使之勞則怨以叛。秦皇、漢武，廣事四夷，多造宮室，使土崩瓦解，戶口減半。臣聞制化於未亂，保邦於未危，人罔常懷，懷於有仁。陛下不制於未亂之前，安能救於既危之後？百姓不堪其弊，必構禍難，殷鑒不遠，近在隋朝。臣願稍安撫之，無使生怨。」上深納其言，於是節減廐馬數千匹，賜文瓘繒錦百段。

咸亨三年，官名復舊，改授黃門侍郎，兼太子左庶子。俄遷大理卿，依舊知政事。文瓘至官旬日，決遣疑事四百餘條，無不允當，自是人有抵罪者，皆無怨言。文瓘嘗有疾，繫囚相與齋禱，願其視事。當時咸稱其執法平恕，以比戴冑。上元二年，拜侍中，兼太子賓客。大理諸囚聞文瓘改官，一時慟哭，其感人心如此。

文瓘性嚴正，諸司奏議，多所糾駁，高宗甚委之。或時臥疾在家，朝廷每有大事，上必問諸宰臣曰：「與文瓘議未？」奏云未者，則遣共籌之；奏云已議者，皆報可從之。其後新羅外叛，高宗將發兵討除。時文瓘疾病在家，乃輿疾請見，奏曰：「比爲吐蕃犯邊，兵屯寇境，新羅雖未卽順，師不內侵。若東西俱事征討，臣恐百姓不堪其弊。請息兵修德以安百姓。」高宗從之。儀鳳二年卒，年七十三，贈幽州都督，謚曰懿。以其經事孝敬皇帝，特敕陪葬恭陵。

四子：潛、沛、洽、涉。中宗時，潛官至魏州刺史，沛同州刺史，洽衞尉卿，涉殿中監。父子兄弟五人皆至三品官，時人謂之「萬石張家」。及韋温等被誅之際，涉爲亂兵所殺。

兄文琮，貞觀中爲持書侍御史。三遷亳州刺史，爲政淸簡，百姓安之。永徽初，表獻太宗文皇帝頌，優制褒美，賜絹百匹，徵拜戶部侍郎。從母弟房遺愛以罪貶授房州刺史，文琮作詩祖餞；及遺愛誅，坐是出爲建州刺史。州境素尙淫祀，不修社稷，文琮下敎書曰：「春秋二社，蓋本爲農，惟獨此州，廢而不立。禮典旣闕，風俗何觀？近年已來，田多不熟，抑不祭先農所致乎！神在於敬，何以邀福？」於是示其節限條制，百姓欣而行之。尋卒。文集二十卷。

子戩，官至江州刺史，撰喪儀纂要七卷，行於時。

戩弟錫，則天時爲鳳閣侍郎、同鳳閣鸞臺平章事。先是，姊子李嶠知政事，錫拜官，而嶠罷相出爲國子祭酒，舅甥相代爲相，時人榮之。錫與鄭杲俱知天官選事，坐贓，則天將斬之以徇，臨刑而特赦之。中宗時，累遷工部尚書，兼修國史，尋令於東都留守。中宗崩，韋庶人臨朝，詔錫與刑部尚書裴談並同中書門下三品。旬日，出爲絳州刺史。累封平原郡公，以年老致仕而卒。

文琮從父弟文收，隋內史舍人虔威子也。尤善音律，嘗覽蕭吉樂譜，以爲未甚詳悉，更博採羣言及歷代沿革，裁竹爲十二律吹之，備盡旋宮之義。時太宗將創制禮樂，召文收於太常，令與少卿祖孝孫參定雅樂。太樂有古鍾十二，近代惟用其七，餘有五，俗號啞鍾，莫能通者。文收吹律調之，聲皆響徹，時人咸服其妙。尋授協律郎。十一年，文收表請釐正太樂，上謂侍臣曰：「樂本緣人，人和則樂和。至如隋煬帝末年，天下喪亂，縱令改張音律，知其終不和諧。若使四海無事，百姓安樂，音律自然調和，不藉更改。」竟不依其請。十四年，景雲見，河水清，文收採朱雁天馬之義，制景雲河清樂，名曰「燕樂」，奏之管絃，爲樂之首，今元會第一奏者是也。咸亨元年，遷太子率更令，卒官。撰新樂書十二卷。

徐有功，國子博士文遠孫也。舉明經，累轉蒲州司法參軍，紹封東莞男。爲政寬仁，不行杖罰，吏人感其恩信，遞相約曰：「若犯徐司法杖者，衆必斥罰之。」由是人爭用命，終於代滿，不戮一人。載初元年，累遷司刑丞。時酷吏周興、來俊臣、丘神勣、王弘義等構陷無辜，皆抵極法，公卿震恐，莫敢正言。有功獨存平恕，詔下大理者，有功皆議出之，前後濟活數十百家。常於殿庭論奏曲直，則天厲色詰之，左右莫不悚慄，有功神色不撓，爭之彌切。尋轉秋官員外郎，轉郎中。

俄而鳳閣侍郎任知古、冬官尚書裴行本等七人被構陷當死，則天謂公卿曰：「古人以殺止殺，我今以恩止殺，就羣公乞知古等，錫以再生，各授以官，佇申來效。」俊臣、張知默等又抗表請申大法，則天不許之。俊臣乃獨引行本，重驗前罪，奏曰：「行本潛行悖逆，告張知謇與廬陵王反不實〔三〕，罪當處斬。」有功駁奏曰：「俊臣乖明主再生之賜，虧聖人恩信之道。爲臣雖當嫉惡，然事君必將順其美。」行本竟以免死。

道州刺史李仁褒及弟榆次令長沙，又爲唐奉一所構，高宗末私議吉凶，謀復李氏，將誅之。有功又固爭之，不能得。秋官侍郎周興奏有功曰：「臣聞兩漢故事，附下罔上者腰斬，面欺者亦斬。又禮云：析言破律者殺。有功故出反囚，罪當不赦，請推按其罪。」則天雖不許繫問，然竟坐免官。久之，起爲左臺侍御史，則天特褒異之。時遠近聞有功授職，皆欣然相賀。

有功嘗上疏論天官、秋官及朝堂三司理匭使愆失，其略曰：「陛下卽位已來，海內職員一定，而天下選人漸多。掌選之曹用捨不平，補擬乖次，囑請公行，顏面罔懼。遂使囂謗滿路，怨讟盈朝，寖以爲常，殊無愧憚。又往屬唐朝季年，時多逆節，鞫訊結斷，刑獄至嚴。革命以來，載祀遐積，餘風未殄，用法猶深。今推鞫者猶行酷法，妄劾斷，臣卽按驗，奏而劾之，獲其枉狀，請卽付法斷罪，亦奪祿貶考，以懲其德。其三司受表及理匭中寃使，不速與奪，致令擁塞，有理不爲申者，亦望準前彈奏，貶考奪祿。臣昔處法司〔四〕，緣蒙擢用，臣無以上答至造，願以執法酬恩。無縱詭隨，不避強禦，猛噬鷙擊，是臣之分。如蒙允納，請降敕施行，庶不越旬時，亦可以除殘革弊，刑措不用，天下幸甚。」

後潤州刺史竇孝諶妻龐氏爲奴誣告，云夜解祈福，則天令給事中薛季昶鞫之。季昶鍛鍊成其罪，龐氏當坐斬；有功獨明其無罪。而季昶等返陷有功黨援惡逆，奏付法，法司結刑當棄市。有功方視事，令史垂泣以告，有功曰：「豈吾獨死，而諸人長不死耶？」乃徐起而歸。則天覽奏，召有功詰之曰：「卿比斷獄，失出何多？」對曰：「失出，臣下之小過；好生，聖人之大德。願陛下弘大德，則天下幸甚。」則天默然。於是龐氏減死，流於嶺表，有功除名爲庶人。尋起爲左司郎中，累遷司刑少卿。有功謂所親曰：「今身爲大理，人命所懸，必不能順旨詭辭以求苟免。」故前後爲獄官，以諫奏枉誅者，三經斷死，而執志不渝，酷吏由是少褒，時人比漢之于、張焉。或曰：「若獄官皆然，刑措何遠。」久之，轉司僕少卿。長安二年卒，年六十二，贈司刑卿。

中宗即位，制曰：「忠正之臣，自昔攸尚；褒贈之典，舊章所重。故贈大理卿徐有功，節操貞勁，器懷亮直，徇古人之志業，實一代之賢良，司彼刑書，深存敬慎。周興、來俊臣等性惟殘酷，務在誅夷，不順其情，立加誣害。有功卓然守法，雖死不移，無屈撓之心，有忠烈之議。當其執斷，並遇平反，定國、釋之，何以加此。朕惟新庶政，追想前跡，其人既歿，其德可稱。追往贈終，慰茲泉壤。可贈越州刺史，仍遣使就家弔祭，賜物百段，授一子官。」今上踐祚，竇孝諶之子希瑊等請以身之官爵讓有功子惀，以報舊恩，惀由是自太子司議郎、恭陵令累遷申王府司馬，卒。

史臣曰：文法，理具之大者，故舜命皋陶爲士，昌言誡敕，勤亦至焉。蓋人命所懸，一失其平，冤不可復，聖王所以疚心也。如臨之守法，文瓘之議刑，時屬哲王，可以理奪。當賊后遷鼎之際，酷吏羅織之辰，徐有功獨抗羣邪，持平不撓，此所以爲難也。比釋之、定國，徐又過之。希瑊讓爵酬恩，可知遺愛。

贊曰：聽訟惟明，持法惟平。二者或爽，人何以生？猗歟徐公，獬豸之精。世皆紛濁，不改吾清。

校勘記

〔一〕得借四品鼓吹爲儀令特給五品以上母妻五品官則不當給限　「鼓吹爲儀令特給五品以上母妻五品」十五字各本原無，據本書卷二八音樂志補。

〔二〕夫子　各本原作「天子」，據本書卷二八音樂志、册府卷五四五改。

〔三〕張知謇　「謇」字各本原作「蹇」，據本書卷一八五下張知謇傳改。

〔四〕法司　「司」字各本原無，據英華卷六二四、全唐文卷一六三補。

舊唐書卷八十六

列傳第三十六

高宗中宗諸子

燕王忠　原王孝　澤王上金　許王素節　孝敬皇帝弘 裴居道附
章懷太子賢 賢子邠王守禮　懿德太子重潤　庶人重福
節愍太子重俊　殤帝重茂

高宗八男：則天順聖皇后生中宗、睿宗及孝敬皇帝弘、章懷太子賢，後宮劉氏生燕王忠，鄭氏生原王孝，楊氏生澤王上金，蕭淑妃生許王素節。

燕王忠，字正本，高宗長子也。高宗初入東宮而生忠，宴宮僚於弘教殿。太宗幸宮，顧謂宮臣曰：「頃來王業稍可，非無酒食，而唐突卿等宴會者，朕初有此孫，故相就爲樂耳。」太宗酒酣起舞，以屬羣臣，在位於是遍舞，盡日而罷，賜物有差。貞觀二十年，封爲陳王。

永徽元年，拜雍州牧。時王皇后無子，其舅中書令柳奭說后謀立忠爲皇太子，以忠母賤，冀其親己，后然之。奭與尚書右僕射褚遂良、侍中韓瑗諷太尉長孫無忌、左僕射于志寧等〔一〕，固請立忠爲儲后，高宗許之。三年，立忠爲皇太子，大赦天下，五品已上子爲父後者賜勳一級。六年，加元服，制大辟罪已下並降一等，大酺三日。

其年王皇后被廢，武昭儀所生皇子弘年三歲，禮部尚書許敬宗希旨上疏曰：「伏惟陛下憲章千古，含育萬邦，爰立聖慈，母儀天下。既而皇后生子，合處少陽。出自塗山，是謂吾君之胤；夙聞胎教，宜展問豎之心。乃復爲孽奪宗，降居藩邸，是使前星匿彩，瑶嶽韜峯。臣以愚誠，竊所未喻。且今之守器，素非皇嫡，永徽爰始，國本未生，權引彗星，越昇明兩。近者元妃載誕，正胤降神，重光日融，爝暉宜息。安可以茲傍統，叨據温文？國有諍臣，孰逃其責！竊惟息姑克讓，可以思齊；劉彊守藩，宜遵往軌。追蹤太伯，不亦休哉；踵武延陵，故常安矣。寧可反植枝幹，久易位於天庭；倒襲裳衣，使違方於震位？蠢爾黎庶，云誰係心，垂裕後昆，將何播美？」高宗從之。顯慶元年，廢忠爲梁王，授梁州都督，賜實封二千戶，物二萬段，甲第一區。其年，轉房州刺史。

忠年漸長大，常恐不自安，或私衣婦人之服，以備刺客。又數有妖夢，常自占卜。事發，五年，廢爲庶人，徙居黔州，囚於承乾之故宅。麟德元年，又誣忠與西臺侍郎上官儀〔三〕、宦者王伏勝謀反，賜死於流所，年二十二，無子。儀等伏誅。明年，皇太子弘表請收葬，許之。神龍初，追封燕王，贈太尉、揚州大都督。

原王孝，高宗第二子也。永徽元年，封許王。三年，拜并州都督。顯慶三年，累除遂州刺史。麟德元年薨，贈益州大都督，謚曰悼。神龍初，追贈原王、司徒、益州大都督。

澤王上金，高宗第三子也。永徽元年，封杞王。三年，遙授益州大都督。乾封元年，累轉壽州刺史，有罪免官，削封邑，仍於澧州安置。上金既爲則天所惡，所司希旨，求索罪失以奏之，故有此黜。永隆二年二月，則天矯抗表杞王上金、鄱陽王素節許同朝集之例，義陽、宣城二公主緣母蕭氏獲譴，從夫外官，請授官職。以上金爲沔州刺史，素節爲岳州刺史，仍不預朝集。嗣聖元年，上金、素節、義陽、宣城二公主聽赴哀。文明元年，上金封畢王，素節封爲葛王；又改上金封爲澤王、蘇州刺史，素節許王、隆州刺史。垂拱元年，改陳州刺史。永昌元年，授太子左衞率，出爲隨州刺史。

載初元年，武承嗣使酷吏周興誣告上金、素節謀反，召至都，繫於御史臺。舒州刺史、許王素節見殺於都城南驛，因害其支黨。上金恐懼，自縊死。子義珍、義玫、義璋、義環、義瑾、義璲七人並配流顯州而死。神龍初，追復上金官爵，封庶子義珣爲嗣澤王。

先是，義珣竄在嶺外，匿於傭保之間。及紹封無幾，有人告義珣非上金子，假冒襲爵，義珣不能自明，復流於嶺外。開元初，封素節子璆爲嗣澤王，繼上金後。十二年，玉眞公主表稱義珣實上金遺胤，被嗣許王瓘兄弟利其封爵，謀構廢之。今上由是削璆王爵，復召義珣爲嗣澤王，拜率更令。因是，諸宗室非本宗襲爵，自中興已後繼爲嗣王者，皆令歸宗，削其爵邑也。

許王素節，高宗第四子也。年六歲，永徽二年，封雍王，尋授雍州牧。素節能日誦古詩賦五百餘言，受業於學士徐齊聃，精勤不倦，高宗甚愛之。又轉岐州刺史。年十二，改封郇王。

初，則天未爲皇后也，與素節母蕭淑妃爭寵，遞相譖毀。六年，則天立爲皇后後，淑妃竟爲則天所譖毀，幽辱而殺之。素節尤被讒嫉，出爲申州刺史。乾封初，下敕曰：「素節既舊疾患，宜不須入朝。」而素節實無疾。素節自以久乖朝覲，遂著忠孝論以見意，詞多不載。

時王府倉曹參軍張柬之因使潛封此論以進，則天見之，逾不悅，誣以贓賄，降封鄱陽郡王，仍於袁州安置。儀鳳二年，禁錮終身，又改於岳州安置。永隆元年，轉岳州刺史，後改封葛王。則天稱制，又進封許王，累除舒州刺史。天授中，與上金同被誣告，追赴都。臨發州，聞有遭喪哭者，謂左右曰：「病死何由可得，更何須哭！」行至都城南龍門驛，被縊死，年四十三，則天令以庶人禮葬之。中宗卽位，追封許王，贈開府儀同三司、許州刺史，仍以禮改葬，陪於乾陵。

素節被殺之時，子瑛、琬、璣、瑒等九人並爲則天所殺；惟少子琳、瓘、璆、欽古以年小，特令長禁雷州。神龍初，封瓘爲嗣許王。開元初，封琳爲嗣越王，以紹越王貞之後；璆爲嗣澤王，以繼伯父澤王上金之後。

琳，官至右監門將軍，卒。

瓘，開元十一年爲衞尉卿，以抑伯上金男不得承襲，以弟璆繼之，遽讁瓘爲鄂州別駕。於是下詔絕其外繼，乃以故澤王上金男義珣爲嗣澤王，江王禕爲信安郡王，嗣蜀王褕爲廣漢郡王，嗣密王徹爲濮陽郡王，嗣曹王臻爲濟國公，嗣趙王琚爲中山郡王，武陽郡王繼宗爲澧國公。瓘累遷邠州刺史、祕書監、守太子詹事。璆性仁厚謹愿，居家邕睦，朝廷重之〔三〕。天寶六載卒，贈蜀郡大都督。瓘晚有子，命璆子益爲嗣。及卒，有解、需二子，皆幼儒。十一載，益襲封許王。十四載，解娶楊銛女，乃襲許王。

璆初爲嗣澤王，降爲郢國公、宗正卿同正員，特封褒信郡王。進龍池皇德頌，遷宗正卿、光祿卿、殿中監。天寶初，重拜宗正卿，加金紫光祿大夫。璆友弟聰敏，聞善若驚，宗子中有一善，無不薦拔，故宗枝居省闥者，多是璆之所舉。九載卒，贈江陵大都督。

孝敬皇帝弘，高宗第五子也。永徽四年，封代王。顯慶元年，立爲皇太子，大赦改元。弘嘗受春秋左氏傳於率更令郭瑜，至楚子商臣之事，廢卷而歎曰：「此事臣子所不忍聞，經籍聖人垂訓，何故書此？」瑜對曰：「孔子修春秋，義存襃貶，故善惡必書。襃善以示代，貶惡以誡後，故使商臣之惡，顯於千載。」太子曰：「非唯口不可道，故亦耳不忍聞，請改讀餘書。」瑜再拜賀曰：「里名勝母，曾子不入；邑號朝歌，墨子迴車。殿下誠孝冥資，睿情天發，凶悖之迹，黜於視聽。循奉德音，實深慶躍。臣聞安上理人，莫善於禮，非禮無以事天地之神，非禮無以辨君臣之位，故先王重焉。孔子曰：『不學禮，無以立。』請停春秋而讀禮記。」太子從之。

龍朔元年，命中書令、太子賓客許敬宗，侍中兼太子右庶子許圉師，中書侍郎上官儀，太子中舍人楊思儉等於文思殿博採古今文集，摘其英詞麗句，以類相從，勒成五百卷，名曰瑤山玉彩，表上之。制賜物三萬段，敬宗已下加級、賜帛有差。總章元年二月，親釋菜司成館，因請贈顏回太子少師，曾參太子少保，高宗並從之。

時有敕，征邊遼軍人逃亡限內不首及更有逃亡者，身並處斬，家口沒官。太子上表諫曰：「竊聞所司以背軍之人，身久不出，家口皆擬沒官。亦有限外出首，未經斷罪，諸州囚禁，人數至多。或臨時遇病，不及軍伍，緣茲怖懼，遂卽逃亡；或因樵採，被賊抄掠；或渡海來去，漂沒滄波；或深入賊庭，有被傷殺。軍法嚴重，皆須相傔。若不給傔，及不因戰亡，卽同隊之人，兼合有罪。遂有無故死失，多注爲逃。軍旅之中，不暇勘當，直據隊司通狀，將作眞逃，家口令總沒官〔四〕，論情實可哀愍。書曰：『與其殺不辜，寧失不經。』伏願逃亡之家，免其配沒。」制從之。

咸亨二年，駕幸東都，留太子於京師監國。時屬大旱，關中饑乏，令取廊下兵士糧視之，見有食楡皮蓬實者，乃令家令等各給米使足。是時戴至德、張文瓘兼左庶子，與右庶子蕭德昭同爲輔弼，太子多疾病，庶政皆決於至德等。時義陽、宣城二公主以母得罪，幽于掖庭，太子見之驚惻，遽奏請令出降。又請以同州沙苑地分借貧人。詔並許之。又召詣東都，納右衞將軍裴居道女爲妃。所司奏以白雁爲贄，適會苑中獲白雁，高宗喜曰：「漢獲朱雁，遂爲樂府；今獲白雁，得爲婚贄。彼禮但成謠頌，此禮便首人倫，異代相望，我無慚德也。」

裴氏甚有婦禮，高宗嘗謂侍臣曰：「東宮內政，吾無憂矣。」

上元二年，太子從幸合璧宮，尋薨，年二十四。制曰：「皇太子弘，生知誕質，惟幾毓性。直城趨駕，肅敬著於三朝；中寢問安，仁孝聞於四海。自琰圭在手，沉瘵嬰身，顧惟耀掌之珍，特切鍾心之念，庶其痊復，以禪鴻名。及腠理微和，將遜于位，而弘天資仁厚，孝心純確，既承朕命，掩欻不言，因兹感結，舊疾增甚。億兆攸繫，方崇下武之基；五福無徵，俄遷上賓之駕。昔周文至愛，遂延慶於九齡；朕之不慈，遽永訣於千古。天性之重，追懷哽咽，宜申往命，加以尊名。夫謚者，行之跡也；號者，事之表也。慈惠愛親曰『孝』，死不忘君曰『敬』，謚爲孝敬皇帝。」其年，葬於緱氏縣景山之恭陵，制度一準天子之禮，百官從權制三十六日降服。高宗親爲製叡德紀，并自書之於石，樹於陵側。初，將營築恭陵，功費鉅億，萬姓厭役，呼嗟滿道，遂亂投磚瓦而散。

太子無子，長壽中，制令楚王諱繼其後〔五〕。中宗踐祚，制祔于太廟，號曰義宗，又追贈妃裴氏爲哀皇后。景雲元年，中書令姚元之、吏部尚書宋璟奏言：「準禮，大行皇帝山陵事終，卽合祔廟。其太廟第七室，先祔皇昆義宗孝敬皇帝、哀皇后裴氏神主。伏以義宗未登大位，崩後追尊，至神龍之初，乃特令升祔。春秋之義，國君卽位未踰年者，不合列昭穆。又古者祖宗各別立廟，孝敬皇帝恭陵既在洛州，望於東都別立義宗之廟，遷祔孝敬皇帝、哀皇后神主，命有司以時享祭，則不違先旨，又協古訓，人神允穆，進退得宜。在此神主，望入夾室安置，伏願陛下以禮斷恩。」詔從之。開元六年，有司上言：「孝敬皇帝今別廟將建，享祔有期，準禮，不合更以義宗爲廟號，請以本謚孝敬爲廟稱。」於是始停義宗之號。

裴居道，絳州聞喜人，隋兵部侍郎鏡民孫也。父熙載，貞觀中爲尚書左丞。居道以女爲太子妃，則天時，歷位納言、內史、太子少保，封翼國公。載初元年春，爲酷吏所陷，下獄死。

章懷太子賢，字明允，高宗第六子也。永徽六年，封潞王。顯慶元年，遷授岐州刺史。其年，加雍州牧、幽州都督。時始出閤，容止端雅，深爲高宗所嗟賞。高宗嘗謂司空李勣曰：「此兒已讀得尚書、禮記、論語，誦古詩賦復十餘篇，暫經領覽，遂即不忘。我曾遣讀論語，至『賢賢易色』，遂再三覆誦。我問何爲如此，乃言性愛此言，方知夙成聰敏，出自天性。」龍朔元年，徙封沛王，加揚州都督，兼左武衞大將軍，雍州牧如故。二年，加揚州大都督。麟德二年，加右衞大將軍。咸亨三年，改名德，徙封雍王，授涼州大都督，雍州牧、右衞大將軍如故，食實封一千戶。上元元年，又依舊名賢。

上元二年，孝敬皇帝薨。其年六月，立爲皇太子，大赦天下，尋令監國。賢處事明審，爲時論所稱。儀鳳元年，手敕褒之曰：「皇太子賢自頃監國，留心政要。撫字之道，既盡於哀矜；刑網所施，務存於審察。加以聽覽餘暇，專精墳典。往聖遺編，咸窺壼奧；先王策府，備討菁華。好善載彰，作貞斯在，家國之寄，深副所懷。可賜物五百段。」賢又招集當時學者太子左庶子張大安、洗馬劉訥言、洛州司戶格希元、學士許叔牙成玄一史藏諸周寶寧等，注范曄後漢書，表上之，賜物三萬段，仍以其書付祕閣。

時正議大夫明崇儼以符劾之術爲則天所任使，密稱「英王狀類太宗」。又宮人潛議云，「賢是后姊韓國夫人所生」，賢亦自疑懼。則天又嘗爲賢撰少陽政範及孝子傳以賜之，仍數作書以責讓賢，賢逾不自安。調露二年，崇儼爲盜所殺，則天疑賢所爲。俄使人發其陰謀事，詔令中書侍郎薛元超、黃門侍郎裴炎、御史大夫高智周與法官推鞫之，於東宮馬坊搜得皁甲數百領，乃廢賢爲庶人，幽于別所。永淳二年，遷於巴州。文明元年，則天臨朝，令左金吾將軍丘神勣往巴州檢校賢宅，以備外虞。神勣遂閉於別室，逼令自殺，年三十二。則天舉哀於顯福門，貶神勣爲疊州刺史，追封賢爲雍王。神龍初，追贈司徒，仍遣使迎其喪柩，陪葬於乾陵。睿宗踐祚，又追贈皇太子，謚曰章懷。有三子：光順、守禮、守義。

光順，天授中封安樂郡王，尋被誅。

守義，文明年封犍爲郡王。垂拱四年，徙封永安郡王，病卒。

守禮本名光仁，垂拱初改名守禮，授太子洗馬，封嗣雍王。時中宗遷於房陵，睿宗雖居帝位，絕人朝謁，諸武贊成革命之計，深嫉宗枝。守禮以父得罪，與睿宗諸子同處於宮中，凡十餘年不出庭院。至聖曆元年，睿宗自皇嗣封爲相王，許出外邸；睿宗諸子五人皆封郡王，與守禮始居於外。

神龍元年，中宗篡位，授守禮光祿卿同正員。神龍中，遺詔進封邠王，賜實封五百戶。景雲二年，帶光祿卿，兼幽州刺史，轉左金吾衞大將軍，遙領單于大都護。先天二年，遷司空。開元初，歷虢、隴、襄、晉、滑六州刺史，非奏事及大事，並上佐知州。時寧、申、岐、薛、邠同爲刺史，皆擇首僚以持綱紀。源乾曜、袁嘉祚、潘好禮皆爲邠府長史兼州佐，守禮唯弋獵、伎樂、飲謔而已。九年已後，諸王並徵還京師。

守禮以外枝爲王，才識猥下，尤不逮岐、薛。多寵嬖，不修風教，男女六十餘人，男無中才，女負貞稱，守禮居之自若，高歌擊鼓。常帶數千貫錢債，或有諫之者曰：「王年漸高，家累甚衆，須有愛惜。」守禮曰：「豈有天子兄沒人葬？」諸王因內讌言之，以爲歡笑。雖積陰累日，守禮白於諸王曰：「欲晴。」果晴。愆陽涉旬，守禮曰：「卽雨。」果連澍。岐王等奏之，云：「邠哥有術。」守禮曰：「臣無術也。則天時以章懷遷謫，臣幽閉宮中十餘年，每歲被敕杖數頓，見瘢痕甚厚。欲雨臣脊上卽沉悶，欲晴卽輕健，臣以此知之，非有術也。」涕泗霑襟，玄宗亦憫然。二十九年薨，年七十餘，贈太尉。

子承宏，開元初封廣武郡王，歷祕書員外監，又爲宗正卿同正員。廣德元年，吐蕃凌犯上都，乘輿幸陝。蕃、渾之衆入城，吐蕃宰相馬重英立承宏爲帝，以于可封、霍瓌等爲宰相，補署百餘人。旬餘日，賊退，郭子儀率衆入城，送承宏於行在，上不之責，止於虢州。尋死。

承寧，天寶初，授率更令同正員，嗣邠王。

承寀，至德二載封爲燉煌郡王，加開府儀同三司。與僕固懷恩使迴紇和親，因納其女爲妃，册爲毗伽公主〔六〕。迴紇著勳，承寀甚遇恩寵。乾元元年六月卒，贈司空。

唐法，嗣郡王但加四品階，親王子例著緋。開元中，張九齡爲中書令，奏請寧、薛王男並賜紫，邠王三男衣紫，餘二十人衣緋，官亦不越六局郎，王府掾屬仍員外置。十五載，扈從至巴蜀，依例著紫。

中宗四男：韋庶人生懿德太子重潤，後宮生庶人重福、節愍太子重俊、殤帝重茂。

懿德太子重潤，中宗長子也。本名重照，以避則天諱，故改焉。開耀二年，中宗爲皇太子，生重潤於東宮內殿，高宗甚悅。及月滿，大赦天下，改元爲永淳。是歲，立爲皇太孫，開府置官屬。及中宗遷於房州，其府坐廢。聖曆初，中宗爲皇太子，封爲邵王。大足元年，爲人所構，與其妹永泰郡主、壻魏王武延基等竊議張易之兄弟何得恣入宮中，則天令杖殺，時年十九。重潤風神俊朗，早以孝友知名，既死非其罪，大爲當時所悼惜。中宗卽位，追贈皇太子，謚曰懿德，陪葬乾陵。仍爲聘國子監丞裴粹亡女爲冥婚，與之合葬。又贈永泰郡主爲公主，令備禮改葬，仍號其墓爲陵焉。

庶人重福，中宗第二子也。初封唐昌王，聖曆三年，徙封平恩王。長安四年，進封譙王，歷遷國子祭酒、左散騎常侍。神龍初，爲韋庶人所譖，云與張易之兄弟潛構成重潤之罪，由是左授濮州員外刺史，轉均州，司防守，不許視事。景龍三年，中宗親祀南郊，大赦天下，流人並放還。重福不得歸京師，尤深鬱怏，上表自陳曰：「臣聞功同賞異，則勞臣疑；罪均刑殊，則百姓惑。伏惟陛下德侔造化，明齊日月，恩及飛鳥，惠加走獸。近者焚柴展禮，郊祀上玄，萬物霑愷悌之仁，六合承曠蕩之澤。事無輕重，咸赦除之。蒼生並得赦除，赤子偏加擯棄，皇天平分之道，固若此乎？天下之人，聞者爲臣流涕；況陛下慈念，豈不愍臣棲惶？伏望捨臣罪愆，許臣朝謁。儻得一仰雲陛，再覩聖顏，雖沒九泉，實爲萬足。重投荒徼，亦所甘心。」表奏不報。

及韋庶人臨朝，遽令左屯衞大將軍趙承恩以兵五百人就均州守衞重福。俄而韋氏伏誅，睿宗即位，又轉集州刺史。未及行，洛陽人張靈均進計於重福曰：「大王地居嫡長，自合繼爲天子。相王雖有討平韋氏功，安可越次而居大位。昔漢誅諸呂，猶迎代王，今東都百官士庶，皆願王來。王若潛行直詣洛陽，亦是從天上落，遣人襲殺留守，卽擁兵西據陝州，東下河北，此天下可圖也。」初，景龍三年，鄭愔自吏部侍郎出爲江州司馬，便道詣重福陰相結託。至是又與靈均通傳動靜，亦密遣使勸重福構逆，預推尊重福爲天子，温王重茂爲皇太弟，自署爲左丞相。重福乃遣家臣王道先赴東都，潛募勇敢之士，重福遽自均州詐乘驛與靈均繼進。

王道始至東都，俄有洩其謀者，洛州司馬崔日知捕獲其黨數十人。頃聞重福至，王道等率衆隨重福徑取左右屯營兵作亂，將至天津橋，願從者已數百人，皆執持器仗，助其威勢。侍御史李邕先詣左掖門，令閉關拒守。又至右屯營號令云：「重福雖先帝之子，已得罪於先帝，今者無故入城，必是作亂。君等皆委質聖朝，宜盡誠節，立功立事，以取富貴。」有頃，重福果來奪右屯營，堅壁不動，營中矢射如雨。便趣左掖門，擬取留守，遇門閉，遂縱火以燒城門。左屯營兵又來逼之，重福度數窮，出自上東門而遁，匿於山谷間。明日，東都留守裴談等大出兵搜索，重福窘迫，自投漕河而死，磔屍三日，時年三十一。

詔曰：「集州刺史譙王重福，幼則兇頑，長而險詖。幸託體於先聖，嘗通交於巨逆。子而不子，自絕於天；有國有家，莫容於代。往者頗不含忍，長令幽縶。自大行晏駕，韋氏臨朝，將肆屠滅，尤加防衞。洎天有成命，集于朕躬，永懷猶子之情，庶協先親之義。所以開置僚屬，任隆刺舉，冀其悛改，以怙恩榮。而詿誤有徒，狂狡未息。便即私出均州，詐乘驛騎，至于都下，遂逞其謀。先犯屯兵，次燒左掖，計窮力屈，投河而斃。雖人所共棄，邦有常刑，我非不慈，爾自招咎。且聞其故，有惻于懷。昔劉長既歿，楚英遂殞，以禮收葬，抑惟舊章，屈法申恩，宜仍舊寵。可以三品禮葬。」

節愍太子重俊，中宗第三子也。聖曆元年，封義興郡王。長安中，累授衞尉員外少卿。神龍初，封衞王，拜洛州牧，賜實封千戶，尋遷左衞大將軍，兼遙授揚州大都督。二年秋，立爲皇太子。重俊性雖明果，未有賢師傅，舉事多不法。俄以祕書監楊璬、太常卿武崇訓並爲太子賓客，璬等皆主壻年少，唯以蹴鞠猥戲取狎於重俊，竟無調護之意。左庶子姚珽數上疏諫諍，右庶子平貞慎又獻孝經議、養德傳以諷，重俊皆優納焉。

時武三思得幸中宮，深忌重俊。三思子崇訓尚安樂公主，常教公主凌忽重俊，以其非韋氏所生，常呼之爲奴。或勸公主請廢重俊爲王，自立爲皇太女，重俊不勝忿恨。三年七月，率左羽林大將軍李多祚、右羽林將軍李思沖、李承況、獨孤禕之、沙吒忠義等，矯制發左右羽林兵及千騎三百餘人，殺三思及崇訓于其第，並殺黨與十餘人。又令左金吾大將軍成王千里分兵守宮城諸門，自率兵趨肅章門，斬關而入，求韋庶人及安樂公主所在。又以昭容上官氏素與三思姦通，扣閤索之。韋庶人及公主遽擁帝馳赴玄武門樓，召左羽林將軍劉仁景等，令率留軍飛騎及百餘人於樓下列守。俄而多祚等兵至，欲突玄武門樓，宿衞者拒之，不得進。帝據檻呼多祚等所將千騎，謂曰：「汝並是我爪牙，何故作逆？若能歸順，斬多祚等，與汝富貴。」於是千騎王歡喜等倒戈，斬多祚及李承況、獨孤禕之、沙吒忠義等於樓下，餘黨遂潰散。重俊既敗，率其屬百餘騎趨肅章門，奔終南山，帝令長上果毅趙思慎率輕騎追之。重俊至鄠縣西十餘里，騎不能屬，唯從奴數人，會日暮憩林下，爲左右所殺。制令梟首于朝，又獻之於太廟，并以祭三思、崇訓屍柩。

睿宗即位，下制曰：「朕聞曾氏之孝也，慈親惑於疑聽；趙虜之族也，明主哀而望思。歷考前聞，率由舊典。重俊，大行之子，元良守器。往罹構間，困於讒嫉。莫顧鈇鉞，輕盜甲兵，有此誅夷，無不悲惋。今四凶咸服，十起何追，方申赤暈之冤〔七〕，以紓黃泉之痛。可贈皇太子。」謚曰節愍，陪葬定陵。一子宗暉，開元初封湖陽郡王。

初，重俊被害，宮府僚吏莫敢近者，永和丞甯嘉勗解衣裹重俊首號哭，時人義之。宗楚客聞而大怒，收付制獄，貶爲平興丞，尋卒。睿宗踐祚，下制曰：「甯嘉勗能重名節，事高欒、向，幽塗已往，生氣凜然。靜言忠義，追存褒寵。可贈永和縣令〔九〕。」

宗暉，天寶中爲衞尉員外卿。十一載，王鉷反，宗暉以賣宅與鉷，貶涪川郡長史，量移盧陽長史。至德元年，追赴行在所，授特進、鴻臚卿。宗暉無他才，以外族之親，受恩顧轉隆。太常員外卿卒。

殤皇帝重茂，中宗第四子也。聖曆三年，封北海王。神龍初，進封溫王，授右衞大將軍，兼遙領并州大都督，未出閤。景龍四年，中宗崩，韋庶人立重茂爲帝，而自臨朝稱制。及韋氏敗，重茂遂遜位，讓叔父相王，退居別所。景雲二年，改封襄王，遷於集州，令中郎將率兵五百人守衞。開元二年，轉房州刺史。尋薨，時年十七，謚曰殤皇帝，葬於武功西原。

史臣曰：前代以嬖婦孽子破國亡家者多矣，然未如大帝、孝和之甚也。高宗八子，二王早世，爲武后所斃者四人，章懷以母子之愛，穎悟之賢，猶不免於虎口，況燕、澤、素節異腹之亂乎！覆載胡心，産茲鴆毒，悲夫！孝和母嚚婦傲女暴，如置身羣魅之中，安有保其終吉哉！天將滌盪昏氛，非重茂所能支也。

贊曰：父子天性，嬖能害正。宜曰、申生，翻爲不令。唐年鈞德，章懷最仁。兇母畏明，取樂於身。

校勘記

〔一〕左僕射于志寧　「左僕射」各本原作「右僕射」，據本書卷七八于志寧傳、册府卷二五七改。

〔二〕西臺侍郎　「西臺」各本原作「東臺」，據本書卷八〇上官儀傳、新書卷一〇五上官儀傳、通鑑卷二〇一改。

〔三〕璆性仁厚謹愿居家邕睦朝廷重之　此十四字上文所敍皆璀事。下文云：「天寶六載卒，贈蜀郡大都督。」核以新書，卒後贈蜀郡大都督者係璀；且本傳下文又敍璆卒於天寶九載，贈江陵大都督，故此處「璆」字當爲「璀」之誤。

〔四〕令總沒官　「令」字各本原作「今」，據册府卷二六一改。

〔五〕楚王諱　「諱」字各本原作「瑋」，按新書卷八一孝敬皇帝弘傳，作「楚王隆基」。史文避其名諱，故稱「楚王諱」，而誤「諱」爲「瑋」，今改正。

〔六〕毗伽公主　「伽」字各本原作「佐」，據新書卷八一章懷太子傳改。冊府卷九七九「迦」作「加」字。

〔七〕赤暈　「暈」字各本原作「軍」，據冊府卷二六一、唐大詔令集卷三一改。

〔八〕永和縣令　「令」字各本原作「丞」，據新書卷八一節愍太子重俊傳改。

舊唐書卷八十七

列傳第三十七

裴炎　劉禕之　魏玄同　李昭德

裴炎，絳州聞喜人也。少補弘文生，每遇休假，諸生多出遊，炎獨不廢業。歲餘，有司將薦舉，辭以學未篤而止。在館垂十載，尤曉春秋左氏傳及漢書。擢明經第，尋爲濮州司倉參軍。累歷兵部侍郎、中書門下平章事、侍中、中書令。

永淳元年，高宗幸東都，留太子哲守京師，命炎與劉仁軌、薛元超爲輔。明年，高宗不豫，炎從太子赴東都侍疾。十一月，高宗疾篤，命太子監國，炎奉詔與黃門侍郎劉齊賢、中書侍郎郭正一並於東宮平章事。十二月丁巳，高宗崩，太子即位，未聽政，宰臣奏議，天后降令於門下施行。中宗既立，欲以后父韋玄貞爲侍中，又欲與乳母子五品，炎固爭以爲不可。中宗不悅，謂左右曰：「我讓國與玄貞豈不得，何爲惜侍中耶？」炎懼，乃與則天定策廢立。炎與中書侍郎劉禕之、羽林將軍程務挺張虔勗等勒兵入內，宣太后令，扶帝下殿。帝曰：「我有何罪？」太后報曰：「汝欲將天下與韋玄貞，何得無罪。」乃廢中宗爲廬陵王，立豫王旦爲帝。炎以定策功，封河東縣侯。

太后臨朝，天授初，又降豫王爲皇嗣。時太后姪武承嗣請立武氏七廟及追王父祖，太后將許之。炎進諫曰：「皇太后天下之母，聖德臨朝，當存至公，不宜追王祖禰，以示自私。且獨不見呂氏之敗乎？臣恐後之視今，亦猶今之視昔。」太后曰：「呂氏之王，權在生人；今者追尊，事歸前代。存歿殊迹，豈可同日而言？」炎曰：「蔓草難圖，漸不可長，殷鑒未遠，當絕其源。」太后不悅而止。時韓王元嘉、魯王靈夔等皆皇屬之近，承嗣與從父弟三思屢勸太后因事誅之，以絕宗室之望。劉禕之、韋仁約並懷畏懼，唯唯無言，炎獨固爭，以爲不可，承嗣深憾之。

文明元年，官名改易，炎爲內史。秋，徐敬業構逆，太后召炎議事。炎奏曰：「皇帝年長，未俾親政，乃致猾豎有詞。若太后返政，則此賊不討而解矣。」御史崔詧聞而上言，曰：「裴炎伏事先朝，二十餘載，受遺顧託，大權在己，若無異圖，何故請太后歸政？」乃命御史大夫騫味道〔一〕、御史魚承曄鞫之。鳳閣侍郎胡元範奏曰：「炎社稷忠臣，有功於國，悉心奉上，天下所知，臣明其不反。」右衞大將軍程務挺密表申理之，文武之間證炎不反者甚衆，太后皆不納。光宅元年十月，斬炎于都亭驛之前街。炎初被擒，左右勸炎遜詞於使者，炎歎曰：「宰相下獄，焉有更全之理！」竟無折節。及籍沒其家，乃無儋石之蓄。胡元範，申州義陽人，坐救炎流死瓊州。程務挺伏法，納言劉齊賢貶吉州長史，吏部侍郎郭待舉貶岳州刺史，皆坐救炎之罪也。

先是，開耀元年十月，定襄道行軍大總管裴行儉獻定襄所獲俘囚，除曲赦外，斬阿史那伏念、溫傅等五十四人於都市。初，行儉討伐之時，許伏念以不死，伏念乃降。時炎害行儉之功，奏云：「伏念是程務挺、張虔勗逼逐于營，又磧北迴紇南向逼之，窘急而降。」乃殺之。行儉歎曰：「渾、濬之事，古今恥之。但恐殺降之後，無復來者。」行儉因此稱疾不出。炎致國家負義而殺降，妬能害功，構成陰禍，其敗也宜哉！

睿宗踐祚，下制曰：「飾終追遠，斯乃舊章；表德旌賢，有光恆策。故中書令裴炎，含弘稟粹，履信居貞，望重國華，才稱人秀。唯幾成務，績宣于代工；偶居無猜，義深於奉上。文明之際，王室多虞，保乂朕躬，實著誠節。而危疑起釁，倉卒罹災，歲月屢遷，丘封莫樹。永言先正，感悼良多。宜追賁於九原，俾增榮於萬古。可贈益州大都督。」

炎長子彥先，後爲太子舍人；從子伷先，後爲工部尚書。

劉禕之，常州晉陵人也。祖興宗，陳鄱陽王諮議參軍。父子翼，善吟諷，有學行。隋大業初，歷祕書監，河東柳顧言甚重之。性不容非，朋僚有短，常面折之。友人李伯藥常稱曰：「劉四雖復罵人，人都不恨。」貞觀元年，詔追入京，以母老固辭，太宗許其終養。江南大使李襲譽嘉其至孝，恆以米帛賚之，因上表旌其門閭，改所居爲孝慈里。母卒，服竟，徵拜吳王府功曹，再遷著作郎、弘文館直學士，預修晉書，加朝散大夫。永徽初卒，高宗遣使弔贈，給靈轝還鄉。有集二十卷。

禕之少與孟利貞、高智周、郭正一俱以文藻知名，時人號爲劉、孟、高、郭。尋與利貞等同直昭文館。上元中，遷左史、弘文館直學士，與著作郎元萬頃，左史范履冰、苗楚客，右史周思茂、韓楚賓等，皆召入禁中，共撰列女傳、臣軌、百僚新誡、樂書，凡千餘卷。時又密令參決，以分宰相之權，時人謂之「北門學士」。禕之兄懿之，時爲給事中，兄弟並居兩省，論者美之。

儀鳳二年，轉朝議大夫、中書侍郎，兼豫王府司馬，尋加中大夫。禕之有姊在宮中爲內職，天后令省榮國夫人之疾，禕之潛伺見之，坐是配流嶲州。歷數載，天后表請高宗召還，拜中書舍人。轉相王府司馬，復遷檢校中書侍郎。高宗謂曰：「相王朕之愛子，以卿忠孝之門，藉卿師範，所冀蓬生麻中，不扶自直耳。」禕之居家孝友，甚爲士族所稱，每得俸祿，散於親屬，高宗以此重之。則天臨朝，甚見親委。及豫王立，禕之參預其謀，擢拜中書侍郎、同中書門下三品，賜爵臨淮男。時軍國多事，所有詔敕，獨出禕之，構思敏速，皆可立待。及官名改易，禕之爲鳳閣侍郎、同鳳閣鸞臺三品。

時有司門員外郎房先敏得罪，左授衞州司馬，詣宰相陳訴。內史騫味道謂曰：「此乃皇太后處分也。」禕之謂先敏曰：「緣坐改官，例從臣下奏請。」則天聞之，以味道善則歸己，過則推君，貶青州刺史；以禕之推善於君，引過在己，加授太中大夫，賜物百段、細馬一匹。因謂侍臣曰：「夫爲臣之體，在揚君之德，君德發揚，豈非臣下之美事？且君爲元首，臣作股肱，情同休戚，義均一體。未聞以手足之疾移於腹背，而得一體安者。味道不存忠赤，已從屏退；禕之竭忠奉上，情甚可嘉。」納言王德眞對曰：「昔載至德每有善事，必推於君。」太后曰：「先朝每稱至德能有此事，逮其終歿，有制褒崇。爲臣之道，豈過斯行，傳名萬代，可不善歟！」

儀鳳中，吐蕃爲邊患，高宗謂侍臣曰：「吐蕃小醜，屢犯邊境，我比務在安輯，未即誅夷。而戎狄豺狼，不識恩造，置之則疆場日駭，圖之則未聞上策，宜論得失，各盡所懷。」時劉景先〔三〕、郭正一、皇甫文亮、楊思徵、薛元超各有所奏。禕之時爲中書舍人，對曰：「臣觀自古明王聖主，皆患夷狄。吐蕃時擾邊隅，有同禽獸，得其土地，不可攸居，被其憑淩，未足爲恥。願戢萬乘之威，且寬百姓之役。」高宗嘉其言。

後禕之嘗竊謂鳳閣舍人賈大隱曰：「太后既能廢昏立明，何用臨朝稱制？不如返政，以安天下之心。」大隱密奏其言，則天不悅，謂左右曰：「禕之我所引用，乃有背我之心，豈復顧我恩也！」垂拱三年，或誣告禕之受歸誠州都督孫萬榮金〔三〕，兼與許敬宗妾有私，則天特令肅州刺史王本立推鞫其事。本立宣敕示禕之，禕之曰：「不經鳳閣鸞臺，何名爲敕？」則天大怒，以爲拒捍制使，乃賜死於家，時年五十七。

初，禕之既下獄，睿宗爲之抗疏申理，禕之親友咸以爲必見原宥，竊賀之。禕之曰：「吾必死矣。太后臨朝獨斷，威福任己，皇帝上表，徒使速吾禍也。」禕之在獄時，嘗上疏自陳。及臨終，既洗沐，而神色自若，命其子執筆草謝表，其子將絕，殆不能書。監刑者促之，禕之乃自操數紙，援筆立成，詞理懇至，見者無不傷痛。時麟臺郎郭翰、太子文學周思鈞共稱歎其文，則天聞而惡之，左遷翰爲巫州司法，思鈞爲播州司倉。睿宗卽位，以禕之宮府舊僚，追贈中書令。有集七十卷，傳於時。

魏玄同，定州鼓城人也。舉進士。累轉司列大夫，坐與上官儀文章屬和，配流嶺外。上元初赦還，工部尚書劉審禮薦玄同有時務之才，拜岐州長史。累遷至吏部侍郎。玄同以既委選舉，恐未盡得人之術，乃上疏曰：

臣聞製器者必擇匠以簡材，爲國者必求賢以莅官。匠之不良，無以成其工；官之非賢，無以致於理。君者，所以牧人也；臣者，所以佐君也。君不養人，失君道矣；臣不輔君，失臣任矣。任人者，誠國家之基本，百姓之安危也。方今人不加富，盜賊不衰，獄訟未清，禮義猶闕者，何也？下吏不稱職，庶官非其才也。官之不得其才者，取人之道，有所未盡也。

臣又聞傳說曰：「明王奉若天道，建邦設都，樹后王君公，承以大夫師長，不惟逸豫，惟以理人。」昔之邦國，今之州縣，士有常君，人有定主，自求臣佐，各選英賢，其大臣乃命於王朝耳。秦并天下，罷侯置守，漢氏因之，有沿有革。諸侯得自置吏四百石以下，其傅相大官，則漢爲置之。州郡掾吏、督郵、從事，悉任之於牧守。爰自魏、晉，始歸吏部，遞相祖襲，以迄于今。用刀筆以量才，案簿書而察行，法令之弊，其來自久。

蓋君子重因循而憚改作，有不得已者，亦當運獨見之明，定卓然之議。如今選司所行者，非上皇之令典，乃近代之權道，所宜遷革，實爲至要。何以言之？夫尺丈之量，所及者蓋短；鍾庾之器，所積者寧多。非其所及，焉能度之；非其所受，何以容之？況天下之大，士人之衆，而可委之數人之手乎？假使平如權衡，明如水鏡，力有所極，照有所窮，銓綜既多，紊失斯廣。又以比居此任，時有非人。豈直愧彼清通，昧於甄察；亦將竭其庸妄，糅彼棼絲。情故既行，何所不至，贓私一啓，以及萬端。至乃爲人擇官，爲身擇利，顧親疏而下筆，看勢要而措情。悠悠風塵，此焉奔競；擾擾遊宦，同乎市井。加以厚貌深衷，險如溪壑，擇言觀行，猶懼不周。今使百行九能，折之於一面，具僚庶品，專斷於一司，不亦難矣！

且魏人應運，所據者乃三分；晉氏播遷，所臨者非一統。逮乎齊、宋，以及周、隋，戰爭之日多，安泰之時少，瓜分瓦裂，各在一方。隋氏平陳，十餘年耳，接以兵禍，繼以饑饉，既德業之不逮，或時事所未遑，非謂是今而非古也。武德、貞觀，與今亦異，皇運之初，庶事草創，豈唯日不暇給，亦乃人物常稀。天祚大聖，享國永年，比屋可封，異人間出。咸以爲有道恥賤，得時無怠，諸色入流，歲以千計。羣司列位，無復新加，官有常員，人無定限。選集之始，霧積雲屯，擢敍於終，十不收一。淄澠雜混，玉石難分，用捨去留，得失相半。撫卽事之爲弊，知及後之滋失。

夏、殷已前，制度多闕，周監二代，煥乎可覩。蓋諸侯之臣〔四〕，不皆命於天子，王朝庶官，亦不專於一職。故周穆王以伯冏爲太僕正，命之曰：「愼簡乃僚，無以巧言令色便僻側媚，唯吉士。」此則令其自擇下吏之文也。太僕正，中大夫耳，尙以僚屬委之，則三公九卿〔五〕，亦必然矣。周禮：太宰、內史，並掌爵祿廢置；司徒、司馬，別掌興賢詔事。當是分任於羣司，而統之以數職，各自求其小者，而王命其大者焉。夫委任責成，君之體也，所委者當，所用者精，故能得濟濟之多士，盛芃芃之棫樸。

裴子野有言曰：「官人之難，先王言之尙矣。居家視其孝友，鄉黨服其誠信，出入觀其志義，憂難取其智謀〔六〕。煩之以事，以觀其能；臨之以利，以察其廉。周禮始於學校，論之州里，告諸六事，而後貢之王庭。其在漢家，尙猶然矣。州郡積其功能，然後爲五府所辟，五府舉其掾屬而昇于朝，三公參得除署，尙書奏之天子。一人之身，所關者衆；一士之進，其謀也詳。故官得其人，鮮有敗事。魏、晉反是，所失弘多。」子野所論，蓋區區之宋朝耳，猶謂不勝其弊，而況于當今乎！

又夫從政莅官，不可以無學。故書曰：「學古入官，議事以制。」傳曰：「我聞學以從政，不聞以政入學。」今貴戚子弟，例早求官，髫齔之年，已腰銀艾，或童丱之歲，已襲朱紫。弘文崇賢之生，千牛輦脚之類，課試旣淺，藝能亦薄，而門閥有素，資望自高。夫象賢繼父，古之道也。所謂胄子，必裁諸學，修六禮以節其性，明七教以興其德，齊八政以防其淫，舉上賢以崇德，簡不肖以黜惡。少則受業，長而出仕，並由德進，必以才昇，然後可以利用賓王，移家事國。少仕則廢學，輕試則無才，於此一流，良足惜也。又勳官三衞流外之徒，不待州縣之舉，直取之於書判，恐非先德而後言才之義也。

臣又以爲國之用人，有似人之用財。貧者厭糟糠，思短褐；富者餘糧肉，衣輕裘。然則當衰弊乏賢之時，則可磨策朽鈍而乘馭之；在太平多士之日，亦宜妙選髦俊而任使之。詩云：「翹翹錯薪，言刈其楚。」楚，荆也，在薪之翹翹者。方之用才，理亦當爾，選人幸多，尤宜簡練。臣竊見制書，每令三品、五品薦士，下至九品，亦令舉人，此聖朝側席旁求之意也。但以褒貶不甚明，得失無大隔，故人上不憂黜責，下不盡搜揚，苟以應命，莫慎所舉。且惟賢知賢，聖人篤論，伊、皐既舉，不仁咸遠。復患階秩雖同，人才異等，身且濫進，鑒豈知人？今欲務得實才，兼宜擇其舉主。流清以源潔，影端由表正，不詳舉主之行能，而責舉人之庸濫，不可得已。

漢書云：「張耳、陳餘之賓客、廝役，皆天下俊傑。」彼之蕞爾，猶能若斯，況以神皇之聖明，國家之德業，而不建久長之策，爲無窮之基，盡得賢取士之術，而但顧望魏、晉之遺風，留意周、隋之末事，臣竊惑之。伏願稍迴聖慮，時採芻言，略依周、漢之規，以分吏部之選。卽望所用精詳，鮮於差失。疏奏不納。

弘道初，轉文昌左丞，兼地官尙書、同中書門下三品。則天臨朝，遷太中大夫、鸞臺侍郞，依前知政事。垂拱三年，加銀青光祿大夫，檢校納言，封鉅鹿男。玄同素與裴炎結交，能保終始，時人呼爲「耐久朋」；而與酷吏周興不協。永昌初，爲周興所構，云玄同言：「太后老矣，須復皇嗣。」太后聞之，怒，乃賜死於家。監刑御史房濟謂玄同曰：「何不告事，冀得召見，當自陳訴。」玄同歎曰：「人殺鬼殺，有何殊也，豈能爲告人事乎！」乃就刑，年七十三。

子恬，開元中爲潁王傅。

李昭德，京兆長安人也。父乾祐，貞觀初爲殿中侍御史。時有鄃令裴仁軌私役門夫，太宗欲斬之，乾祐奏曰：「法令者，陛下制之於上，率土尊之於下，與天下共之，非陛下獨有也。仁軌犯輕罪而致極刑，是乖畫一之理。刑罰不中，則人無所措手足。臣忝憲司，不敢奉制。」太宗意解，仁軌竟免。乾祐尋遷侍御史。母卒，廬於墓側，負土成墳，太宗遣使就墓弔之，仍旌表其門。後歷長安令、治書御史，皆有能名，擢拜御史大夫。乾祐與中書令褚遂良不協，竟爲遂良所構。永徽初，繼爲邢、魏等州刺史。乾祐雖強直有器幹，而昵於小人，既典外郡，與令史結友，書疏往返，令伺朝廷之事。俄爲友人所發，坐流愛州。乾封中，起爲桂州都督，歷拜司刑太常伯。擧京兆功曹參軍崔擢爲尚書郎，事既不果，私以告擢；後擢有犯，乃告乾祐泄禁中語以贖罪，乾祐復坐免官。尋卒。

昭德，卽乾祐之孽子也。強幹有父風，少擧明經，累遷至鳳閣侍郎。長壽二年，增置夏官侍郎三員，時選昭德與婁師德、侯知一爲之。是歲，又遷鳳閣鸞臺平章事，尋加檢校內史。長壽中，神都改作文昌臺及定鼎、上東諸門，又城外郭，皆昭德創其制度，時人以爲能。初，都城洛水天津之東，立德坊西南隅，有中橋及利涉橋，以通行李。上元中，司農卿韋機始移中橋置于安衆坊之左街，當長夏門，都人甚以爲便，因廢利涉橋，所省萬計。然歲爲洛水衝注，常勞治葺。昭德創意積石爲脚，銳其前以分水勢，自是竟無漂損。

時則天以武承嗣爲文昌左相，昭德密奏曰：「承嗣陛下之姪，又是親王，不宜更在機權，以惑衆庶。且自古帝王，父子之間，猶相篡奪，況在姑姪，豈得委權與之？脫若乘便，寶位寧可安乎？」則天矍然曰：「我未之思也。」承嗣亦嘗返譖昭德，則天曰：「自我任昭德，每獲高臥，是代我勞苦，非汝所及也。」承嗣俄轉太子少保，罷知政事。延載初，鳳閣舍人張嘉福令洛陽人王慶之率輕薄惡少數百人詣闕上表，請立武承嗣爲皇太子。則天不許，慶之固請不已，則天令昭德詰責之，令散。昭德便杖殺慶之，餘衆乃息。昭德因奏曰：「臣聞文武之道，布在方策，豈有姪爲天子而爲姑立廟乎！以親親言之，則天皇是陛下夫也，皇嗣是陛下子也，陛下正合傳之子孫，爲萬代計。況陛下承天皇顧託而有天下，若立承嗣，臣恐天皇不血食矣。」則天寤之，乃止。

時朝廷諛佞者多獲進用，故幸恩者，事無大小，但近諂諛，皆獲進見。有人於洛水中獲白石數點赤，詣闕輒進。諸宰相詰之，對云：「此石赤心，所以來進。」昭德叱之曰：「此石赤心，洛水中餘石豈能盡反耶？」左右皆笑。是時，來俊臣、侯思止等枉撓刑法，誣陷忠良，人皆懾懼，昭德每廷奏其狀，由是俊臣黨與少自摧屈。來俊臣又嘗棄故妻而娶太原王慶詵女，侯思止亦奏娶趙郡李自挹女，敕政事堂共商量。昭德撫掌謂諸宰相曰：「大可笑。往年俊臣賊劫王慶詵女，已大辱國。今日此奴又請索李自挹女，無乃復辱國耶！」尋奏寢之。侯思止後竟爲昭德所繩，榜殺之。

既而昭德專權用事，頗爲朝野所惡，前魯王府功曹參軍丘愔上疏言其罪狀曰：

臣聞百王之失，皆由權歸於下；宰臣持政，常以勢盛爲殃。魏冉誅庶族以安秦，非不忠也；弱諸侯以強國，亦有功也。然以出入自專，擊斷無忌，威震人主，不聞有王，張祿一進深言，卒用憂死。向使昭王不卽覺悟，魏冉果以專權，則秦之霸業，或不傳其子孫。陛下創業興王，撥亂英主，總權收柄，司契握圖。天授已前，萬機獨斷，發命皆中，舉事無遺，公卿百僚，具職而已。自長壽已來，厭怠細政，委任昭德，使掌機權。然其雖幹濟小才，不堪軍國大用，直以性好凌轢，氣負剛強，盲聾下人，芻狗同列，刻薄慶賞，矯枉憲章，國家所賴者微，所妨者大。天下杜口，莫敢一言，聲威翕赫，日已熾盛。臣近於南臺見敕目，諸處奏事，陛下已依，昭德請不依，陛下便不依。如此改張，不可勝數。昭德參奉機密，獻可替否，事有便利，不預諸謀，要待畫旨將行，方始別生駁異。揚露專擅，顯示於人，歸美引愆，義不如此。州縣列位，臺寺庶官，入謁出辭，望塵慴氣。一切奏讞，與奪事宜，皆承旨意，附會上言。今有秩之吏，多爲昭德之人。陛下勿謂昭德小心，是我手臂。臣觀其膽，乃大於身，鼻息所衝，上拂雲漢。近者新陷來、張兩族，兼挫侯、王二仇，鋒銳更不可當，方寸良難窺測。

書曰，知人亦未易，人亦未易知。漢光武將寵龐萌，可以託孤，卒爲戎首；魏明帝期司馬懿以安國，竟肆姦回。夫小家治生，有千百之資，將以託人，尙憂失授；況兼天下之重，而可輕忽委任者乎！今昭德作福專威，橫絕朝野，愛憎與奪，旁若無人。陛下恩遇至深，蔽過甚厚。臣聞蟻穴壞堤，針芒寫氣，涓涓不絕，必成江河。履霜堅冰，須防其漸，權重一去，收之極難。臣又聞輕議近臣，犯顏深諫，明君聖主，亦有不容。臣熟知今日言之於前，明日伏誅於後，但使國安身死，臣實不悔。陛下深覽臣言，爲萬姓自愛。

時長上果毅鄧注又著碩論數千言，備述昭德專權之狀，鳳閣舍人逄弘敏遽奏其論。則天乃惡昭德，謂納言姚璹曰：「昭德身爲內史，備荷殊榮，誠如所言，實負於國。」延載初，左遷欽州南賓尉，數日，又命免死配流。尋又召拜監察御史。時太僕少卿來俊臣與昭德素不協，乃誣構昭德有逆謀，因被下獄，與來俊臣同日而誅。是日大雨，士庶莫不痛昭德而慶俊臣也。相謂曰：「今日天雨，可謂一悲一喜矣。」神龍中，降制曰：「故李昭德勤恪在公，強直自達。立朝正色，不吐剛以茹柔；當軸勵詞，必抗情以歷詆。墉隍府寺，樹勣良多，變更規模，歿而不朽。道淪福善，業虧嫉惡，名級不追，風流將沬。式旌壤樹，光被幽明，可贈左御史大夫。」德宗建中三年，加贈司空。

史臣曰：裴炎位居相輔，時屬艱難，歷覽前蹤，非無忠節。但見遲而慮淺，又遭命以會時。何者，當是時，高宗晏駕尚新，武氏革命未見，炎也唯慮中宗之過失，是其淺也；不見太后之苞藏，是其遲也。及乎承嗣請封祖禰，三思勸殺宗親，然後徒有諫章，何嘗濟事，是辜遺託，豈痛伏誅。時論則然，遲淺須信。況聞覩構逆則示其閑暇，俾殺降則彰彼猜嫌，小數有餘，大度何足，又其驗也。

禕之名父之子，諒知其才，著述頗精，履歷無愧。師範王府，秉執相權，咸有能名，固愜羣議。何乃失言於大隱，取金於萬榮，潛見內人，私通嬖妾，使濁跡玷其清譽，淫行汙於貞名。若言俗困濫刑，公行誣告，卽又自昧周防之道，人非盡戮之冤。賜死於家，猶爲多幸，臨終不撓，抑又徒勞。

玄同富於詞學，公任權衡，當爲典選之時，備疏擇才之理。但以高宗棄代之後，則天居位之間，革命是懷，附己爲愛，苟一言之不順，則赤族以難逃。是以唐之名臣，難忘中興之計；周之酷吏，常謀並進之讒。玄同欲復皇儲，固宜難免，死而無過，人殺何妨。

昭德強幹爲臣，機巧莅事，凡所制置，動有規模。武承嗣方持左相權，將立爲皇太子，尋更所任，復寢其謀，咸由昭德之言，能拒則天之旨。又觀其誅侯思止，法王慶之，挫來俊臣，致朋黨漸衰，諛佞稍退。又則天謂承嗣曰：「我任昭德，每獲高臥，代我勞苦，非汝所及也。」此則強幹機巧之驗焉。公忠之道，亦在其中矣。不然，則何以致是哉！若使昭德用謙御下，以柔守剛，不恃專權，常能寡過，則復皇嗣而非晚，保臣節而必終。蓋由道乏弘持，器難苞貯，純剛是失，卷智不全。所以丘悟抗陳，鄧注深論，瓦解而固難收拾，風摧而豈易扶持。自取誅夷，人誰怨懟？

贊曰：政無刑法，時屬艱危。裴炎之智，慮淺見遲。禕之履行，貨色自欺。昭德強猛，何由不虧？死無令譽，孰謂非宜。玄同不幸，顛殞亦隨。

校勘記

〔一〕鶱味道　「鶱」字各本原作「騫」，據通鑑卷二〇三、合鈔卷一一三八裴炎傳改。

〔二〕劉景先　「先」字各本原作「仙」，據本書卷八一劉祥道傳、合鈔卷一三八劉禕之傳改。

〔三〕歸誠州　「誠」字各本原無，據通典卷二〇〇、新書卷一一七劉禕之傳、通鑑卷二〇四補。

〔四〕蓋諸侯之臣　「蓋」字各本原作「豈」，據英華卷六九六、全唐文卷一六八改。

〔五〕三公九卿　「九」字各本原無，據唐會要卷七四、冊府卷五三二、英華卷六九六補。

〔六〕憂難　「難」字各本原作「歎」，據唐會要卷七四、冊府卷五三二、英華卷六九六改。

舊唐書卷八十八

列傳第三十八

韋思謙 子承慶 嗣立　陸元方 子象先　蘇瓌 子頲

韋思謙，鄭州陽武人也。本名仁約，字思謙，以音類則天父諱，故稱字焉。其先自京兆南徙，家于襄陽。舉進士，累補應城令，歲餘調選。思謙在官，坐公事微殿，舊制多未敍進。吏部尚書高季輔曰：「自居選部，今始得此一人，豈以小疵而棄大德。」擢授監察御史，由是知名。嘗謂人曰：「御史出都，若不動搖山岳，震懾州縣，誠曠職耳。」時中書令褚遂良賤市中書譯語人地，思謙奏劾其事，遂良左授同州刺史。及遂良復用，思謙不得進，出爲清水令。謂人曰：「吾狂鄙之性，假以雄權，觸機便發，固宜爲身災也。大丈夫當正色之地，必明目張膽以報國恩，終不能爲碌碌之臣保妻子耳。」

左肅機皇甫公義檢校沛王府長史，引思謙爲同府倉曹，謂思謙曰：「公豈池中之物，屈公爲數旬之客，以望此府耳。」累遷右司郎中。

永淳初，歷尙書左丞、御史大夫。時武候將軍田仁會與侍御史張仁禕不協而誣奏之，高宗臨軒問仁禕，仁禕惶懼，應對失次。思謙歷階而進曰：「臣與仁禕連曹，頗知事由，仁禕懦而不能自理。若仁會眩惑聖聽，致仁禕非常之罪，卽臣亦事君不盡矣。請專對其狀。」辭辯縱橫，音旨明暢，高宗深納之。思謙在憲司，每見王公，未嘗行拜禮。或勸之，答曰：「鵰鶚鷹鸇，豈衆禽之偶，奈何設拜以狎之？且耳目之官，固當獨立也。」初拜左丞，奏曰：「陛下爲官擇人，非其人則闕。今不惜美錦，令臣製之，此陛下知臣之深，亦微臣盡命之秋。」振舉綱目，朝廷肅然。

則天臨朝，轉宗正卿，會官名改易，改爲司屬卿。光宅元年，分置左、右肅政臺，復以思謙爲右肅政大夫。大夫舊與御史抗禮，思謙獨坐受其拜。或以爲辭，思謙曰：「國家班列，自有差等，奈何以姑息爲事耶？」垂拱初，賜爵博昌縣男，遷鳳閣鸞臺三品。二年，代蘇良嗣爲納言。三年，上表告老請致仕，許之，仍加太中大夫。永昌元年九月，卒於家，贈幽州都督。二子：承慶、嗣立。

承慶字延休。少恭謹，事繼母以孝聞。弱冠舉進士，補雍王府參軍。府中文翰，皆出於承慶，辭藻之美，擅於一時。累遷太子司議郎。儀鳳四年五月，詔皇太子賢監國。時太子頗近聲色，與戶奴等款狎，承慶上書諫曰：

臣聞太子者，君之貳，國之本也。所以承宗廟之重，繫億兆之心，萬國以貞，四海屬望。殿下以仁孝之德，明叡之姿，岳峙泉渟，金貞玉裕。天皇升殿下以儲副，寄殿下以監撫，欲使照無不及，恩無不覃，百僚仰重曜之暉，萬姓聞洊雷之響。

夫君無民，無以保其位；人非食，無以全其生。故孔子曰：「百姓足，君孰與不足；百姓不足，君孰與足？」自頃年已來，頻有水旱，菽粟不能豐稔，黎庶自致煎窮。今夏亢陽，米價騰踊，貧窶之室，無以自資，朝夕遑遑，唯憂餒饉。下人之瘼，實可哀矜，稼穡艱難，所宜詳悉。天皇所以垂衣北極，殿下所以守器東宮，爲天下之所尊，得天下之所利者，豈唯上玄之幽贊，亦百姓之力也。百姓危，則社稷不得獨安，百姓亂，則帝王不能獨理。故古之明君，飽而知人飢，溫而知人寒，每以天下爲憂，不以四海爲樂。今關、隴之外，兇寇憑凌，西土編甿，凋喪將盡，干戈日用，烽柝荐興，千里有勞於饋糧，三農不遑於稼穡。殿下爲臣爲子，乃國乃家，爲臣在於竭忠，爲子期於盡孝，在家不可以自逸，在國不可以自康。一物有虧，聖上每留神念；三邊或梗，殿下豈不兢懷。況當養德之秋，非是任情之日！

伏承北門之內，造作不常，兹好所營，或有煩費。倡優雜伎，不息於前，鼓吹繁聲，亟聞於外，既喧聽覽，且黷宮闈。兼之僕隸小人，緣此得親左右，亦旣奉承顏色，能不恃託恩光。作福作威，莫不由此，不加防慎，必有愆非。儻使微累德音，於後悔之何及？書云：「不作無益害有益。」此皆無益之事，固不可耽而悅之。

臣又聞「高而不危，所以長守貴；滿而不溢，所以長守富」。是知高危不可不慎，滿溢不可不持。易曰：「君子終日乾乾，夕惕若厲，無咎。」敬慎之謂也。在於凡庶，能守而行之，猶可以高振聲華，坐致榮祿。況殿下有少陽之位，有天挺之姿，片善而天下必聞，小能而天下咸服，豈可不爲盡善盡美之道，以取可大可久之名哉！

伏願博覽經書以廣其德，屏退聲色以抑其情。靜默無爲，恬虛寡欲，非禮勿動，非法不言。居處服玩，必循節儉；畋獵遊娛，不爲縱逸。正人端士，必引而親之；便僻側媚，必斥而遠之。使惠聲溢於遠近，仁風翔於內外，則可以克享終吉，長保利貞，爲上嗣之稱首，奉聖人之鴻業者矣。

又嘗爲諭善箴以獻太子，太子善之，賜物甚厚。承慶又以人之用心，多擾濁浮躁，罕詣沖和之境，乃著靈臺賦以廣其志，辭多不載。

調露初，東宮廢，出爲烏程令，風化大行。長壽中，累遷鳳閣舍人，兼掌天官選事。承慶屬文迅捷，雖軍國大事，下筆輒成，未嘗起草。尋坐忤大臣旨，出爲沂州刺史。未幾，詔復舊職，依前掌天官選事。久之，以病免，改授太子諭德。後歷豫、虢等州刺史，頗著聲績，制書褒美。長安初，入爲司僕少卿，轉天官侍郎，兼修國史。承慶自天授以來，三掌天官選事，銓授平允，海內稱之。尋拜鳳閣侍郎、同鳳閣鸞臺平章事，仍依舊兼修國史。

神龍初，坐附推張易之弟昌宗失實，配流嶺表。時易之等既伏誅，承慶去巾解帶而待罪。時欲草赦書，衆議以爲無如承慶者，乃召承慶爲之。承慶神色不撓，援筆而成，辭甚典美，當時咸歎服之。歲餘，起授辰州刺史，未之任，入爲秘書員外少監，兼修國史。尋以修則天實錄之功，賜爵扶陽縣子，賚物五百段。又制撰則天皇后紀聖文，中宗稱善，特加銀青光祿大夫。俄授黃門侍郎，仍依舊兼修國史，未拜而卒。中宗傷悼久之，乃召其弟相州刺史嗣立令赴葬事，仍拜黃門侍郎，令繼兄位，其見用如此。贈祕書監，謚曰溫。

子長裕，膳部員外郎。

嗣立，承慶異母弟也。母王氏，遇承慶甚嚴，每有杖罰，嗣立必解衣請代，母不聽，輒私自杖，母察知之，漸加恩貸，議者比晉人王祥、王覽。少舉進士，累補雙流令，政有殊績，爲蜀中之最。三遷萊蕪令。會承慶自鳳閣舍人以疾去職，則天召嗣立謂曰：「卿父往日嘗謂睃曰：「臣有兩男忠孝，堪事陛下。」自卿兄弟効職，如卿父言。今授卿鳳閣舍人，令卿兄弟自相替代。」即日遷鳳閣舍人。

時學校頹廢，刑法濫酷，嗣立上疏諫曰：

臣聞古先哲王立學官，掌教國子以六德、六行、六藝，三教備而人道畢矣。禮記曰：「化人成俗，必由學乎。」學之於人，其用蓋博。故立太學以教於國，設庠序以化於邑，王之諸子、卿大夫士之子及國之俊選皆造焉。八歲入小學，十五入太學，春秋教以禮樂，冬夏教以詩書。是以教洽而化流，行成而不悖。自天子以至於庶人，未有不須學而成者也。

國家自永淳已來，二十餘載，國學廢散，胄子衰缺，時輕儒學之官，莫存章句之選。貴門後進，競以僥倖昇班；寒族常流，復因凌替弛業。考試之際，秀茂罕登，驅之臨人，何以從政？又垂拱之後，文明在辰，盛典鴻休，日書月至，因藉際會，入仕尤多。加以讒邪兇黨來俊臣之屬，妄執威權，恣行枉陷，正直之伍，死亡為憂，道路以目，人無固志，罕有執不撓之懷，殉至公之節，偷安苟免，聊以卒歲。遂使綱領不振，請託公行，選舉之曹，彌長渝濫。隨班少經術之士，攝職多庸瑣之才，徒以猛暴相誇，罕能清惠自勗。使海內黔首，騷然不安，州縣官僚，貪鄙未息，而望事必循理，俗致康寧，不可得也。

陛下誠能下明制，發德音，廣開庠序，大敦學校，三館生徒，即令追集。王公已下子弟，不容別求仕進，皆入國學，服膺訓典。崇飾館廟，尊尙儒師，盛陳奠菜之儀，宏敷講說之會，使士庶觀聽，有所發揚，弘奬道德，於是乎在。則四海之內，靡然向風，延頸舉足，咸知所向。然後審持衡鏡，妙擇良能，以之臨人，寄之調俗；則官無侵暴之政，人有安樂之心，居人則相與樂業，百姓則皆戀桑梓，豈復憂其逃散而貧窶哉！今天下戶口，亡逃過半，租調既減，國用不足。理人之急，尤切於茲。故知務學之源，豈唯潤身進德而已，將以誨人利國，可不務之哉！

臣聞堯、舜之日，畫其衣冠；文、景之時，幾致刑措。歷茲千載，以爲美談。臣伏惟陛下叡哲欽明，窮神知化，自軒、昊已降，莫之與京。獨有往之論法，或未盡善，皆由主司姦兇，惑亂視聽。尋而陛下聖察，具詳之矣，然竟未能顯其本源，明其前事，令天下萬姓識陛下本心，尙使四海多銜冤之人，九泉有抱痛之鬼。臣誠愚暗，不識大綱，請爲陛下始末而言其事。

揚、豫之後，刑獄漸興，用法之伍，務於窮竟，連坐相牽，數年不絕。遂使巨姦大猾，伺隙乘間，內苞豺狼之心，外示鷹鸇之跡，陰圖潛結，共相影會，構似是之言，成不赦之罪。皆深爲巧詆，恣行楚毒，人不勝痛，便乞自誣，公卿士庶，連頸受戮。道路籍籍，雖知非辜，而鍛鍊已成，辯占皆合。縱皐陶爲理，于公定刑，則謂汙宮毀柩，猶未塞責。雖陛下仁慈哀念，恤獄緩死，及覽辭狀，便已周密，皆謂勘鞫得情，是其實犯，雖欲寬捨，其如法何？於是小乃身誅，大則族滅，相緣共坐者，不可勝言。此豈宿構讎嫌，將中報復，皆圖苟成功効，自求官賞。當時稱傳，謂爲羅織。其中陷刑得罪者，雖有敏識通材，被告言者便遭枉抑，心徒痛其冤酷，口莫能以自明。或受誅夷，或遭竄殛，並甘心引分，赴之如歸。故知弄法徒文，傷人實甚。賴陛下特迴聖察，昭然詳究。周興、丘勣之類，弘義、俊臣之徒，皆相次伏誅，事暴遐邇，而朝野慶泰，若再覩陽和。

且如仁傑、元忠，俱罹枉陷，被勘鞫之際，亦皆已自誣。向非陛下至明，垂以省察，則葅醢之戮，已及其身，欲望輸忠聖代，安可復得！陛下擢而升之，各爲良輔，國之棟幹，稱此二人。何乃前非而後是哉？誠由枉陷與甄明爾。但恐往之得罪者多並此流，則向時之冤者其數甚衆。昔殺一孝婦，尚或降災，而濫者蓋多，寧無怨氣！怨氣上達則水旱所興，欲望歲登，不可得也。

倘陛下弘天地之大德，施雷雨之深仁，歸罪於削刻之徒，降恩於枉濫之伍。自垂拱已來，大辟罪已下，常赦所不原者，罪無輕重，一皆原洗，被以昭蘇。伏法之輩，追還官爵，緣累之徒，普霑恩造。如此則天下知比所陷罪，元非陛下之意，咸是虐吏之辜。幽明歡欣，則感通和氣；和氣下降，則風雨以時；風雨以時，則五穀豐稔；歲既稔矣，人亦安矣，太平之美，亦何遠哉！伏願陛下深察。

尋遷秋官侍郎，三遷鳳閣侍郎、同鳳閣鸞臺平章事。長安中，則天嘗與宰臣議及州縣官吏。納言李嶠、夏官尚書唐休璟等奏曰：「臣等謬膺大任，不能使兵革止息，倉府殷盈，戶口尚有逋逃，官人未免貪濁，使陛下臨朝軫歎，屢以爲言，夙夜慚惶，不知啓處。伏思當今要務，莫過富國安人，富國安人之方，在擇刺史。竊見朝廷物議，莫不重內官，輕外職，每除授牧伯，皆再三披訴。比來所遣外任，多是貶累之人，風俗不澄，實由於此。今望於臺閣寺監，妙簡賢良，分典大州，共康庶績。臣等請輟近侍，率先具僚，務在憂國濟人，庶當有所補益。」則天曰：「卿等處鸞臺鳳閣，誰爲此行？」嗣立率先對曰：「臣以庸愚，謬膺獎擢，內掌機密，非臣所堪。承乏外臺，庶當盡節，倘垂採錄，臣願此行。」於是嗣立帶本官檢校汴州刺史。

無幾，嗣立兄承慶入知政事，嗣立轉成均祭酒，兼檢校魏州刺史。又徙洛州刺史。尋坐承慶左授饒州長史。歲餘，徵爲太僕少卿，兼掌吏部選事。神龍二年，爲相州刺史。及承慶卒，代爲黃門侍郎，轉太府卿，加修文館學士。

景龍三年，轉兵部尚書、同中書門下三品。時中宗崇飾寺觀，又濫食封邑者衆，國用虛竭。

嗣立上疏諫曰：

臣聞國無九年之儲，家無三年之蓄，家非其家，國非其國。故知立國立家，皆資於儲蓄矣。夫水旱之災，關之陰陽運數，非人智力所能及也。堯遭大水，湯遭大旱，則知仁聖之君所不能免，當此時不至於困弊者，積也。今陛下倉庫之內，比稍空竭，尋常用度，不支一年。倘有水旱，人須賑給，徵發時動，兵要資裝，則將何以備之？其緣倉庫不實，妨於政化者，觸類而是。

臣竊見比者營造寺觀，其數極多，皆務取宏博，競崇瓌麗。大則費耗百十萬，小則尚用三五萬餘，略計都用資財，動至千萬已上。轉運木石，人牛不停，廢人功，害農務，事既非急，時多怨咨。故書曰：「不作無益害有益，功乃成；不貴異物賤用物，民乃足。」誠哉此言，非虛談也。且玄旨秘妙，歸於空寂，苟非修心定慧，諸法皆涉有爲。至如土木雕刻等功，唯是殫竭人力，但學相誇壯麗，豈關降伏身心。且凡所興功，皆須掘鑿，蟄蟲在土，種類實多。每日殺傷，動盈萬計，連年如此，損害可知。聖人慈悲爲心，豈有須行此事，不然之理，皎在目前。世俗衆僧，未通其旨，不慮府庫空竭，不思聖人憂勞，謂廣樹福田，即是增修法教。倘水旱爲災，人至飢餒，夷狄作梗，兵無資糧，陛下雖有龍象如雲，伽藍概日，豈能裨萬分之一，救元元之苦哉！於道法既有乖，在生人極爲損，陛下豈可不深思之！

臣竊見食封之家，其數甚衆，昨略問戶部，云用六十餘萬丁，一丁兩匹，卽是一百二十萬已上。臣頃在太府，知每年庸調絹數，多不過百萬，少則七八十萬已來，比諸封家，所入全少。倘有蟲霜旱潦，曾不半在，國家支供，何以取給？臣聞自封茅土，裂山河，皆須業著經綸，功申草昧，然後配宗廟之享，承帶礪之恩。皇運之初，功臣共定天下，當時食封才上三二十家，今以尋常特恩，遂至百家已上。國家租賦，太半私門，私門則資用有餘，國家則支計不足。有餘則或致奢侈，不足則坐致憂危，制國之方，豈謂爲得？封戶之物，諸家自徵，或是官典，或是奴僕，多挾勢騁威，凌突州縣。凡是封戶，不勝侵擾，或輸物多索裹頭，或相知要取中物，百姓怨歎，遠近共知。復有因將貨易，轉更生釁，徵打紛紛，曾不寧息，貧乏百姓，何以克堪！若必限丁物送太府，封家但於左藏請受，不得輒自徵催，則必免侵擾，人冀蘇息。

臣又聞設官分職，量事置吏，此本於理人而務安之也。故書曰「在官人，在安人。官人則哲，安人則惠。能哲而惠，何憂乎驩兜，何畏乎有苗」者也！是明官得其人，而天下自理矣。古者取人，必先採鄉曲之譽，然後辟於州郡；州郡有聲，然後辟於五府；

才著五府，然後昇之天朝。此則用一人所擇者甚悉，擢一士所歷者甚深。孔子曰：「譬有美錦，不可使人學製。」此明用人不可不審擇也。用得其才則理，非其才則亂，理亂所繫，焉可不深擇之哉！

今之取人，有異此道，多未甚試効，即頓至遷擢。夫趨競者人之常情，僥倖者人之所趣。而今務進不避僥倖者，接踵比肩，布於文武之列。有文者用理內外，則有回邪贓汙上下敗亂之憂；有武者用將軍戎，則有庸懦怯弱師旅喪亡之患。補授無限，員闕不供，遂至員外置官，數倍正闕。曹署典吏，困於祗承，府庫倉儲，竭於資奉。國家大事，豈甚於此！古者懸爵待士，唯有才者得之，若任用無才，則有才之路塞，賢人君子所以遁迹銷聲，常懷歎恨者也。且賢人君子，守於正直之道，遠於僥倖之門，若僥倖開，則賢者不可復出矣。賢者遂退，若欲求人安化洽，復不可得也。人若不安，國將危矣，陛下安可不深慮之！

又刺史、縣令，理人之首，近年已來，不存簡擇。京官有犯及聲望下者，方遣牧州；吏部選人，暮年無手筆者，方擬縣令。此風久扇，上下同知，將此理人，何以率化？今歲非豐稔，戶口流亡，國用空虛，租調減削。陛下不以此留念，將何以理國乎？臣望下明制，具論前事，使有司改換簡擇，天下刺史、縣令，皆取才能有稱望者充。自今已往，應有遷除諸曹侍郎、兩省、兩臺及五品已上清望官，先於刺史、縣令中選用。牧宰得人，天下大理，萬姓欣欣然，豈非太平樂事哉！唯陛下詳擇。

疏奏不納。

嗣立與韋庶人宗屬疏遠，中宗特令編入屬籍，由是顧賞尤重。嘗於驪山構營別業，中宗親往幸焉，自製詩序，令從官賦詩，賜絹二千匹。因封嗣立爲逍遙公，名其所居爲清虛原幽棲谷。韋氏敗，幾爲亂兵所害，寧王憲以嗣立是從母之夫，救護免之。睿宗踐祚，拜中書令，旬日，出爲許州刺史。以定册尊立睿宗之功，賜實封一百戶。開元初，入爲國子祭酒。先是，中宗遺制睿宗輔政，宗楚客、韋温等改削藁草，嗣立時在政事府，不能正之。至是爲憲司所劾，左遷岳州別駕。久之，遷陳州刺史。時河南道巡察使、工部尚書劉知柔奏嗣立淸白可陟之狀，詔命未下，開元七年卒，贈兵部尚書，謚曰孝。中書門下又奏：「嗣立衣冠之內，夙表才名；兄弟之間，特稱和睦。承恩歷事，位列宰臣。中年以不能正身，頗近兇戚，爲憲司糾劾，因茲出貶。若循其始，終是吉人，宜棄其瑕，以從衆望。請贈物一百段。」從之。

嗣立、承慶俱以學行齊名。長壽中，嗣立代承慶爲鳳閣舍人；長安三年，承慶代嗣立爲天官侍郎，頃之又代嗣立知政事；及承慶卒，嗣立又代爲黃門侍郎，前後四職相代。又父子三人，皆至宰相。有唐已來，莫與爲比。嗣立三子：孚、恆、濟，皆知名。

孚，累遷至左司員外郎。

恆，開元初爲碭山令，爲政寬惠，人吏愛之。會車駕東巡，縣當供帳，時山東州縣皆懼不辦，務於鞭扑，恆獨不杖罰而事皆濟理，遠近稱焉。御史中丞宇文融，即恆之姑子也，嘗密薦恆有經濟之才，請以己之官秩迴授，乃擢拜殿中侍御史。歷度支左司等員外、太常少卿、給事中。二十九年，爲隴右道河西黜陟使。恆至河西時，節度使蓋嘉運恃託中貴，公爲非法，兼僞敍功勞，恆抗表請劾之，人代其懼。因出爲陳留太守，未行而卒，時人甚傷惜之。

濟，早以辭翰聞。開元初，調補鄄城令。時有人密奏玄宗曰：「今歲吏部選敍太濫，縣令非材，全不簡擇。」及縣令謝官日，引入殿庭，問安人策一道，試者二百餘人，獨濟策第一，或有不書紙者。擢濟爲醴泉令，二十餘人還舊官，四五十人放歸習讀，侍郎盧從愿、李朝隱貶爲刺史。濟至醴泉，以簡易爲政，人用稱之。三遷爲庫部員外郎。二十四年，爲尙書戶部侍郎。累歲轉太原尹。製先德詩四章，述祖、父之行，辭致高雅。天寶七載，又爲河南尹，遷尙書左丞。三代爲省轄，衣冠榮之。濟從容雅度，所莅人推善政，後出爲馮翊太守。

陸元方，蘇州吳縣人。世爲著姓。曾祖琛，陳給事黄門侍郎〔一〕。伯父柬之，以工書知名，官至太子司議郎。元方舉明經，又應八科舉，累轉監察御史。則天革命，使元方安輯嶺外，將涉海，時風濤甚壯，舟人莫敢舉帆。元方曰：「我受命無私，神豈害我？」遽命之濟，旣而風濤果息。使還稱旨，除殿中侍御史。卽以其月擢拜鳳閣舍人，仍判侍郎事。俄爲來俊臣所陷，則天手敕特赦之。長壽二年，再遷鸞臺侍郎、同鳳閣鸞臺平章事。延載初，又加鳳閣侍郎。證聖初，內史李昭德得罪，以元方附會昭德，貶綏州刺史。尋復爲春官侍郎，又轉天官侍郎、尙書左丞，尋拜鸞臺侍郎、平章事。則天嘗問以外事，對曰：「臣備位宰臣，有大事卽奏，人間碎務，不敢以煩聖覽。」由是忤旨，責授太子右庶子，罷知政事。尋轉文昌左丞，病卒。

元方在官淸謹，再爲宰相，則天將有遷除，每先以訪之，必密封以進，未嘗露其私恩。臨終，取前後草奏悉命焚之，且曰：「吾陰德於人多矣，其後庶幾福不衰矣。」又有書一匣，常自緘封，家人莫有見者，及卒視之，乃前後敕書，其愼密如此。贈越州都督，開元十八年，又贈揚州大都督。子象先。

侍郎。

象先，本名景初。少有器量，應制舉，拜揚州參軍。秩滿調選，時吉頊爲吏部侍郎，擢授洛陽尉，元方時亦爲吏部，固辭不敢當。頊曰：「爲官擇人，至公之道。陸景初才望高雅，非常流所及，實不以吏部之子妄推薦也。」竟奏授之。遷左臺監察御史，轉殿中，歷授中書侍郎。

景雲二年冬〔三〕，同中書門下平章事，監修國史。初，太平公主將引中書侍郎崔湜知政事，密以告之，湜固讓象先，主不許之，湜因亦請辭。主遽言於睿宗，乃並拜焉。象先清淨寡欲，不以細務介意，言論高遠，雅爲時賢所服。湜每謂人曰：「陸公加於人一等。」太平公主時既用事，同時宰相蕭至忠、岑羲及湜等咸傾附之，唯象先孤立，未嘗造謁。

先天二年，至忠等伏誅，象先獨免其難。以保護功封兗國公，賜實封二百戶，加銀青光祿大夫。時窮討至忠等枝黨，連累稍衆，象先密有申理，全濟甚多，然未嘗言及，當時無知之者。其年，出爲益州大都督府長史，仍爲劍南道按察使。在官務以寬仁爲政，司馬韋抱眞言曰：「望明公稍行杖罰，以立威名。不然，恐下人怠墮，無所懼也。」象先曰：「爲政者理則可矣，何必嚴刑樹威。損人益己，恐非仁恕之道。」竟不從抱眞之言。歷遷河中尹。六年，廢河中府，依舊爲蒲州，象先爲刺史，仍爲河東道按察使。嘗有小吏犯罪，但示語而遣之。錄事白曰：「此例當合與杖。」象先曰：「人情相去不遠，此豈不解吾言？若必須行杖，卽當自汝爲始。」錄事慚懼而退。象先嘗謂人曰：「天下本自無事，祗是庸人擾之，始爲繁耳。但當靜之於源，則亦何憂不簡。」前後爲刺史，其政如一，人吏咸懷思之。

按察使停，入爲太子詹事，歷工部尚書。十年冬，知吏部選事，又加刑部尚書，以繼母憂免官。十三年，起復同州刺史，尋遷太子少保。二十四年卒，年七十二，贈尚書左丞相，謚曰文貞。

象先弟景倩，歷監察御史。景融，歷大理正、滎陽郡太守、河南尹、兵吏部侍郎、左右丞、工部尚書、東都留守、襄陽郡太守、陳留郡太守，並兼採訪使。景獻，歷殿中侍御史、屯田員外郎。景裔，河南令、庫部郎中。皆有美譽。僧一行少時，嘗與象先昆弟相善，常謂人曰：「陸氏兄弟皆有才行，古之荀、陳，無以加也。」其爲當時所稱如此。

元方從叔餘慶，陳右軍將軍珣孫也。少與知名之士陳子昂、宋之問、盧藏用、道士司馬承禎、道人法成等交遊，雖才學不逮子昂等，而風流強辯過之。累遷中書舍人。則天嘗引入草詔，餘慶惶惑，至晚竟不能措一辭，責授左司郎中。累除大理卿、散騎常侍、太子詹事。以老疾致仕，尋卒。象先四代孫〔三〕。

蘇瓌字昌容，京兆武功人，隋尚書右僕射威曾孫也。祖夔，隋鴻臚卿。父亶〔四〕，貞觀中台州刺史。瓌，弱冠本州舉進士，累授豫王府錄事參軍。長史王德眞、司馬劉禕之皆器重之。長安中，累遷揚州大都督府長史。揚州地當衝要，多富商大賈，珠翠珍怪之產，前長史張潛、于辯機皆致之數萬，唯瓌挺身而去。神龍初，入爲尚書右丞，以明習法律，多識臺閣故事，特命删定律、令、格、式。尋加銀青光祿大夫。是歲，再遷戶部尚書，奏計帳，所管戶時有六百一十五萬六千一百四十一。

尋加侍中，封淮陽縣子，充西京留守。時祕書員外監鄭普思謀爲妖逆，雍、岐二州妖黨大發，瓌收普思繫獄考訊之。普思妻第五氏以鬼道爲韋庶人所寵，居止禁中，由是中宗特敕慰諭瓌，令釋普思之罪。瓌上言普思幻惑，罪當不赦。中宗至京，瓌又面陳其狀。尚書左僕射魏元忠奏曰：「蘇瓌長者，其忠懇如此，願陛下察之。」帝乃配流普思於儋州，其黨並誅。瓌遷吏部尚書，進封淮陽縣侯。

景龍三年，轉尚書右僕射、同中書門下三品，進封許國公。是歲，將拜南郊，國子祭酒祝欽明希庶人旨，建議請皇后爲亞獻，安樂公主爲終獻。瓌深非其議，嘗於御前面折欽明，帝雖悟，竟從欽明所奏。公卿大臣初拜官者，例許獻食，名爲「燒尾」。瓌拜僕射無所獻。後因侍宴，將作大匠宗晉卿曰：「拜僕射竟不燒尾，豈不喜耶？」帝默然。瓌奏曰：「臣聞宰相者，主調陰陽，代天理物。今粒食踊貴，百姓不足，臣見宿衞兵至有三日不得食者。臣愚不稱職，所以不敢燒尾。」是歲六月，與唐休璟並加監修國史。

四年，中宗崩，秘不發喪，韋庶人召諸宰相韋安石、韋巨源、蕭至忠、宗楚客、紀處訥、韋溫、李嶠、韋嗣立、唐休璟、趙彥昭及瓌等十九人入禁中會議〔五〕。初，遺制遣韋庶人輔少主知政事，授安國相王太尉，參謀輔政。中書令宗楚客謂溫曰：「今須請皇太后臨朝，宜停相王輔政。且皇太后於相王居嫂叔不通問之地，甚難爲儀注，理全不可。」瓌獨正色拒之，謂楚客等曰：「遺制是先帝意，安可更改！」楚客及韋溫大怒，遂削相王輔政而宣行焉。是月，韋氏敗，相王即帝位，下詔曰：「尙書右僕射、同中書門下三品、監修國史、許國公蘇瓌，自周旋近密，損益樞機，謀猷有成，匡贊無忌。頃者遺恩顧託，先意昭明，姦回動搖，內外危逼，獨申讜議，實挫邪謀。況藩邸僚屬，念殷惟舊，無德不報，抑惟令典。可尙書左僕射，餘如故。」

景雲元年，以老疾轉太子少傅。是歲十一月薨，贈司空、荆州大都督，謚曰文貞。瓌臨終遺令薄葬，及祖載之日，官給儀仗外，唯有布車一乘，論者稱焉。開元二年，下詔曰：「疇庸賞善，百王攸先；追遠飾終，千載同德。故尙書左丞相、太子少傅、贈司空、荆州大都督、許國文貞公瓌，履正體道，外方內直，悉心奉上，卑身率禮。協贊帷幄，三朝有鹽梅之任；燮諧台袞，九命爲社稷之臣。先朝晏駕，釁起宮掖，國擅稱制之姦，人懷綴旒之懼。兇威孔熾，宗祀幾傾。顧命遺恩，太皇輔政，逆臣刋削，韋氏臨朝。遂能首發昌言，侃然正色，列諸視聽，暴於朝野。松檟已遠，風烈猶存，緬懷誠節，良深耿歎。可賜實封一百戶。」四年，詔與徐國公劉幽求配享睿宗廟庭。十七年，加贈司徒。

瓌子頲，少有俊才，一覽千言。弱冠舉進士，授烏程尉，累遷左臺監察御史。長安中，詔頲按覆來俊臣等舊獄，頲皆申明其枉，由此雪冤者甚衆。神龍中，累遷給事中，加修文館學士，俄拜中書舍人。尋而頲父同中書門下三品，父子同掌樞密，時以爲榮。機事塡委，文誥皆出頲手，中書令李嶠歎曰：「舍人思如湧泉，嶠所不及也。」俄遷太常少卿。

景雲中，瓌薨，詔頲起復爲工部侍郎，加銀青光祿大夫。頲抗表固辭，辭理懇切，詔許其終制。服闋就職，襲父爵許國公。玄宗謂宰臣曰：「有從工部侍郎得中書侍郎否？」對曰：「任賢用能，非臣等所及。」玄宗曰：「蘇頲可中書侍郎，仍供政事食。」明日，加知制誥。有政事食，自頲始也。頲入謝，玄宗曰：「常欲用卿，每有好官闕，卽望宰相論及。宰相皆卿之故人，卒無言者，朕爲卿歎息。中書侍郎，朕極重惜，自陸象先歿後〔六〕，朕每思之，無出卿者。」時李乂爲紫微侍郎，與頲對掌文誥。他日，上謂頲曰：「前朝有李嶠、蘇味道，謂之蘇、李；今有卿及李乂，亦不讓之。卿所製文誥，可錄一本封進，題云『臣某撰』，朕要留中披覽。」其禮遇如此。玄宗欲於靖陵建碑，頲諫曰：「帝王及后，無神道碑，且事不師古，動皆不法。若靖陵獨建，陛下祖宗之陵皆須追造。」玄宗從其言而止。

開元四年，遷紫微侍郎、同紫微黃門平章事，與侍中宋璟同知政事。璟剛正，多所裁斷，頲皆順從其美；若上前承旨、敷奏及應對，則頲爲之助，相得甚悅。璟嘗謂人曰：「吾與蘇家父子，前後同時爲宰相。僕射長厚，誠爲國器；若獻可替否，罄盡臣節，斷割吏事，至公無私，卽頲過其父也。」

八年，除禮部尙書，罷政事，俄知益州大都督府長史事。前司馬皇甫恂破庫物織新様錦以進，頲一切罷之。或謂頲曰：「公今在遠，豈得忤聖意？」頲曰：「明主不以私愛奪至公，豈以遠近間易忠臣節也！」竟奏罷之。嶲州蠻酋苴院私與吐蕃連謀，將爲內寇。頲獲其間諜，將士咸請出兵討之，頲不從，乃作書幷間諜以送苴院，苴院慚悔，竟不敢入寇。

十三年，從駕東封，玄宗令頲撰朝覲碑文。俄又知吏部選事。頲性廉儉，所得俸祿，盡推與諸弟，或散之親族，家無餘資。十五年卒，年五十八。初，優贈之制未出，起居舍人韋述上疏曰：「臣伏見貞觀、永徽之時，每有公卿大臣薨卒，皆輟朝舉哀，所以成終始之恩，厚君臣之義。上有旌賢錄舊之德，下有生榮死哀之美，列於史册，以示將來。昔智悼子卒，平公宴樂，杜蒯一言，方始感悟。春秋載其盛烈，禮經以爲美談，今古舊事，昭然可覩。臣伏見故禮部尚書蘇頲，累葉輔弼，代傳忠清。頲又伏事軒陛，二十餘載，入參謀猷，出總藩牧。誠績斯著，操履無虧，天不慭遺，奄違聖代。伏願陛下思帷蓋之舊，念股肱之親，修先朝之盛典，鑒晉平之遠跡，爲之輟朝舉哀，以明同體之義。使歿者荷德於泉壤，存者盡節於周行，凡百卿士，孰不幸甚。臣官忝記事，君舉必書，敢申舊典，上黷宸扆，希降恩貸，俯垂詳擇。」卽日於洛城南門舉哀，輟朝兩日，贈尚書右丞相，謚曰文憲。及葬日，玄宗遊咸宜宮，將出獵，聞頲喪出，愴然曰：「蘇頲今日葬，吾寧忍娛遊。」中路還宮。頲弟詵、冰、乂。

詵，歷授右司郎中、給事中、徐州刺史。先是，拜給事中時，頲爲中書侍郎，上表讓詵所授。玄宗曰：「古來有內舉不避親乎？」頲曰：「晉祁奚是也。」玄宗曰：「若然，則朕用蘇詵，何得屢言？近日卿父子猶同在中書，兄弟有何不得？卿言非至公也。」冰，爲虞部郎中。乂，爲職方郎中。

幹，瓌從父兄也。父勗，武德中爲秦王府文學館學士。貞觀中，尚南康公主，拜駙馬都尉，累遷魏王泰府司馬。勗旣博學有美名，甚爲泰所重，因勸泰請開文學館，引才名之士，撰括地志。後歷吏部郎、太子左庶子，卒。

幹少以明經累授徐王府記室參軍，徐王好畋獵，幹每諫止之。垂拱中，歷遷魏州刺史。

時河北饑饉，舊吏苛酷，百姓多有逃散。幹乃督察姦吏，務勸農桑，由是逃散者皆來復業，稱爲良牧。召拜右羽林將軍，尋遷冬官尙書。酷吏來俊臣素忌嫉之，遂誣奏幹在魏州與琅邪王沖私書往復，因繫獄鞫訊，幹發憤而卒。

瓌四代孫翔，文宗大和四年，釋褐文學參軍。

史臣曰：韋思謙始以州縣，奮於煙霄，持綱不避於權豪，報國能忘於妻子。自強不息，剛毅近仁，信有之矣！高季輔、皇甫公義，可謂知人矣！且福善餘慶，不謂無徵，二子構堂，俱列相輔，文皆經濟，政盡明能。加以承慶方危，染翰而曾非恐悚；嗣立見用，襲封而罔墜逍遙。無忝父風，寧慚祖德，謚温謚孝，何愧易名？陸元方博學大度，再踐鈞衡，當則天時，非有忠貞，應無黜責，綏州之任，抑又何慚！觀其濟海無私，狂風自止，臨終焚藁，温樹始彰。故知正可以動神明，德可以延家代。象先益高人品，尤著相才，全濟有名，孤立無禍。景倩、景融、景獻、景裔等咸居清列，得非有後於魯乎？蘇瓌，孔子云：「居其室，出其言善，則千里之外應之，況其邇者乎！」又「言行君子之樞機，樞機之發，榮辱之主也」。當中宗棄代，韋氏奪權，預謀者十有九人，咸生異議，瓌志存大節，獨發讜言。其後善惡顯彰，黜陟明著，聖人之言，驗於斯矣。頲唯公是相，以儉承家，李嶠許之湧泉，宋璟稱其過父。艱難之際，節操不回，善始令終，先後無愧。

贊曰：善人君子，懷忠秉正。盡富文章，咸推諫諍。豈愧明廷，無慚重柄。子子孫孫，演承餘慶。

校勘記

〔一〕給事黃門侍郎　各本原作「給事中黃門侍郎」，據陳書卷三四陸琰傳、新書卷一一六陸元方傳刪「中」字。

〔二〕景雲二年冬　「二年」各本原作「元年」，據本書卷七睿宗紀、通鑑卷二一〇改。

〔三〕象先四代孫　局本「孫」字下注「闕」，合鈔卷一三九陸元方傳亦注曰：「缺文」。又此句下各本原有「文宗大和四年除釋褐參軍文學」十三字，乃誤錄本卷蘇瓌傳末一語而來，今刪。

〔四〕父亶　各本原作「父勗」。據本傳所載，瓌之從父兄名勗，則瓌父不當更名勗。今據新書卷七四上宰相世系表、全唐文卷二三八改。

〔五〕十九人　各本原作「十人」，本卷「史臣曰」明言「預謀者十有九人」，補「九」字。

〔六〕陸象先歿後　按本卷陸象先傳，象先歿於開元二十四年，此時爲開元初，尚未死。唐會要卷五四作「陸象先改官後」。

舊唐書卷八十九

列傳第三十九

狄仁傑 族曾孫兼謨 王方慶 姚璹 弟珽

狄仁傑字懷英，并州太原人也。祖孝緒，貞觀中尚書左丞。父知遜，夔州長史。仁傑兒童時，門人有被害者，縣吏就詰之，衆皆接對，唯仁傑堅坐讀書。吏責之，仁傑曰：「黄卷之中，聖賢備在，猶不能接對，何暇偶俗吏，而見責耶！」後以明經舉，授汴州判佐。時工部尚書閻立本爲河南道黜陟使，仁傑爲吏人誣告，立本見而謝曰：「仲尼云：『觀過知仁矣。』足下可謂海曲之明珠，東南之遺寶。」薦授并州都督府法曹。其親在河陽別業，仁傑赴并州，登太行山，南望見白雲孤飛，謂左右曰：「吾親所居，在此雲下。」瞻望佇立久之，雲移乃行。仁傑孝友絕人，在并州，有同府法曹鄭崇質，母老且病，當充使絕域。仁傑謂曰：「太夫人有危疾，而公遠使，豈可貽親萬里之憂！」乃詣長史藺仁基，請代崇質而行。時仁基與司馬李孝廉不協，因謂曰：「吾等豈獨無愧耶？」由是相待如初。

仁傑，儀鳳中爲大理丞，周歲斷滯獄一萬七千人，無冤訴者。時武衞大將軍權善才坐誤斫昭陵柏樹，仁傑奏罪當免職。高宗令卽誅之，仁傑又奏罪不當死。帝作色曰：「善才斫陵上樹，是使我不孝，必須殺之。」左右矚仁傑令出，仁傑曰：「臣聞逆龍鱗，忤人主，自古以爲難，臣愚以爲不然。居桀、紂時則難，堯、舜時則易。臣今幸逢堯、舜，不懼比干之誅。昔漢文時有盜高廟玉環，張釋之廷諍，罪止棄市。魏文將徙其人，辛毗引裾而諫，亦見納用。且明主可以理奪，忠臣不可以威懼。今陛下不納臣言，瞑目之後，羞見釋之、辛毗於地下。陛下作法，懸之象魏，徒流死罪，俱有等差。豈有犯非極刑，卽令賜死？法既無常，則萬姓何所措其手足！陛下必欲變法，請從今日爲始。古人云：『假使盜長陵一抔土，陛下何以加之？』今陛下以昭陵一株柏殺一將軍，千載之後，謂陛下爲何主？此臣所以不敢奉制殺善才，陷陛下於不道。」帝意稍解，善才因而免死。居數日，授仁傑侍御史。

時司農卿韋機兼領將作、少府二司，高宗以恭陵玄宮狹小，不容送終之具，遣機續成其功。機於埏之左右爲便房四所，又造宿羽、高山、上陽等宮，莫不壯麗。仁傑奏其太過，機竟坐免官。左司郎中王本立恃寵用事，朝廷懾懼，仁傑奏之，請付法寺，高宗特原之。仁傑奏曰：「國家雖乏英才，豈少本立之類，陛下何惜罪人而虧王法？必欲曲赦本立，請棄臣於無人之境，爲忠貞將來之誡。」本立竟得罪，繇是朝廷肅然。

尋加朝散大夫，累遷度支郎中。高宗將幸汾陽宮，以仁傑爲知頓使。并州長史李沖玄以道出妬女祠，俗云盛服過者必致風雷之災，乃發數萬人別開御道。仁傑曰：「天子之行，千乘萬騎，風伯清塵，雨師灑道，何妬女之害耶？」遽令罷之。高宗聞之，歎曰：「眞大丈夫也！」

俄轉寧州刺史，撫和戎夏，人得歡心，郡人勒碑頌德。御史郭翰巡察隴右，所至多所按劾，及入寧州境內，耆老歌刺史德美者盈路。翰既授館，召州吏謂之曰：「入其境，其政可知也。願成使君之美，無爲久留。」州人方散。翰薦名於朝，徵爲冬官侍郎，充江南巡撫使。吳、楚之俗多淫祠，仁傑奏毁一千七百所，唯留夏禹、吳太伯、季札、伍員四祠。

轉文昌右丞，出爲豫州刺史。時越王貞稱兵汝南事敗，緣坐者六七百人，籍沒者五千口，司刑使逼促行刑。仁傑哀其詿誤，緩其獄，密表奏曰：「臣欲顯奏，似爲逆人申理；知而不言，恐乖陛下存恤之旨。表成復毁，意不能定。此輩咸非本心，伏望哀其詿誤。」特敕原之，配流豐州。豫囚次於寧州，父老迎而勞之曰：「我狄使君活汝輩耶！」相攜哭於碑下，齋三日而後行。豫囚至流所，復相與立碑頌狄君之德。

初，越王之亂，宰相張光輔率師討平之。將士恃功，多所求取，仁傑不之應。光輔怒曰：

「州將輕元帥耶？」仁傑曰：「亂河南者，一越王貞耳。今一貞死而萬貞生。」光輔質其辭，仁傑曰：「明公董戎三十萬，平一亂臣，不戢兵鋒，縱其暴橫，無罪之人，肝腦塗地，此非萬貞何耶？且兇威脅從，勢難自固，及天兵暫臨，乘城歸順者萬計，縋壍四面成蹊。公奈何縱邀功之人，殺歸降之衆？但恐冤聲騰沸，上徹于天。如得尚方斬馬劍加於君頸，雖死如歸。」光輔不能詰，心甚銜之。還都，奏仁傑不遜，左授復州刺史。入爲洛州司馬。

天授二年九月丁酉，轉地官侍郎、判尚書、同鳳閣鸞臺平章事。則天謂曰：「卿在汝南時，甚有善政，欲知譖卿者乎？」仁傑謝曰：「陛下以臣爲過，臣當改之；陛下明臣無過，臣之幸也。臣不知譖者，並爲善友，臣請不知。」則天深加歎異。

未幾，爲來俊臣誣構下獄。時一問卽承者例得減死，來俊臣逼脅仁傑，令一問承反。仁傑歎曰：「大周革命，萬物唯新，唐朝舊臣，甘從誅戮。反是實！」俊臣乃少寬之。判官王德壽謂仁傑曰：「尚書必得減死。德壽意欲求少階級，憑尚書牽楊執柔，可乎？」仁傑曰：「若何牽之？」德壽曰：「尚書爲春官時，執柔任其司員外，引之可也。」仁傑曰：「皇天后土，遣仁傑行此事！」以頭觸柱，流血被面，德壽懼而謝焉。既承反，所司但待日行刑，不復嚴備。仁傑求守者得筆硯，拆被頭帛書冤，置綿衣中，謂德壽曰：「時方熱，請付家人去其綿。」德壽不之察。仁傑子光遠得書，持以告變。則天召見，覽之而問俊臣，俊臣曰：「仁傑不免冠帶，寢處甚安，何由伏罪？」則天使人視之，俊臣遽命仁傑巾帶而見使者。乃令德壽代仁傑作謝死表，附使者進之。則天召仁傑，謂曰：「承反何也？」對曰：「向若不承反，已死於鞭笞矣。」「何爲作謝死表？」曰：「臣無此表。」示之，乃知代署也。故得免死，貶彭澤令。武承嗣屢奏請誅之，則天曰：「朕好生惡殺，志在恤刑。渙汗已行，不可更返。」

萬歲通天年，契丹寇陷冀州，河北震動，徵仁傑爲魏州刺史。前刺史獨孤思莊懼賊至，盡驅百姓入城，繕修守具。仁傑既至，悉放歸農畝，謂曰：「賊猶在遠，何必如是。萬一賊來，吾自當之，必不關百姓也。」賊聞之自退，百姓咸歌誦之，相與立碑以紀恩惠。俄轉幽州都督。神功元年，入爲鸞臺侍郎、同鳳閣鸞臺平章事，加銀青光祿大夫，兼納言。仁傑以百姓西戍疏勒等四鎮，極爲凋弊，乃上疏曰：

臣聞天生四夷，皆在先王封疆之外，故東拒滄海，西隔流沙，北橫大漠，南阻五嶺，此天所以限夷狄而隔中外也。自典籍所紀，聲教所及，三代不能至者，國家盡兼之矣。此則今日之四境，已逾於夏、殷者也。詩人矜薄伐於太原，美化行於江、漢，則是前代之遠裔，而國家之域中。至前漢時，匈奴無歲不陷邊，殺掠吏人。後漢則西羌侵軼漢中，東寇三輔，入河東上黨，幾至洛陽。由此言之，則陛下今日之土宇，過於漢朝遠矣。若其用武荒外，邀功絕域，竭府庫之實，以爭磽确不毛之地，得其人不足以增賦，獲其土不可以耕織。苟求冠帶遠夷之稱，不務固本安人之術，此秦皇、漢武之所行，非五帝、三皇之事業也。若使越荒外以爲限，竭資財以騁欲，非但不愛人力，亦所以失天心也。昔始皇窮兵極武，以求廣地，男子不得耕於野，女子不得蠶於室，長城之下，死者如亂麻，於是天下潰叛。漢武追高、文之宿憤，藉四帝之儲實，於是定朝鮮，討西域，平南越，擊匈奴，府庫空虛，盜賊蜂起，百姓嫁妻賣子，流離於道路者萬計。末年覺悟，息兵罷役，封丞相爲富民侯，故能爲天所祐也。昔人有言：「與覆車同軌者未嘗安。」此言雖小，可以喻大。

近者國家頻歲出師，所費滋廣，西戍四鎭，東戍安東，調發日加，百姓虛弊。開守西域，事等石田，費用不支，有損無益，轉輸靡絕，杼軸殆空。越磧踰海，分兵防守，行役既久，怨曠亦多。昔詩人云：「王事靡盬，不能藝稷黍。」「豈不懷歸，畏此罪罟。」念彼恭人，涕零如雨。」此則前代怨思之辭也。上不是恤，則政不行而邪氣作；邪氣作，則蟲螟生而水旱起。若此，雖禱祀百神，不能調陰陽矣。方今關東饑饉，蜀、漢逃亡，江、淮以南，徵求不息。人不復業，則相率爲盜，本根一搖，憂患不淺。其所以然者，皆爲遠戍方外，以竭中國，爭蠻貊不毛之地，乖子養蒼生之道也。

昔漢元納賈捐之之謀而罷珠崖郡，宣帝用魏相之策而棄車師之田，豈不欲慕尙虛名，蓋憚勞人力也。近貞觀年中，克平九姓，册李思摩爲可汗，使統諸部者，蓋以夷狄叛則伐之，降則撫之，得推亡固存之義，無遠戍勞人之役。此則近日之令典，經邊之故事。竊見阿史那斛瑟羅，陰山貴種，代雄沙漠，若委之四鎭，使統諸蕃，封爲可汗，遣禦寇患，則國家有繼絕之美，荒外無轉輸之役。如臣所見，請捐四鎭以肥中國，罷安東以實遼西，省軍費於遠方，并甲兵於塞上，則恆、代之鎭重，而邊州之備實矣。況綏撫夷狄，蓋防其越逸，無侵侮之患則可矣，何必窮其窟穴，與螻蟻計校長短哉！

且王者外寧必有內憂，蓋爲不勤修政故也。伏惟陛下棄之度外，無以絕域未平爲念。但當敕邊兵謹守備，蓄銳以待敵，待其自至，然後擊之，此李牧所以制匈奴也。當今所要者，莫若令邊城警守備，遠斥候，聚軍實，蓄威武。以逸待勞，則戰士力倍；以主禦客，則我得其便；堅壁清野，則寇無所得。自然賊深入必有顚躓之慮，淺入必無虜獲之益。如此數年，可使二虜不擊而服矣。

仁傑又請廢安東，復高氏爲君長，停江南之轉輸，慰河北之勞弊，數年之後，可以安人富國。事雖不行，識者是之。尋檢校納言，兼右肅政臺御史大夫。

聖曆初，突厥侵掠趙、定等州，命仁傑爲河北道元帥，以便宜從事。突厥盡殺所掠男女萬餘人，從五迴道而去。仁傑總兵十萬追之不及。便制仁傑河北道安撫大使。時河朔人庶，多爲突厥逼脅，賊退後懼誅，又多逃匿。仁傑上疏曰：

臣聞朝廷議者，以爲契丹作梗，始明人之逆順，或因迫脅，或有願從，或受僞官，或爲招慰，或兼外賊，或是土人，跡雖不同，心則無別。誠以山東雄猛，由來重氣，一顧之勢，至死不回。近緣軍機，調發傷重，家道悉破，或至逃亡，剔屋賣田，人不爲售，內顧生計，四壁皆空。重以官典侵漁，因事而起，取其髓腦，曾無心媿。修築池城，繕造兵甲，州縣役使，十倍軍機。官司不矜，期之必取，枷杖之下，痛切肌膚。事迫情危，不循禮義，愁苦之地，不樂其生。有利則歸，且圖賒死，此乃君子之愧辱，小人之常行。人猶水也，壅之則爲泉，疏之則爲川，通塞隨流，豈有常性。昔董卓之亂，神器播遷，及卓被誅，部曲無赦，事窮變起，毒害生人，京室丘墟，化爲禾黍。此由恩不普洽，失在機先。臣一讀此書，未嘗不廢卷歎息。今以負罪之伍，必不在家，露宿草行，潛竄山澤。赦之則出，不赦則狂，山東羣盜，緣茲聚結。臣以邊塵暫起，不足爲憂，中土不安，以此爲事。臣聞持大國者不可以小道，理事廣者不可以細分。人主恢弘，不拘常法，罪之則衆情恐懼，恕之則反側自安。伏願曲赦河北諸州，一無所問。自然人神道暢，率土歡心，諸軍凱旋，得無侵擾。

制從之。軍還，授內史。

聖曆三年，則天幸三陽宮，王公百僚咸經侍從，唯仁傑特賜宅一區，當時恩寵無比。是歲六月，左玉鈐衞大將軍李楷固、右武威衞將軍駱務整討契丹餘衆，擒之，獻俘於含樞殿。則天大悅，特賜楷固姓武氏。楷固、務整，並契丹李盡忠之別帥也。初，盡忠之作亂，楷固等屢率兵以陷官軍，後兵敗來降，有司斷以極法。仁傑議以爲楷固等並有驍將之才，若恕其死，必能感恩効節。又奏請授其官爵，委以專征。制並從之。及楷固等凱旋，則天召仁傑預宴，因舉觴親勸，歸賞於仁傑。授楷固左玉鈐衞大將軍，賜爵燕國公。

則天又將造大像，用功數百萬，令天下僧尼每日人出一錢，以助成之。仁傑上疏諫曰：

臣聞爲政之本，必先人事。陛下矜羣生迷謬，溺喪無歸，欲令像教兼行，覩相生善。非爲塔廟必欲崇奢，豈令僧尼皆須檀施？得栰尙捨，而況其餘。今之伽藍，制過宮闕，窮奢極壯，畫繢盡工，寶珠殫於綴飾，瓌材竭於輪奐。工不使鬼，止在役人，物不天來，終須地出，不損百姓，將何以求？生之有時，用之無度，編戶所奉，常若不充，痛切肌膚，不辭箠楚。遊僧一說，矯陳禍福，翦髮解衣，仍慚其少。亦有離間骨肉，事均路人，身自納妻，謂無彼我。皆託佛法，詿誤生人。里陌動有經坊，闤闠亦立精舍。化誘倍急，切於官徵；法事所須，嚴於制敕。膏腴美業，倍取其多；水碾莊園，數亦非少。逃丁避罪，併集法門，無名之僧，凡有幾萬，都下檢括，已得數千。且一夫不耕，猶受其弊，浮食者衆，又劫人財。臣每思惟，實所悲痛。

往在江表，像法盛興，梁武、簡文，捨施無限。及其三淮沸浪，五嶺騰煙，列刹盈衢，無救危亡之禍；緇衣蔽路，豈有勤王之師！比年已來，風塵屢擾，水旱不節，征役稍繁。家業先空，瘡痍未復，此時興役，力所未堪。伏惟聖朝，功德無量，何必要營大像，而以勞費爲名。雖斂僧錢，百未支一。尊容既廣，不可露居，覆以百層，尚憂未徧，自餘廊廡，不得全無。又云不損國財，不傷百姓，以此事主，可謂盡忠？臣今思惟，兼採衆議，咸以爲如來設教，以慈悲爲主，下濟羣品，應是本心，豈欲勞人，以存虛飾。當今有事，邊境未寧，宜寬征鎭之徭，省不急之費。設令雇作，皆以利趣，既失田時，自然棄本。今不樹稼，來歲必饑，役在其中，難以取給。況無官助，義無得成，若費官財，又盡人力，一隅有難，將何救之！

則天乃罷其役。是歲九月，病卒，則天爲之舉哀，廢朝三日，贈文昌右相，謚曰文惠。

仁傑常以舉賢爲意，其所引拔桓彥範、敬暉、竇懷貞、姚崇等，至公卿者數十人。初，則天嘗問仁傑曰：「朕要一好漢任使，有乎？」仁傑曰：「陛下作何任使？」則天曰：「朕欲待以將相。」對曰：「臣料陛下若求文章資歷，則今之宰臣李嶠、蘇味道亦足爲文吏矣。豈非文士齷齪，思得奇才用之，以成天下之務者乎？」則天悅曰：「此朕心也。」仁傑曰：「荊州長史張柬之，其人雖老，眞宰相才也。且久不遇，若用之，必盡節於國家矣。」則天乃召拜洛州司馬。他日，又求賢，仁傑曰：「臣前言張柬之，猶未用也。」則天曰：「已遷之矣。」對曰：「臣薦之爲相，今爲洛州司馬，非用之也。」又遷爲秋官侍郎，後竟召爲相。柬之果能興復中宗，蓋仁傑之推薦也。

仁傑嘗爲魏州刺史，人吏爲立生祠。及去職，其子景暉爲魏州司功參軍，頗貪暴，爲人所惡，乃毁仁傑之祠。長子光嗣，聖曆初爲司府丞，則天令宰相各舉尚書郎一人，仁傑乃薦光嗣。拜地官員外郎，莅事稱職，則天喜而言曰：「祁奚內舉，果得其人。」開元七年，自汴州刺史轉揚州大都督府長史，坐贓貶歙州別駕卒。

初，中宗在房陵，而吉頊、李昭德皆有匡復讜言，則天無復辟意。唯仁傑每從容奏對，無不以子母恩情爲言，則天亦漸省悟，竟召還中宗，復爲儲貳。初，中宗自房陵還宮，則天匿之帳中，召仁傑以廬陵爲言。仁傑慷慨敷奏，言發涕流，遽出中宗謂仁傑曰：「還卿儲君。」仁傑降階泣賀，既已，奏曰：「太子還宮，人無知者，物議安審是非？」則天以爲然，乃復置中宗於龍門，具禮迎歸，人情感悅。仁傑前後匡復奏對，凡數萬言，開元中，北海太守李邕撰爲梁公別傳，備載其辭。中宗返正，追贈司空；睿宗追封梁國公。仁傑族曾孫兼謨。

兼謨，登進士第。祖郊、父邁，仕官皆微。兼謨，元和末，解褐襄陽推官，試校書郎，言行剛正，使府知名。憲宗召爲左拾遺，累上書言事，歷尙書郎。長慶、大和中，歷鄭州刺史，以治行稱，入爲給事中。開成初，度支左藏庫妄破漬污縑帛等贓罪，文宗以事在赦前不理。兼謨封還敕書，文宗召而諭之曰：「嘉卿舉職，然朕已赦其長官，典吏亦宜在宥。然事或不可，卿勿以封敕爲艱。」遷御史中丞。謝日，文宗顧謂之曰：「御史臺朝廷綱紀，臺綱正則朝廷理，朝廷正則天下理。凡執法者，大抵以畏忌顧望爲心，職業由茲不舉。卿梁公之後，自有家法，豈復爲常常之心哉！」兼謨謝曰：「朝法或未得中，臣固悉心彈奏。」會江西觀察使吳士矩違額加給軍士，破官錢數十萬計，兼謨奏曰：「觀察使守陛下土地，宣陛下詔條，臨戎賞軍，州有定數。而士矩與奪由己，盈縮自專，不唯貽弊一方，必致諸軍援例。請下法司，正行朝典。」士矩坐貶蔡州別駕。兼謨尋轉兵部侍郎。明年，檢校工部尙書、太原尹，充河東節度使。會昌中，累歷方鎭，卒。

王方慶，雍州咸陽人也，周少司空石泉公褒之曾孫也。其先自琅邪南度，居於丹陽，爲江左冠族。褒北徙入關，始家咸陽焉。祖肅，隋御史丞。伯父弘讓，有美名，貞觀中爲中書舍人。父弘直，爲漢王元昌友，畋獵無度，乃上書切諫，其略曰：「夫宗子維城之託者，所以固邦家之業也。大王功無任城戰克之効，行無河間樂善之譽，爵高五等，邑富千室，當思答極施之洪慈，保無疆之永祚。其爲計者，在乎修德，冠履詩禮，畋獵史傳。覽古人成敗之所由，鑒既往存亡之異軌，覆前戒後，居安慮危。奈何列騎齊驅，交橫壟畝，野有遊客，巷無居人。貽衆庶之憂，逞一情之樂，從禽不息，實用寒心。」元昌覽書而遽止。漸見疏斥，轉荆王友。龍朔中卒。

方慶年十六，起家越王府參軍。嘗就記室任希古受史記、漢書，希古遷爲太子舍人，方慶隨之卒業。永淳中，累遷太僕少卿。則天臨朝，拜廣州都督。廣州地際南海，每歲有崑崙乘舶以珍物與中國交市。舊都督路元叡冒求其貨，崑崙懷刃殺之。方慶在任數載，秋毫不犯。又管內諸州首領，舊多貪縱，百姓有詣府稱冤者，府官以先受首領參餉，未嘗鞫問。方慶乃集止府僚，絕其交往，首領縱暴者悉繩之，由是境內清肅。當時議者以爲有唐以來，治廣州者無出方慶之右。有制褒之曰：「朕以卿歷職著稱，故授此官，既美化遠聞，實副朝寄。今賜卿雜綵六十段幷瑞錦等物，以彰善政也。」證聖元年，召拜洛州長史，尋加銀青光祿大夫，封石泉縣男。萬歲登封元年，轉幷州長史，封琅邪縣男。未行，遷鸞臺侍郎、同鳳閣鸞臺平章事。俄轉鳳閣侍郎，依舊知政事。

神功元年七月，清邊道大總管建安王攸宜破契丹凱還，欲以是月詣闕獻俘。內史王及善以爲將軍入城，例有軍樂，既今上孝明高皇帝忌月，請備而不奏。方慶奏曰：「臣按禮經，但有忌日，而無忌月。晉穆帝納后，用九月九日，是康帝忌月，于時持疑不定，下太常，禮官荀訥議稱：『禮祇有忌日，無忌月。若有忌月，卽有忌時、忌歲，益無理據。』當時從訥所議。軍樂是軍容，與常不等，臣謂振作於事無嫌。」則天從之。則天嘗幸萬安山玉泉寺，以山逕危懸，欲御腰輿而上。方慶諫曰：「昔漢元帝嘗祭廟，出便門，御樓船，光祿勳張猛奏曰：『乘船危，就橋安。』元帝乃從橋，卽前代舊事。今山徑危險，石路曲狹，上瞻駭目，下視寒心，比於樓船，安危不等。陛下烝人父母，奈何踐此畏塗？伏望停輿駐蹕。」則天納其言而止。是歲，改封石泉子。

時有制，每月一日於明堂行告朔之禮，司禮博士辟閭仁諝奏議，其略曰：「經史正文，無天子每月告朔之事，唯禮記玉藻云：『天子聽朔於南門之外。』其每月告朔者，諸侯之禮也。臣謹按禮論及三禮義宗、江都集禮、貞觀禮、顯慶禮及祠令，無天子每月告朔之事。若以爲無明堂故無告朔之禮，有明堂卽合告朔，則周、秦有明堂而無天子每月告朔之事。臣等參求，既無其禮，不可習非，以天子之尊而用諸侯之禮。」方慶又奏議，其略曰：「明堂，天子布政之宮也。謹按穀梁傳云：『閏者，附月之餘日，天子不以告朔。』『非禮也。閏以正時，時以作事，事以厚生，生人之道，於是乎在矣。不告閏朔，棄時政也〔一〕。』臣據此文，則天子閏月亦告朔矣。寧有他月而廢其禮乎？先儒舊說，天子行事，一年十八度入明堂矣。大享不問卜，一入也；每月告朔，十二入也；四時迎氣，四入也；巡狩之年，一入也。今禮官議唯歲首一入耳，與先儒既異，在臣不敢同。宋朝何承天纂集其文，以爲禮論，雖加編次，事則闕如。梁代崔靈恩撰三禮義宗，但捃摭前儒，因循故事而已。隋煬帝命學士撰江都集禮，祇抄撮舊禮，更無異文。貞觀、顯慶禮及祠令不言告朔者，蓋爲歷代不傳，所以其文乃闕。各有緣由，不足依據。今禮官引爲明證，在臣誠實有疑。」則天又令春官廣集衆儒，取方慶、仁諝所奏議，以定得失。時成均博士吳揚善、太學博士郭山惲等奏：「按周禮及三傳，皆有天子告朔之禮，秦滅詩、書，由是告朔禮廢。望依方慶議。」有制從之。

則天以方慶家多書籍，嘗訪求右軍遺跡。方慶奏曰：「臣十代從伯祖羲之書，先有四十餘紙，貞觀十二年，太宗購求，先臣並已進之。唯有一卷見今在。又進臣十一代祖導、十代祖洽、九代祖珣、八代祖曇首、七代祖僧綽、六代祖仲寶、五代祖騫、高祖規、曾祖褒，幷九代三從伯祖晉中書令獻之已下二十八人書，共十卷。」則天御武成殿示羣臣，仍令中書舍人崔融爲寶章集，以敍其事，復賜方慶，當時甚以爲榮。

方慶又舉：「令文『期喪、大功未葬，不預朝賀；未終喪，不預宴會。』比來朝官不遵禮法，身有哀容，陪預朝會，手舞足蹈，公違憲章，名教既虧，實玷皇化。伏望申明令式，更禁斷。」從之。方慶漸以老疾，乞從閑逸，乃授麟臺監修國史。及中宗立爲東宮，方慶兼檢校太子左庶子。

聖曆二年壹月，則天欲季冬講武，有司稽緩，延入孟春。方慶上疏曰：「謹按禮記月令：『孟冬之月，天子命將帥講武，習射御角力。』此乃三時務農，一時講武，以習射御，角校才力，蓋王者常事，安不忘危之道也。『孟春之月，不可以稱兵。』兵者，甲冑干戈之總名。兵金性，剋木，春盛德在木，而舉金以害盛德，逆生氣。『孟春行冬令，則水潦爲敗，雪霜大摯，首種不入。』蔡邕月令章句云：『太陰新休，少陽尙微，而行冬令以導水氣，故水潦至而敗生物也。雪霜大摯，折陽者也。太陰干時，雨雪而霜，故大傷首種。首種，謂宿麥也，麥以秋種，故謂之首種。入，收也，春爲沍寒所傷，故至夏麥不成長也。』今孟春講武，是行冬令，以陰政犯陽氣，害發生之德。臣恐水潦敗物，霜雪損稼，夏麥不登，無所收入也。伏望天恩不違時令，至孟冬教習，以順天道。」手制答曰：「比爲久屬太平，多歷年載，人皆廢戰，並悉學文。今者用整兵威，故令教習。卿以春行冬令，則水潦爲敗，舉金傷木，則便害發生。循覽所陳，深合典禮，若違此請，乃月令虛行。佇啓直言，用依來表。」

是歲，正授太子左庶子，封石泉公，餘並如故，俸料同職事三品，兼侍皇太子讀書。方慶又上言：「謹按史籍所載，人臣與人主言及上表，未有稱皇太子名者。當爲太子皇儲，其名尊重，不敢指斥，所以不言。晉尚書僕射山濤啓事，稱皇太子而不言名。濤中朝名士，必詳典故，其不稱名，應有憑准。朝官尙猶如此，宮臣諱則不疑。今東宮殿及門名，皆有觸犯，臨事論啓，迴避甚難。孝敬皇帝爲太子時，改弘教門爲崇教門；沛王爲皇太子，改崇賢館爲崇文館。皆避名諱，以遵典禮。此卽成例，足爲軌模。伏望天恩因循舊式，付司改換。」制從之。

長安二年五月卒，贈兗州都督，諡曰貞。中宗卽位，以宮僚之舊，追贈吏部尙書。方慶博學好著述，所撰雜書凡二百餘卷。尤精三禮，好事者多詢訪之。每所酬答，咸有典據，故時人編次，名曰禮雜答問。聚書甚多，不減祕閣，至於圖畫，亦多異本。諸子莫能守其業，卒後尋亦散亡。

長子光輔，開元中官至潞州刺史。少子晙，工書知名，尤善琴棋，而性多嚴整，官至殿中侍御史。

姚璹字令璋，散騎常侍思廉之孫也。少孤，撫弟妹以友愛稱。博涉經史，有才辯。永徽中明經擢第。累補太子宮門郎，與司議郎孟利貞等奉令撰瑤山玉彩書，書成，遷祕書郎。調露中，累遷至中書舍人，封吳興縣男。則天臨朝，遷夏官侍郎。坐從父弟敬節同徐敬業之亂，貶桂州都督府長史。時則天雅好符瑞，璹至嶺南，訪諸山川草樹，其名號有「武」字者，皆以爲上膺國姓，列奏其事。則天大悅，召拜天官侍郎。善於選補，時人稱之。

長壽二年，遷文昌左丞、同鳳閣鸞臺平章事。自永徽以後，左、右史雖得對仗承旨，仗下後謀議，皆不預聞。璹以爲帝王謨訓，不可暫無紀述，若不宣自宰相，史官無從得書。乃表請仗下所言軍國政要，宰相一人專知撰錄，號爲時政記，每月封送史館。宰相之撰時政記，自璹始也。是歲九月，坐事轉司賓少卿，罷知政事。延載初，擢拜納言。有司以璹從父弟犯法，奏言不合更爲侍臣。璹上言：「昔王敦稱兵犯順，王導仍典樞機；嵇康戮於晉朝，嵇紹忠於晉室。竊惟前古，尚不爲疑；今奉聖恩，豈由臣下。必以體例有乖，伏請甘從屛退。」則天曰：「此乃我意，卿復何言！但當盡忠，無聽浮說。」

時武三思率蕃夷酋長，請造天樞於端門外，刻字紀功，以頌周德，璹爲督作使。證聖初，璹加秋官尚書、同平章事。是歲，明堂災，則天欲責躬避正殿，璹奏曰：「此實人火，非曰天災。至如成周宣榭，卜代愈隆；漢武建章，盛德彌永。臣又見彌勒下生經云，當彌勒成佛之時，七寶臺須臾散壞。覩此無常之相，便成正覺之因。故知聖人之道，隨緣示化，方便之利，博濟良多。可使由之，義存於此。況今明堂，乃是布政之所，非宗廟之地，陛下若避正殿，於禮未爲得也。」左拾遺劉承慶廷奏云：「明堂宗祀之所，今既被焚，陛下宜輟朝思過。」璹又持前議以爭之，則天乃依璹奏。先令璹監造天樞，至是以功當賜爵一等。璹表請迴贈父一官，乃追贈其父豫州司戶參軍處平爲博州刺史。天后將封嵩岳，命璹總知撰儀注，并充封禪副使。及重造明堂，又令璹充使督作，以功加銀青光祿大夫。

時有大石國使請獻獅子，璹上疏諫曰：「獅子猛獸，唯止食肉，遠從碎葉，以至神都，肉既難得，極爲勞費。陛下以百姓爲心，慮一物有失，鷹犬不蓄，漁獵總停。運不殺以闡大慈，垂好生以敷至德，凡在翾飛蠢動，莫不感荷仁恩。豈容自菲薄於身，而厚資給於獸，求之至理，必不然乎。」疏奏，遽停來使。又九鼎初成，制令黃金千兩塗之。璹進諫曰：「夫鼎者神器，貴在質朴自然，無假別爲浮飾。臣觀其狀，先有五彩輝煥，錯雜其間，豈待金色，方爲炫燿？」則天又從之。

尋屬契丹犯塞，命梁王武三思爲榆關道安撫大使，璹爲副使以備之。及還，坐事，神功初左授益州大都督府長史。蜀中官吏多貪暴，璹屢有發擿，姦無所容。則天嘉之，降璽書勞之曰：「夫嚴霜之下，識貞松之擅奇；疾風之前，知勁草之爲貴。物既有此，人亦宜哉。

卿早荷朝恩，委任斯重。居中作相，弘益已多；防邊訓兵，心力俱盡。歲寒無改，終始不渝。乃眷蜀中，甿俗殷雜，久缺良守，弊於侵漁，政以賄成，人無措足。是用命卿出鎮，寄茲存養。果能攬轡澄清，下車整肅。吏不敢犯，姦無所容，前後糾擿，蓋非一緒。貪殘之伍，屏跡於列城；剽奪之儔，遁形於外境。詎勞期月，康此黎元，言念德聲，良深嘉尚。宜布琅邪之化，當以豫州爲法。」則天又嘗謂侍臣曰：「凡爲長官，能淸自身者甚易，淸得僚吏者甚難。至於姚璹，可謂兼之矣。」

時新都丞朱待辟坐贓至死，逮捕繫獄。待辟素善沙門理中，陰結諸不逞，因待辟以殺璹爲名，擬據巴蜀爲亂。人密表告之者，制令璹按其獄。璹深持之，事涉疑似引而誅死者，僅以千數。則天又令洛州長史宋元爽、御史中丞霍獻可等重加詳覆，亦無所發明。逮繫獄數百人，不勝酷毒，遞相附會，以就反狀。因此籍沒者復五十餘家，其餘稱知反配流者亦十八九，道路冤之。監察御史袁恕己劾奏其事，則天初令璹與恕己對定，又尋令罷推。俄拜地官尚書。歲餘，轉冬官尚書，仍西京留守。長安中，累表乞骸骨，制聽致仕，進爵爲伯。遇官名復舊，爲工部尚書。神龍元年卒，遺令薄葬，贈越州都督，諡曰成。弟珽。

珽，少好學，以勤苦自立，舉明經，累除定、汴、滄、虢、幽等五州刺史，加銀青光祿大夫，轉秦州刺史。以善政有聞，璽書褒美，賜絹百匹。神龍元年，累封宣城郡公，三遷太子詹事，仍兼左庶子。時節愍太子舉事不法，珽前後上書進諫。今載四事。其一曰：

臣聞賈誼曰：「選天下之端士，孝悌博聞有道術者，使與太子居處出入。故太子見正事，聞正言，行正道，左右前後皆正人也。夫習與正人居之，不能無正；習與不正人居之，不能無不正。太子既冠成人，免於保傅之嚴，則有記過之史，徹膳之宰，進善之旌，誹謗之木，敢諫之鼓，瞽史誦箴，大夫進謀，故習與智長，化與心成。夫教得而左右正，則太子正矣，太子正而天下定矣。」臣又聞之，木從繩則正，后從諫則聖。善言古者，所以驗於今。伏惟殿下睿德洪深，天姿聰敏，近代成敗，前古安危，莫不懸鑒在心，動合典禮。臣以庸朽，濫居輔弼，虛備耳目，叨預股肱，輒薦塵露，庶裨山海。伏以內置作坊，工巧得入宮閳之內、禁衞之所，或言語內出，或事狀外通，小人無知，不識輕重，因爲詐僞，有玷徽猷。臣望並付所司，以停宮內造作；如或要須役造，猶望宮外安置，庶得工匠不於宮禁出入。

其二曰：

臣聞漢文帝身衣弋綈，足履革舃；齊高帝欄檻用銅者，皆易以鐵。經侯帶玉具劍環珮以過魏，太子不視，經侯曰：「魏國亦有寶乎？」太子曰：「主信臣忠，魏之寶也。」經侯委劍珮而去，太子使追還之，謂曰：「珠玉珍玩，寒不可衣，飢不可食，無遺我賊。」經侯杜門不出。臣觀聖賢經籍，務以簡素爲貴；皇王政化，皆以菲薄爲德。伏惟殿下留心恭儉，靡尙浮奢。臣愚猶望損之又損之，居簡以行簡，減省造作，節量用度。

其三曰：

臣聞銀牓銅樓，宮闈嚴秘，門閤來往，皆有簿曆。殿下時有所須，唯門司宣令，或恐姦僞之輩，因此妄爲增減，脫有文狀舛錯，事理便卽差違。且近日呂昇之便乃代署宣敎，伏賴殿下睿敏，當卽覺其姦僞，自餘臣下庸淺，豈能深辨眞虛？望墨令及覆事行下，並用內印印畫署之後，冀得免有詐假，乃是長久規模。臣又聞之，忠臣事君，有犯而無隱；明主馭下，納諫以進德。故書云：「有言逆於志，必求諸道；有言順於心，必求諸非道。」伏惟殿下仁明昭著，聖敬日躋，探幽洞微，窮神索隱。事之善惡，毫釐靡差；理有危疑，錙銖無爽。臣以庸謏，叨侍春闈，職居獻替，豈敢緘默！

其四曰：

臣聞聖人不專其德，賢智必有所師。故曰，與善人言，如入芝蘭之室，久自芬芳；與不善人言，如火銷膏，不覺而盡。今司經見無學士，供奉未有侍讀，伏望時因視膳，奏請置人。所冀講席談筵，務盡忠規之道；披文擿句，方資審諭之勤。臣又聞臣之事主，必盡乃誠；君之進賢，務求忠讜。伏惟殿下養德儲闈，以端靜爲務；恭膺守器，以學業爲先。經所以立行修身，史所以諳識成敗。雅誥既習，忠孝乃成；傳記方通，安危斯辨。知父子君臣之道，識古今鑒戒之規，經史爲先，斯乃急務。至於工巧造作，僚吏直司，實爲末事，無足勞慮。臣以庸淺，獻替是司，臣而不言，負譴聖日，言而獲罪，是所甘心。伏願留意經書，簡略細事，一蒙採納，萬殞無辭。乞降儲明〔三〕，俯矜狂瞽。

疏奏，太子雖稱善，竟不悛革。太子敗，詔遣索其宮中，得珽諫書，中宗嘉其切直。時宮臣皆貶黜，唯珽擢拜右散騎常侍。歲餘，遷秘書監。

睿宗卽位，累授戶部尙書，轉太子賓客。先天二年，加金紫光祿大夫，復拜戶部尙書。珽與兄璹，數年間俱爲定州刺史、戶部尙書，時人榮之。開元二年卒，年七十四。珽嘗以其曾祖察所撰漢書訓纂，多爲後之注漢書者隱沒名氏，將爲己說；珽乃撰漢書紹訓四十卷，以發明舊義，行於代。

史臣曰：天子有諍臣七人，雖無道不失其天下。致廬陵復位，唐祚中興，諍由狄公，一人以蔽。或曰：許之太甚。答曰：當革命之時，朋邪甚衆，非推誠竭力，致身忘家者，孰能與於此乎！仁傑流死不避，骨鯁有彰，雖逢好殺無辜，能使終畏大義。竟存天下，豈不然乎！王方慶干城南海，羽翼東宮，臺閣樞機，無不功濟，所謂君子不器者也。苟非文學，斯焉取斯。璹成都布政，始卒不倖；相國上章，或否或中。且焚明堂而避正殿，固諍何多；黜唐頌而立天樞，一言非措。矧乃妄求符瑞，已失忠貞；精擇楚茅，難裨過咎。不常其德，罔畏承羞。珽規諫有才，牧守多善，儲幄之任，可謂得人。

贊曰：犯顏忤旨，返政扶危。是人難事，狄能有之。終替武氏，克復唐基。功之莫大，人無以師。方慶之才，周旋特立。璹也無常，珽能操執。

校勘記

〔一〕非禮也……棄時政也　本書卷二二禮儀志、冊府卷五八七「非禮也」上有「左氏傳云：『閏月不告朔』」九字。

〔三〕乞降儲明　「乞」字各本原作「尤」，據合鈔卷一四〇姚璹傳改。

舊唐書卷九十

列傳第四十

王及善 杜景儉 朱敬則 楊再思 李懷遠 子景伯 景伯子彭年附 豆盧欽望 張光輔 史務滋 崔元綜 周允元附

王及善，洺州邯鄲人也。父君愕。隋大業末，并州人王君廓掠邯鄲，君愕往說君廓曰：「方今萬乘失御，英雄競起，誠宜撫納遺甿，保全形勝，按甲以觀時變，擁衆而歸眞主，此富貴可圖也。今足下居無尺土之地，守無兼旬之糧，恣行殘忍，所過攘奪，竊爲足下寒心矣。」君廓曰：「計將安出？」君愕爲陳井陘之險，可先往據之。君廓從其言，乃屯井陘山。歲餘，會義師入定關中，乃與君廓率所部萬餘人來降，拜大將軍。頻以戰功封新興縣公，累遷左武衞將軍。從太宗征遼東，兼領左屯營兵馬，與高麗戰於駐蹕山，君愕先鋒陷陣，力戰而死。太宗深痛悼之，贈左衞大將軍、幽州都督、邢國公，賜東園秘器，陪葬昭陵。

及善年十四，以父死王事，授朝散大夫，襲爵邢國公。高宗時，累遷左奉裕率。孝敬之居春宮，因宴集命宮官擲倒，次至及善，辭曰：「殿下自有樂官，臣止當守職，此非臣任也。臣將奉令，恐非殿下羽翼之備。」太子謝而遣之。高宗聞而特加賞慰，賜絹百匹。尋除右千牛衞將軍，高宗謂曰：「朕以卿忠謹，故與卿三品要職。他人非搜辟不得至朕所，卿佩大橫刀在朕側，知此官貴否？」俄以病免，尋起爲衞尉卿。

垂拱中，歷司屬卿。時山東饑，及善爲巡撫賑給使。尋拜春官尚書、秦州都督，轉益州大都督府長史。以老病請乞致仕，加授光祿大夫。後契丹作亂，山東不安，起授滑州刺史。則天謂曰：「邊賊反叛，卿雖疾病，可將妻子日行三十里，緩步至彼，與朕臥理此州，以斷河路也。」因問朝廷得失，及善備陳理亂之宜十餘道，則天曰：「彼末事也，此爲本也，卿不可行。」乃留拜內史。

時御史中丞來俊臣常以飛禍陷良善，自侯王將相被其羅織受戮者不可勝計。後俊臣坐事繫獄，有司斷以極刑，則天欲赦之。及善執奏曰：「俊臣兇狡不軌，所信任者皆屠販小人，所誅戮者多名德君子。臣愚以爲若不剿絕元惡，恐搖動朝廷，禍從此始。」則天納之。俄而則天將追廬陵王立爲太子，及善贊成其計。及太子立，又請太子外朝以慰人心，則天從之。

及善雖無學術，在官每以清正見知，臨事難奪，有大臣之節。時張易之兄弟恃寵，每內宴，皆無人臣之禮。及善數奏抑之，則天不悅，謂及善曰：「卿旣高年，不宜更侍遊讌，但檢校閣中可也。」及善因病請假月餘，則天都不問之，及善歎曰：「豈有中書令而天子得一日不見乎？事可知矣。」乃上疏乞骸骨，三上不許。聖曆二年，拜文昌左相，旬日而薨，年八十二。廢朝三日，贈益州大都督，謚曰貞，陪葬乾陵。

杜景儉，冀州武邑人也。少舉明經，累除殿中侍御史。出爲益州錄事參軍。時隆州司馬房嗣業除益州司馬，除書未到，卽欲視事，又鞭笞僚吏，將以示威。景儉謂曰：「公雖受命爲此州司馬，而州司未受命也。何藉數日之祿，而不待九重之旨，卽欲視事，不亦急耶？」嗣業益怒。景儉又曰：「公今持咫尺之制，眞僞未知，卽欲攬一州之權，誰敢相保？揚州之禍，非此類耶。」乃叱左右各令罷散，嗣業慙赧而止。俄有制除嗣業荆州司馬，竟不如志，人吏爲之語曰：「錄事意，與天通，益州司馬折威風。」景儉由是稍知名。入爲司賓主簿，轉司刑丞。

天授中，與徐有功、來俊臣、侯思止專理制獄，時人稱云：「遇徐、杜者必生，遇來、侯者必死。」累遷洛州司馬，尋轉鳳閣侍郎、同鳳閣鸞臺平章事。則天嘗以季秋內出梨花一枝示宰臣曰：「是何祥也？」諸宰臣曰：「陛下德及草木，故能秋木再花，雖周文德及行葦，無以過也。」景儉獨曰：「謹按洪範五行傳：『陰陽不相奪倫，瀆之即爲災。』又春秋云：『多無傘陽，夏無伏陰，春無淒風，秋無苦雨。』今已秋矣，草木黃落，而忽生此花，瀆陰陽也。臣慮陛下布教施令，有虧禮典。又臣等忝爲宰臣，助天理物，理而不和，臣之罪也。」於是再拜謝罪，則天曰：「卿眞宰相也！」

延載初，爲鳳閣侍郎周允元奏景儉黨於李昭德，左遷秦州刺史。後累除司刑卿。聖曆二年，復拜鳳閣侍郎、同鳳閣鸞臺平章事。時契丹入寇，河北諸州多陷賊中。及事定，河內王武懿宗將盡論其罪。景儉以爲皆是驅逼，非其本心，請悉原之。則天竟從景儉議。歲餘，轉秋官尙書。坐漏洩禁中語，左授司刑少卿，出爲幷州長史。道病卒，贈相州刺史。子澄，頗以文藻著名，官至犖縣尉。

朱敬則，字少連，亳州永城人也。代以孝義稱，自周至唐，三代旌表，門標六闕，州黨美之。敬則倜儻重節義，早以辭學知名。與三從兄同居，財產無異。又與左史江融、左僕射魏元忠特相友善。咸亨中，高宗聞而召見，與語甚奇之，將加擢用，爲中書舍人李敬玄所毀，乃授洹水尉。

長壽中，累除右補闕。敬則以則天初臨朝稱制，天下頗多流言異議，至是旣漸寧晏，宜絕告密羅織之徒，上疏曰：

臣聞李斯之相秦也，行申、商之法，重刑名之家，杜私門，張公室，棄無用之費，損不急之官，惜日愛功，疾耕急戰，人繁國富，乃屠諸侯。此救弊之術也。故曰：刻薄可施於進趨，變詐可陳於攻戰。兵猶火也，不戢將自焚。況鋒鏑已銷，石城又毀，諒可易之以寬泰，潤之以淳和，八風之樂以柔之，三代之禮以導之。秦旣不然，淫虐滋甚，往而不返，卒至土崩，此不知變之禍也。

陸賈、叔孫通之事漢王也，當滎陽、成皐之間，糧饋已窮，智勇俱困，不敢開一說，效一奇，唯進豪猾之材，薦貪暴之客。及區宇適平，干戈向戢，金鼓之聲未歇，傷痍之痛尚聞，二子顧眄，綽有餘態，乃陳詩書，說禮樂，開王道，謀帝圖。高皇帝忿然曰：「吾以馬上得之，安事詩書乎！」對曰：「馬上得之，可馬上理之乎？」高皇默然。於是陸賈著新語，叔孫通定禮儀，始知天子之尊，此知變之善也。向使高皇排二子而不用，置詩書而不顧，重攻戰之吏，尊首級之材，複道爭功，張良已知其變，拔劍擊柱，吾屬不得無謀。卽晷漏難逾，何十二帝乎？亡秦之續，何二百年乎？故曰：仁義者，聖人之蘧廬；禮經者，先王之陳迹。然則祝祠向畢，芻狗須投；淳精已流，糟粕可棄。仁義尙捨，況輕此者乎？

自文明草昧，天地屯蒙，三叔流言〔二〕，四凶構難。不設鉤距，無以應天順人；不切刑名，不可摧姦息暴。故置神器，開告端，曲直之影必呈，包藏之心盡露。神道助直，無罪不除；人心保能，無妖不戮。以茲妙算，窮造化之幽深；用此神謀，入天人之秘術。故能計不下席，聽不出闈，蒼生晏然，紫宸易主。大哉偉哉，無得而稱也！豈比造攻鳴條，大戰牧野，血變草木，頭折不周，可同年而語乎？然而急趨無善迹，促柱少和聲，拯溺不規行，療飢非鼎食。卽向時之妙策，乃當今之芻狗也。伏願覽秦、漢之得失，考時事之合宜，審糟粕之可遺，覺蘧廬之須毀。見機而作，豈勞終日乎？陛下必不可偃蹇太平，徘徊中路。伏願改法制，立章程，下恬愉之辭，流曠蕩之澤，去萋菲之牙角，頓姦險之鋒芒，窒羅織之源，掃朋黨之迹，使天下蒼生坦然大悅，豈不樂哉！

則天甚善之。

長安三年，累遷正諫大夫，尋同鳳閣鸞臺平章事。時御史大夫魏元忠、鳳閣舍人張說爲張易之兄弟所誣構，將陷重辟，諸宰相無敢言者，敬則獨抗疏申理曰：「元忠、張說素稱忠正，而所坐無名。若令得罪，豈不失天下之望也？」乃得減死。四年，以老疾請罷知政事，許之，累轉冬官侍郎，仍依舊兼修國史。張易之、昌宗嘗命畫工圖寫武三思及納言李嶠、鳳閣侍郎蘇味道、夏官侍郎李迥秀、麟臺少監王紹宗等十八人形像，號爲高士圖，每引敬則預其事，固辭不就，其高潔守正如此。

神龍元年，出爲鄭州刺史，尋以老致仕。二年，侍御史冉祖雍素與敬則不協，乃誣奏云與王同皎親善，貶授廬州刺史。經數月，洎代到，還鄉里，無淮南一物，唯有所乘馬一匹，諸子姪步從而歸。敬則重然諾，善與人交，每拯人急難，不求其報。又嘗與三從兄同居四十餘年，財產無異。雅有知人之鑒，凡在品論者，後皆如其言。景龍三年五月，卒于家，年七十五。

敬則嘗採魏、晉已來君臣成敗之事，著十代興亡論。又以前代文士論廢五等者，以秦爲失，事未折衷，乃著五等論曰：

昔秦廢五等，崔寔、仲長統、王朗、曹冏等皆以爲秦之失，予竊異之，試通其志云。

蓋明王之理天下也，先之以博愛，本之以仁義，張四維，尊五美，懸禮樂於庭宇，置軌範於中衢。然後決玄波使橫流，揚薰風以高扇，流愷悌之甘澤，浸曠蕩之膏腴，正理革其淫邪，淳風柔其骨髓。使天下之人，心醉而神足。其於忠義也，立則見其參於前；

其於進趣也，若章程之在目。禮經所及，等日月之難踰；聲教所行，雖風雨之不輟。聖人知俗之漸化也，王道之已行也，於是體國經野，庸功勳親。分山裂河，設磐石之固；內守外禦，有維城之基。連絡偏於域中〔三〕，膠葛盡於封內。雖道昏時喪，澤竭政塞，鄭伯逐王，中侯弒主，魯不供物，宋不城周，吳徵百牢，楚問九鼎，小白之一匡天下，重耳之一戰諸侯，無君之迹顯然，篡奪之謀中寢者，直以周禮尚存，簡書不隕。故曰：「不敢失墜，天威在顏。」

自春秋之後，禮義漸頽，風俗壅昏，愧恥心盡，疾走先得者爲上，奪攘投會者爲能。加以八世專齊，三家分晉，子貢之亂五國，蘇秦之闢七雄，苛刻繁興，經籍道息，莫不長詐術，貴攻戰，萬姓皆戴爪牙，無人不屬觜距。所以商鞅欺故友，李斯囚舊交，孫臏喪足於龐涓，張儀得志于陳軫。一旅之衆，便欲稱王；再戰之雄，爭來奉帝。先王會盟之禮，昔時樽俎之容，三代玄風，掃地至盡。況始皇削平區宇，殊非至公，李斯之作股肱，罕循大道，人無見德，唯虐是聞。當此時也，主猜於上，人駭於下，父不能保之於子，君不能得之於臣。欲使始皇分土姦雄，建侯薄俗，若喻晉、鄭之可依，便借賊兵而資盜糧，寄龍魚而助風雨，不可行也。是以秦鑒周德之綿深，懼己圖之不遠，罷侯置守，高下在心，天下制在一人，百姓不聞二主。直是不得行其世封，非薄功臣而賤骨肉也。

高皇帝揭日月之明，懷天地之量，算財不足以分賞，論地不足以受封。邑皆百城，土有千里，人殷國富，地廣兵強。五十年間，七國同反，賈誼憂失其國，鼂錯請削其地。若言由大而反也，不若召陵之師、踐土之衆也；若言有材而起也，劉濞非王霸之材，田祿無先、管之略也。直是齊、晉以逆禮爲慙，吳、楚以犯上非媿，釁由釁起，其所由來遠矣。自此之後，雜霸又衰，中興不能改物創圖，黃初不能深謀遠慮。緬觀漢、魏之際，尋其經緯之初，未有積德重光，澤及萬物。觀其敎，偷薄於秦風；察其人，豺狼於漢日。故魏太祖曰：「若使無孤，天下幾人稱帝，幾人稱王！」明竊號議者，觸目皆是。欲以此時開四履之祚，埀萬代之封，必有通車三川以窺周室，介馬汾、隰而逐翼侯。而王司徒屢請於當時，曹元首又勤於宗室，皆不知時也。

當時賢者是之。

敬則知政事時，每以用人爲先。桂州蠻叛，薦裴懷古；鳳閣舍人缺，薦魏知古；右史缺，薦張思敬。則天以爲知人。

睿宗卽位，嘗謂侍臣曰：「神龍已來，李多祚、王同皎並復舊官，韋月將、燕欽融咸有褒贈，不知更有何人，尙抱冤抑？」吏部尙書劉幽求對曰：「故鄭州刺史朱敬則，往在則天朝任正諫大夫、知政事，忠貞義烈，爲天下所推。神龍時，被宗楚客、冉祖雍等誣構，左授廬州刺史。長安年中，嘗謂臣云：『相王必膺期受命，當須盡節事之。』及韋氏篡逆干紀，臣遂見危赴難，翼戴興曆，雖則天誘其事，亦是敬則先啓之心。今陛下龍興寶位，兇黨就戮，敬則尚銜冤泉壤，未蒙昭雪。況復事符先覺，誠即可嘉。」睿宗然之，贈敬則秘書監，謚曰元。

楊再思，鄭州原武人也。少舉明經，授玄武尉。充使詣京師，止於客舍。會盜竊其囊裝，再思邂逅遇之，盜者伏罪，再思謂曰：「足下當苦貧匱，至此無行。速去勿作聲，恐爲他人所擒。幸留公文，餘財盡以相遺。」盜者齎去，再思初不言其事，假貸以歸。累遷天官員外郎，歷左右肅政臺御史大夫。延載初，守鸞臺侍郎、同鳳閣鸞臺平章事。證聖初，轉鳳閣侍郎，依前同平章事，兼太子右庶子。尋遷內史，自弘農縣男累封至鄭國公。

再思自歷事三主，知政十餘年，未嘗有所薦達。爲人巧佞邪媚，能得人主微旨，主意所不欲，必因而毀之，主意所欲，必因而譽之。然恭慎畏忌，未嘗忤物。或謂再思曰：「公名高位重，何爲屈折如此？」再思曰：「世路艱難，直者受禍。苟不如此，何以全其身哉！」長安末，昌宗既爲法司所鞫，司刑少卿桓彥範斷解其職。昌宗俄又抗表稱冤，則天意將申理昌宗，廷問宰臣曰：「昌宗於國有功否？」再思對曰：「昌宗往因合鍊神丹，聖躬服之有效，此實莫大之功。」則天甚悅，昌宗竟以復職。時人貴彥範而賤再思也。時左補闕戴令言作兩脚野狐賦以譏刺之，再思聞之甚怒，出令言爲長社令，朝士尤加嗤笑。再思爲御史大夫時，張易之兄司禮少卿同休嘗奏請公卿大臣宴于司禮寺，預其會者皆盡醉極歡。同休戲曰：「楊內史面似高麗。」再思欣然，請剪紙自帖於巾，却披紫袍，爲高麗舞，縈頭舒手，舉動合節，滿座嗤笑。又易之弟昌宗以姿貌見寵倖，再思又諛之曰：「人言六郎面似蓮花；再思以爲蓮花似六郎，非六郎似蓮花也。」其傾巧取媚也如此。

長安四年，以本官檢校京兆府長史，又遷檢校揚州大都督府長史。中宗卽位，拜戶部尚書，兼中書令，轉侍中，以宮僚封鄭國公，賜實封三百戶。又爲册順天皇后使，賜物五百段，鞍馬稱是。時武三思將誣殺王同皎，再思與吏部尚書李嶠、刑部尚書韋巨源並受制考按其獄，竟不能發明其枉，致同皎至死，衆冤之。再思俄復爲中書令、吏部尚書。景龍三年，遷尚書右僕射，加光祿大夫。其年薨，贈特進、并州大都督，陪葬乾陵，謚曰恭。子植、植子獻，並爲司勳員外郎。再思弟季昭爲考功郎中，溫玉爲戶部侍郎。

李懷遠，邢州柏仁人也。早孤貧好學，善屬文。有宗人欲以高蔭相假者，懷遠竟拒之，退而歎曰：「因人之勢，高士不爲；假蔭求官，豈吾本志？」未幾，應四科舉擢第，累除司禮少卿。出爲邢州刺史，以其本鄉，固辭不就，改授冀州刺史。俄歷揚、益等州大都督府長史，未行，又授同州刺史。在職以淸簡稱。入爲太子左庶子，兼太子賓客，歷遷右散騎常侍、春官侍郎。大足年，遷鸞臺侍郎，尋同鳳閣鸞臺平章事。歲餘，加銀靑光祿大夫，拜秋官尚書，兼檢校太子左庶子，賜爵平鄉縣男。長安四年，以老辭職，聽解秋官尚書，正除太子左庶子，尋授太子賓客。神龍初，除左散騎常侍、兵部尚書、同中書門下三品，加金紫光祿大夫，進封趙郡公，特賜實封三百戶。俄以疾請致仕，許之。中宗將幸京師，又令以本官知東都留守。

懷遠雖久居榮位，而彌尚簡率，園林宅室，無所改作。常乘款段馬，左僕射豆盧欽望謂曰：「公榮貴如此，何不買駿馬乘之？」答曰：「此馬幸免驚蹶，無假別求。」聞者莫不歎美。神龍二年八月卒，中宗特賜錦被以充斂，輟朝一日，親爲文以祭之，贈侍中，謚曰成。子景伯。

景伯，景龍中爲給事中，又遷諫議大夫。中宗嘗宴侍臣及朝集使，酒酣，令各爲迴波辭。

衆皆爲諂佞之辭，及自要榮位。次至景伯，曰：「迴波爾時酒巵，微臣職在箴規。侍宴旣過三爵，諠譁竊恐非儀。」中宗不悅，中書令蕭至忠稱之曰：「此眞諫官也。」景雲中，累遷右散騎常侍，尋以老疾致仕。開元中卒。子彭年。

彭年有吏才，工於剖析，當時稱之。開元中，歷考功員外郎、知舉，又遷中書舍人、給事中、兵部侍郎。天寶初，又爲吏部侍郎，與右相李林甫善。慕山東著姓爲婚姻，引就淸列，以大其門。典銓管七年，後以贓汚爲御史中丞宋渾所劾，長流嶺南臨賀郡。累月，渾及弟恕又以贓下獄，詔渾流嶺南高要郡，恕流南康郡。天寶十二載，起彭年爲濟陰太守，又遷馮翊太守，入爲中書舍人、給事中、吏部侍郎。十五載，玄宗幸蜀，賊陷西京，彭年沒於賊，脅授僞官，憂憤忽忽不得志，與韋斌相次而卒。及克復兩京，優制贈彭年爲禮部尙書。

豆盧欽望，京兆萬年人也。曾祖通，隋相州刺史、南陳郡公。祖寬，卽隋文帝之甥也。大業末，爲梁泉令。及高祖定關中，寬與郡守蕭瑀率豪右赴京師，由是累授殿中監，仍詔其子懷讓尙萬春公主。高祖以寬曾祖萇魏太和中例稱單姓，至是改寬爲盧氏。貞觀中，歷遷禮部尙書、左衞大將軍，封芮國公。永徽元年卒，贈特進、并州都督，陪葬昭陵，謚曰定。又復其姓爲豆盧氏。父仁業，高宗時爲左衞將軍。

欽望，則天時累遷司賓卿。長壽二年，代宗秦客爲內史。時李昭德亦爲內史，執權用事，欽望與同時宰相韋巨源、陸元方、蘇味道、杜景儉等並委曲從之。證聖元年，昭德坐事左遷涪陵尉，則天以欽望等不能執正，又爲司刑少卿皇甫文備奏欽望附會昭德，罔上附下，乃左遷欽望爲趙州刺史，韋巨源自右丞爲鄜州刺史，陸元方自秋官侍郎爲綏州刺史，蘇味道自鳳閣侍郎爲集州刺史。其年，欽望入爲司禮卿，遷秋官尙書，封芮國公。出爲河北道宣勞使。俄而廬陵王復爲皇太子，以欽望爲皇太子宮尹。聖曆二年，拜文昌右相、同鳳閣鸞臺三品，尋授太子賓客，停知政事。

中宗卽位，以欽望宮僚舊臣，拜尙書左僕射、知軍國重事，兼檢校安國相王府長史，兼中書令、知兵部事、監修國史。欽望作相兩朝，前後十餘年，張易之兄弟及武三思父子皆專權驕縱，圖爲逆亂，欽望獨謹其身，不能有所匡正，以此獲譏於代。神龍二年，拜開府儀同三司。景龍三年五月，表請乞骸，不許。十一月卒，年八十餘。贈司空、并州大都督，謚曰元，賜東園秘器，陪葬乾陵。則天時，宰相又有張光輔、史務滋、崔元綜、周允元等，並有名績。

張光輔者，京兆人也。少明辯，有吏幹。累遷司農少卿、文昌右丞。以討平越王貞之功，拜鳳閣侍郎、知政事。永昌元年，遷納言。旬日，又拜內史。皆有能名。其年，洛州司馬房嗣業、洛陽令張嗣明坐與徐敬業弟敬眞陰相交結。敬眞自流所繡州逃歸，將北投突厥，引虜入寇。途經洛下，嗣業、嗣明二人給其衣糧而遣之。行至定州，爲人所覺。嗣業於獄中自縊死。嗣明與敬眞多引海內相識，冀緩其死。嗣明稱光輔征豫州日，私說圖讖天文，陰懷兩端，顧望以觀成敗。光輔由是被誅，家口籍沒。

史務滋者，宣州溧陽人。累至內史。天授中，雅州刺史劉行實及弟渠州刺史行瑜、尙衣奉御行感，并兄子左鷹揚將軍虔通，並爲侍御史來子珣誣以謀反誅。又於盱眙毁其父左監門大將軍伯英棺柩。初，務滋素與行感周密，意欲寢其反狀。則天怒，令俊臣鞫之，務滋恐被陷刑，乃自殺。

崔元綜者，鄭州新鄭人也。祖君肅，武德中黃門侍郎、鴻臚卿。元綜，天授中累轉秋官侍郎。長壽元年，遷鸞臺侍郎、同鳳閣鸞臺平章事。元綜勤於政事，每在中書，必束帶至晚，未嘗休偃。好潔細行，葷辛不歷口者二十餘年。雖外示謹厚，而情深刻薄，每受制鞫獄，必披毛求疵，陷於重辟。以此故人多畏而鄙之。明年，犯罪配流振州，朝野莫不稱慶。

尋赦還，復拜監察御史。中宗時，累遷尚書左丞、蒲州刺史，以老疾致仕。晚年好攝養導引之術，年九十餘卒。

周允元者，豫州人也。弱冠舉進士。延載初，累轉左肅政御史中丞，俄除鳳閣鸞臺平章事。嘗與諸宰臣侍宴，則天令各述書傳中善言。允元曰：「恥其君不如堯、舜。」武三思以爲語有指斥，糾而駁之。則天曰：「聞此言足以爲誡，豈特將爲過耶？」證聖元年卒，贈貝州刺史。則天爲七言詩以傷之，又自繕寫，時以爲榮。

史官曰：王及善在孝敬東宮，誠能奉職。當俊臣下獄，力諫除兇，是憂濫及賢良，而欲明彰羽翼，興復之志，不謂無心。杜景儉五刑有濫，濟活爲心，四氣不和，歸罪在己，則天謂曰「眞宰相」。然奈柔順李昭德，不無吐剛之過也。朱敬則文學有稱，節行無愧，諫諍果決，推擇精眞，苟非洞鑒古今，深識王霸，何由立其高論哉，惜乎相不得時矣。楊再思佞而取貴，苟以全身，掩不善而自欺，謂無十目十手也。李懷遠名不苟於假蔭，貴不衒於故鄉，無改陋居，常乘劣駟，亦一時之善矣。然匪躬之道，未之聞也。豆盧欽望、張光輔、史務滋、崔元綜、周允元等，或有片言，非無小善，登于大用，可謂具臣。

贊曰：及善奉職，非無智力。景儉當權，不謂不賢。雄文高節，少連爲絕。守道安貧，懷遠當仁。欽望之屬，片善何足。諂媚再思，祇宜遄速。

校勘記

〔一〕二叔流言　「二」字各本原作「三」，據冊府卷五三二改。

〔二〕連絡徧於城中　「城」字各本原作「城」，據四部叢刊本唐文粹卷三四改。

舊唐書卷九十一

列傳第四十一

桓彥範　敬暉　崔玄暐　張柬之　袁恕己

桓彥範，潤州曲阿人也。祖法嗣，雍王府諸議參軍、弘文館學士。彥範慷慨俊爽，少以門蔭調補右翊衞。聖曆初，累除司衞寺主簿。納言狄仁傑特相禮異，嘗謂曰：「足下才識如是，必能自致遠大。」尋擢授監察御史。長安三年，歷遷御史中丞。四年，轉司刑少卿。時司僕卿張昌宗坐遣術人李弘泰占己有天分，御史中丞宋璟請收付制獄，窮理其罪，則天不許。彥範上疏曰：

昌宗無德無才，謬承恩寵，自宜粉骨碎肌，以答殊造，豈得苞藏禍心，有此占相？陛下以簪履恩久，不忍先刑；昌宗以逆亂罪多，自招其咎。此是皇天降怒，非唯陛下故誅。違天不祥，乞陛下裁擇。原其本奏，以防事敗，事敗即言奏訖，不敗則候時爲逆。此乃姦臣詭計，疑惑聖心，今果遂其所謀，陛下何忍不察？若昌宗措此占相，奏後不合更與弘泰往還，尚令修福，復擬禳厄，此則期於必遂，元無悔心。縱雖奏聞，情實難恕，此而可捨，誰其可刑？況經兩度事彰，天恩並垂捨宥，昌宗自爲得計，人亦以爲應運，卽不勞兵甲，天下皆從，萬方識之，以爲陛下縱成其亂也。君在，臣圖天分，是爲逆臣，不誅，社稷亡矣。伏請付鸞臺鳳閣三司考竟其罪。

疏奏不報。時又內史李嶠等奏稱：「往屬革命之時，人多逆節，鞫訊決斷，刑獄至嚴，刻薄之吏，恣行酷法。其周興、丘勣、來俊臣所劾破家者，並請雪免。」彥範又奏請自文明元年以後得罪人，除揚、豫、博三州及諸謀逆魁首，一切赦之。表疏前後十奏，辭旨激切，至是方見允納。彥範凡所奏議，若逢人主詰責，則辭色無懼，爭之愈厲。又嘗謂所親曰：「今既躬爲大理，人命所懸，必不能順旨詭辭，以求苟免。」

是歲冬，則天不豫，張易之與弟昌宗入閣侍疾，潛圖逆亂。鳳閣侍郎張柬之與桓彥範及中臺右丞敬暉等建策將誅之。柬之遽引彥範及暉並爲左右羽林將軍，委以禁兵，共圖其事。時皇太子每於北門起居，彥範與暉因得謁見，密陳其計，太子從之。

神龍元年正月，彥範與敬暉及左羽林將軍李湛李多祚、右羽林將軍楊元琰、左威衞將軍薛思行等，率左右羽林兵及千騎五百餘人討易之、昌宗於宮中，令李湛、李多祚就東宮迎皇太子。兵至玄武門，彥範等奉太子斬關而入，兵士大譟。時則天在迎仙宮之集仙殿。斬易之、昌宗於廊下，幷就第斬其兄汴州刺史昌期、司禮少卿同休，並梟首於天津橋南。士庶見者，莫不歡叫相賀，或臠割其肉，一夕都盡。明日，太子卽位，彥範以功加銀青光祿大夫，拜納言，賜勳上柱國，封譙郡公，賜實封五百戶。又改爲侍中，從新令也。

彥範嘗表論時政數條，其大略曰：「昔孔子論詩，以關雎爲始，言后妃者人倫之本，理亂之端也。故皇、英降而虞道興，任、姒歸而姬宗盛。桀奔南巢，禍階妹喜，魯桓滅國，惑以齊媛。伏見陛下每臨朝聽政，皇后必施帷幔坐於殿上，預聞政事。臣愚歷選列辟，詳求往代，帝王有與婦人謀及政者，莫不破國亡身，傾輈繼路。且以陰乘陽，違天也；以婦凌夫，違人也。違天不祥，違人不義。由是古人譬以『牝雞之晨，惟家之索』。易曰『無攸遂，在中饋』，言婦人不得預於國政也。伏願陛下覽古人之言，察古人之意，上以社稷爲重，下以蒼生在念。宜令皇后無往正殿，干預外朝，專在中宮，聿修陰教，則坤儀式固，鼎命惟永。」

又曰：「臣聞京師喧喧，道路籍籍，皆云胡僧慧範矯託佛教，詭惑后妃，故得出入禁闈，撓亂時政。陛下又輕騎微行，數幸其室，上下媟黷，有虧尊嚴。臣抑嘗聞興化致理，必由進善；康國寧人，莫大棄惡。故孔子曰：『執左道以亂政者殺，假鬼神以危人者殺。』今慧範之罪，不殊於此也，若不急誅，必生變亂。除惡務本，去邪勿疑，實願天聰，早加裁貶。」疏奏不納。時有墨敕授方術人鄭普思祕書監，葉淨能國子祭酒，彥範苦言其不可。帝曰：「既要用之，無容便止。」彥範又對曰：「陛下自龍飛寶位，遽下制云：『軍國政化，皆依貞觀故事。』昔貞觀中嘗以魏徵、虞世南、顏師古爲祕書監，孔穎達爲國子祭酒。至如普思等是方伎庸流，豈足以比蹤前烈？臣恐物議謂陛下官不擇才，濫以天秩加於私愛。惟陛下少加愼擇。」帝竟不納。

時韋皇后既干朝政，德靜郡王武三思又居中用事，以則天爲彥範等所廢，常深憤怨，又慮彥範等漸除武氏，乃先事圖之。皇后韋氏既雅爲帝所信寵，言無不從，三思又私通於韋氏，乃日夕譖毁彥範等。帝竟用三思計，進封彥範爲扶陽郡王、敬暉爲平陽郡王、張柬之爲漢陽郡王、崔玄暐爲博陵郡王、袁恕己爲南陽郡王，並加特進，令罷知政事。彥範仍賜姓韋氏，令與皇后同屬籍，仍賜雜綵、錦繡、金銀、鞍馬等。雖外示優崇，而實奪其權也。易州刺史趙履温者，卽彥範之妻兄也，彥範誅易之後，奏言先與履温共謀其事，於是召拜司農少卿。履温德之，乃以二婢遺彥範。及彥範罷知政事，履温又脅奪其婢，大爲時論所譏。尋出爲洛州刺史，轉濠州刺史。

二年，光祿卿、駙馬都尉王同晈以武三思與韋氏姦通，潛謀誅之。事洩，爲三思誣構，言同晈將廢皇后韋氏，彥範等通知其情。乃貶彥範爲瀧州司馬、敬暉崖州司馬、袁恕己竇州司馬、崔玄暐白州司馬、張柬之新州司馬，並仍令長任，勳封並削。彥範仍復其本姓桓氏。

是歲秋，武三思又陰令人疏皇后穢行，牓於天津橋，請加廢黜。中宗聞之怒，命御史大夫李承嘉推求其人。承嘉希三思旨，奏書：「彥範與敬暉、張柬之、袁恕己、崔玄暐等教人密爲此牓。雖託廢后爲名，實有危君之計，請加族滅。」制依承嘉所奏。大理丞李朝隱執奏云：「敬暉等既未經鞫問，不可卽肆誅夷，請差御史按罪，待至，準法處分。」大理卿裴談奏云：「敬暉等祇合據敕斷罪，不可別俟推鞫，請並處斬籍沒。」中宗納其議，仍以彥範等五人嘗賜鐵券，許以不死，乃長流彥範於瀼州，敬暉於崖州，張柬之於瀧州，袁恕己於環州，崔玄暐於古州，並終身禁錮，子弟年十六已上者亦配流嶺外。擢授承嘉金紫光祿大夫，進封襄武郡公。韋氏又特賜承嘉綵物五百段、瑞錦被一張。擢拜裴談爲刑部尙書，左貶李朝隱爲聞喜令。三思俄又諷節愍太子抗表請夷彥範等三族。中宗以既有前命，不依其請。三思猶慮彥範等重被進用，又納中書舍人崔湜之計，特令湜姨兄嘉州司馬周利貞攝右臺侍御史，就嶺外並矯制殺之。彥範赴流所，行至貴州，利貞遇之於途，乃令左右執縛，曳於竹槎之上，肉盡至骨，然後杖殺，時年五十四。

睿宗卽位，延和元年，並追復其官爵，仍特還其子孫實封二百戶。玄宗卽位，開元六年，詔曰：「皇輿肇建，必有輔佐之臣；天步多艱，爰仗經綸之業。故侍中、譙國公桓彥範，侍中、平陽郡公敬暉，中書令兼吏部尚書、漢陽郡公張柬之，特進、博陵郡公崔玄暐，中書令、南陽郡公袁恕己等，並德惟神降，材與運生，道協台嶽，名書讖緯。寅亮帝載，勤勞王家，參復禹之元謀，奉升唐之景命。雖殂謝既久，而勳烈益彰，撫彝鼎以念功，想旂常而增感。緬遵故實，用表徽懿，俾列在清廟，登于明堂，克申從祀之儀，式茂疇庸之典。並可配享中宗孝和皇帝廟庭，其子弟咸加收擢。」建中元年，重贈司徒。

敬暉，絳州太平人也。弱冠舉明經。聖曆初，累除衞州刺史。時河北新有突厥之寇，方秋而修城不輟，暉下車謂曰：「金湯非粟而不守，豈有棄收穫而繕城郭哉？」悉令罷散，由是人吏咸歌詠之。再遷夏官侍郎，出為泰州刺史。大足元年，遷洛州長史。天后幸長安，令暉知副留守事。在職以清幹著聞，璽書勞勉，賜物百段。長安三年，拜中臺右丞，加銀青光祿大夫。

神龍元年，轉右羽林將軍。以誅張易之、昌宗功，加金紫光祿大夫，擢拜侍中，賜爵平陽郡公，食實封五百戶。尋進封齊國公。天后崩，遺制加實封通前滿七百戶。暉等以唐室中興，武氏諸王咸宜降爵，上章論奏，於是諸武降爲公。武三思益怒，乃諷帝陽尊暉等爲郡王，罷知政事。仍賜鐵券，恕十死，朔望趨朝。

初，暉與彥範等誅張易之兄弟也，洛州長史薛季昶謂暉曰：「二凶雖除，産、祿猶在，請因兵勢誅武三思之屬，匡正王室，以安天下。」暉與張柬之屢陳不可，乃止。季昶歎曰：「吾不知死所矣。」翌日，三思因韋后之助，潛入宮中，內行相事，反易國政，爲天下所患，時議以此歸咎於暉。暉等既失政柄，受制於三思，暉每推牀嗟惋，或彈指出血。柬之歎曰：「主上疇昔爲英王時，素稱勇烈，吾留諸武，冀自誅鋤耳。今事勢已去，知復何道。」

三思既深憤惋，以許州司功參軍鄭愔素被暉等廢黜，因令上表陳其罪狀。中宗詔曰：「則天大聖皇后，往以憂勞不豫，凶豎弄權。暉等因興甲兵，剗除妖孽，朕錄其勞效，備極寵勞。自謂勳高一時，遂欲權傾四海，擅作威福，輕侮國章，悖道棄義，莫斯之甚。然收其薄效，猶爲隱忍，錫其郡王之重，優以特進之榮。不謂谿壑之志，殊難盈滿，既失大權，多懷怨望。乃與王同皎窺覘內禁，潛相謀結，更欲權兵絳闕，圖廢椒宮，險迹醜辭，驚視駭聽。屬以帝圖伊始，務靜狴牢，所以久爲含容，未能暴諸遐邇。自同皎伏法，釁跡彌彰，儻若無其發明，何以懲茲悖亂？迹其巨逆，合置嚴誅。緣其昔立微功，所以特從寬宥，咸宜貶降，出佐遐藩。暉可崖州司馬，柬之可新州司馬，恕己可竇州司馬，玄暐可白州司馬，並員外置。」

暉到崖州，竟爲周利貞所殺。睿宗卽位，追復五王官爵，贈暉秦州都督，謚曰肅愍。建中初，重贈太尉。

曾孫元膺，開成三年，自試太子通事舍人爲河南縣丞。

崔玄暐，博陵安平人也。父行謹，爲胡蘇令。本名曅，以字下體有則天祖諱，乃改爲玄暐。少有學行，深爲叔父祕書監行功所器重。龍朔中，舉明經，累補庫部員外郎。其母盧氏嘗誡之曰：「吾見姨兄屯田郎中辛玄馭云：『兒子從宦者，有人來云貧乏不能存，此是好消息。若聞貲貨充足，衣馬輕肥，此惡消息。』吾常重此言，以爲確論。比見親表中仕宦者，多將錢物上其父母，父母但知喜悅，竟不問此物從何而來。必是祿俸餘資，誠亦善事。如其非理所得，此與盜賊何別？縱無大咎，獨不內愧於心？孟母不受魚鮓之饋，蓋爲此也。汝今坐食祿俸，榮幸已多，若其不能忠清，何以戴天履地？孔子云：『雖日殺三牲之養，猶爲不孝。』又曰：『父母惟其疾之憂。』特宜修身潔己，勿累吾此意也。」玄暐遵奉母氏教誡，以清謹見稱。尋授天官郎中，遷鳳閣舍人。

長安元年，超拜天官侍郎，每介然自守，都絕請謁，頗爲執政者所忌。轉文昌左丞。經月餘，則天謂曰：「自卿改職以來，選司大有罪過。或聞令史乃設齋自慶，此欲盛爲貪惡耳。今要卿復舊任。」又除天官侍郎，賜雜綵七十段。三年，拜鸞臺侍郎、同鳳閣鸞臺平章事，兼太子左庶子。四年，遷鳳閣侍郎，加銀青光祿大夫，仍依舊知政事。先是，來俊臣、周興等誣陷良善，冀圖爵賞，因緣籍沒者數百家。玄暐固陳其枉狀，則天乃感悟，咸從雪免。

則天季年，宋璟劾奏張昌宗謀爲不軌，玄暐亦屢有讜言，則天乃令法司正斷其罪。玄暐弟昇時爲司刑少卿，又請置以大辟。其兄弟守正如此。是時，則天不豫，宰相不得召見者累月。及疾少間，玄暐奏言：「皇太子、相王仁明孝友，足可親侍湯藥。宮禁事重，伏願不令異姓出入。」則天曰：「深領卿厚意。」尋以預誅張易之功，擢拜中書令，封博陵郡公。中宗將授方術人鄭普思爲祕書監，玄暐切諫，竟不納。尋進爵爲王，賜實封四百戶，檢校益州大都督府長史，兼知都督事。其後累被貶，授白州司馬，在道病卒。建中初，贈太子太師。

玄暐與弟昇甚相友愛，諸子弟孤貧者，多躬自撫養教授，頗爲當時所稱。昇，官至尚書左丞。玄暐少時頗屬詩賦，晚年以爲非己所長，乃不復構思，唯篤志經籍，述作爲事。所撰行己要範十卷、友義傳十卷、義士傳十五卷、訓注文館辭林策二十卷，並行於代。

子璩，頗以文學知名，官歷中書舍人、禮部侍郎。璩子渙，自有傳。

曾孫郢，開成三年，自商州防禦判官兼殿中侍御史，入爲監察御史。

張柬之字孟將，襄州襄陽人也。少補太學生，涉獵經史，尤好三禮，國子祭酒令狐德棻甚重之。進士擢第，累補青城丞。永昌元年，以賢良徵試，同時策者千餘人，柬之獨爲當時第一，擢拜監察御史。聖曆初，累遷鳳閣舍人。時弘文館直學士王元感著論云：「三年之喪，合三十六月。」柬之著論駁之曰：

三年之喪，二十五月，不刊之典也。謹案春秋：「魯僖公三十三年十二月乙巳，公薨。」「文公二年冬，公子遂如齊納幣」。左傳曰「禮也」。杜預注云：「僖公喪終此年十一月，納幣在十二月。士婚禮，納采納徵，皆有玄纁束帛，諸侯則謂之納幣。蓋公爲太子，已行婚禮。」故傳稱禮也。公羊傳曰：「納幣不書，此何以書？譏喪娶。在三年之外何以譏？三年之內不圖婚。」何休注云：「僖公以十二月薨，至此冬未滿二十五月，納采、問名、納吉，皆在三年之內，故譏。」何休以公十二月薨，至此冬十二月纔二十四月，非二十五月，是未三年而圖婚也。按經書「十二月乙巳公薨」，杜預以長曆推乙巳是十一月十二日，非十二月，書十二月，是經誤。「文公元年四月，葬我君僖公」，傳曰，緩也。

諸侯五月而葬，若是十二月薨，卽是五月，不得言緩。明知是十一月薨，故注僖公喪終此年，至十二月而滿二十五月。故丘明傳曰，禮也。據此推步，杜之考校，豈公羊之所能逮，況丘明親受經於仲尼乎？且二傳何、杜所爭，唯爭一月，不爭一年。其二十五月除喪，由來無別。此則春秋三年之喪，二十五月之明驗也。

尚書伊訓云：「成湯既沒，太甲元年，惟元祀十有二月，伊尹祀于先王，奉嗣王祗見厥祖。」孔安國注云：「湯以元年十一月崩。」據此，則二年十一月小祥，三年十一月大祥。故太甲中篇云：「惟三祀十有二月朔，伊尹以冕服奉嗣王歸于亳。」是十一月大祥，訖十二月朔日，加王冕服吉而歸亳也。是孔言「湯元年十一月」之明驗。顧命云：「四月哉生魄，王不懌」，是四月十六日也。「翌日乙丑，王崩」，是十七日也。「丁卯，命作册度」，是十九日也。「越七日癸酉，伯相命士須材」，是四月二十五日也。則成王崩至康王麻冕黼裳，中間有十日，康王方始見廟。則知湯崩在十一月，淹停至殯訖，方始十二月，祗見其祖。顧命見廟訖，諸侯出廟門俟，伊訓言「祗見厥祖，侯甸羣后咸在」，則崩及見廟，殷、周之禮並同。此周因於殷禮，損益可知也。不得元年以前，別有一年，此尚書三年之喪，二十五月之明驗也。

禮記三年問云：「三年之喪，二十五月而畢，哀痛未盡，思慕未忘，然而服以是斷之者，豈不送死有已，復生有節？」又喪服四制云：「變而從宜，故大祥鼓素琴，告人以終。」又間傳云：「期而小祥，食菜果。又期而大祥，有醯醬。中月而禫，食酒肉。」又喪服小記云：「再期之喪，三年也。期之喪，二年也。九月七月之喪，三時也。五月之喪，二時也。三月之喪，一時也。」此禮記三年之喪，二十五月之明驗也。

儀禮士虞禮云：「期而小祥。又期而大祥。中月而禫，是月也吉祭。」此禮周公所制，則儀禮三年之喪，二十五月之明驗也。

此四驗者，並禮經正文，或周公所制，或仲尼所述，吾子豈得以禮記戴聖所修，輒欲排毀？漢初高堂生傳禮，既未周備，宣帝時少傳后蒼因淹中孔壁所得五十六篇著曲臺記，以授弟子戴德、戴聖、慶溥三人，合以正經及孫卿所述，並相符會。列于學官，年代已久。今無端構造異論，既無依據，深可歎息。其二十五月，先儒考校，唯鄭康成注儀禮「中月而禫」，以「中月間一月，自死至禫凡二十七月」。又解禫云：「言澹澹然平安之意也。」今皆二十七月復常，從鄭議也。踰月入禫，禫既復常，則二十五月爲免喪矣。二十五月、二十七月，其議本同。

竊以子之於父母喪也，有終身之痛，創巨者日久，痛深者愈遲，豈徒歲月而已乎？故練而慨然者，蓋悲慕之懷未盡，而踊擗之情已歇；祥而廓然者，蓋哀傷之痛已除，而孤邈之念更起。此皆情之所致，豈外飾哉。故記曰：「三年之喪，義同過隙，先王立其中制，以成文理。」是以祥則縞帶素紕，禫則無所不佩。今吾子將徇情棄禮，實爲乖僻。夫棄縗麻之服，襲錦縠之衣，行道之人，皆不忍也，直爲節之以禮，無可奈何。故由也不能過制爲姊服，鯉也不能過期哭其母。夫豈不懷，懼名教逼己也。若孔、鄭、何、杜之徒，並命代挺生，範模來裔，宮牆積仞，未易可窺。但鑽仰不休，當漸入勝境，詎勞終年矻矻，虛肆莠言，請所有掎摭先儒，願且以時消息。

時人以柬之所駁，頗合於禮典。

是歲，突厥默啜表言有女請和親，則天盛意許之，欲令淮陽郡王延秀娶之。柬之奏曰：「自古無天子求娶夷狄女以配中國王者。」表入，頗忤其旨。神功初，出爲合州刺史，尋轉蜀州刺史。舊例，每歲差兵募五百人往姚州鎮守，路越山險，死者甚多。柬之表論其弊曰：

臣竊按姚州者，古哀牢之舊國。絕域荒外，山高水深，自生人以來，洎於後漢，不與中國交通。前漢唐蒙開夜郎、滇笮，而哀牢不附。至光武季年，始請內屬，漢置永昌郡以統理之，乃收其鹽布氊罽之稅，以利中土。其國西通大秦，南通交趾，奇珍異寶，進貢歲時不闕。劉備據有巴蜀，常以甲兵不充。及備死，諸葛亮五月渡瀘，收其金銀鹽布以益軍儲，使張伯岐選其勁卒搜兵以增武備。故蜀志稱自亮南征之後，國以富饒，甲兵充足。由此言之，則前代置郡，其利頗深。今鹽布之稅不供，珍奇之貢不入，戈戟之用不實於戎行，寶貨之資不輸於大國，而空竭府庫，驅率平人，受役蠻夷，肝腦塗地，臣竊爲國家惜之。

昔漢以得利既多，歷博南山，涉蘭倉水，更置博南、哀牢二縣。蜀人愁怨，行者作歌曰：「歷博南，越蘭津，渡蘭倉，爲他人。」蓋譏漢貪珍奇鹽布之利，而爲蠻夷之所驅役也。漢獲其利，人且怨歌。今減耗國儲，費用日廣，而使陛下之赤子身膏野草，骸骨不歸，老母幼子，哀號望祭於千里之外。於國家無絲髮之利，在百姓受終身之酷。臣竊爲國家痛之。

往者，諸葛亮破南中，使其渠率自相統領，不置漢官，亦不留兵鎮守。人問其故，亮言置官留兵有三不易。大意以置官夷漢雜居，猜嫌必起；留兵運糧，爲患更重；忽若反叛，勞費更多。但粗設紀綱，自然安定。臣竊以亮之此策，妙得羈縻蠻夷之術。

今姚府所置之官，既無安邊靜寇之心，又無葛亮且縱且擒之伎。唯知詭謀狡算，恣情割剝，貪叨劫掠，積以爲常。扇動酋渠，遣成朋黨，折支諂笑，取媚蠻夷，拜跪趨伏，無復慚恥。提挈子弟，嘯引凶愚，聚會蒱博，一擲累萬。劍南逋逃，中原亡命，有二千餘戶，見散在彼州，專以掠奪爲業。姚州本龍朔中武陵縣主簿石子仁奏置之，後長史李孝讓、辛文協並爲羣蠻所殺。前朝遣郎將趙武貴討擊，貴及蜀兵應時破敗，噍類無遺。又使將軍李義總等往征，郎將劉惠基在陣戰死，其州乃廢。臣竊以諸葛亮稱置官留兵有三不易，其言乃驗。至垂拱四年，蠻郎將王善寶、昆州刺史爨乾福又請置州，奏言所有課稅，自出姚府管內，更不勞擾蜀中。及置州後，錄事參軍李稜爲蠻所殺。延載中，司馬成琛奏請於瀘南置鎭七所，遣蜀兵防守，自此蜀中騷擾，于今不息。

且姚府總管五十七州，巨猾遊客，不可勝數。國家設官分職，本以化俗防姦，無耻無厭，狼籍至此。今不問夷夏，負罪並深，見道路劫殺，不能禁止，恐一旦驚擾，爲禍轉大。伏乞省罷姚州，使隸嶲府，歲時朝覲，同之蕃國。瀘南諸鎭，亦皆悉廢，於瀘北置關，百姓自非奉使入蕃，不許交通往來。增嶲府兵選，擇淸良宰牧以統理之。臣愚將爲穩便。

疏奏，則天不納。

後累拜荆州大都督府長史。長安中，召爲司刑少卿，遷秋官侍郎。時夏官尚書姚崇爲靈武軍使，將行，則天令舉外司堪爲宰相者。崇對曰：「張柬之沉厚有謀，能斷大事，且其人年老，惟陛下急用之。」則天登時召見，尋同鳳閣鸞臺平章事。未幾，遷鳳閣侍郎，仍知政事。及誅張易之兄弟，柬之首謀其事。中宗卽位，以功擢拜天官尙書、鳳閣鸞臺三品，封漢陽郡公，食實封五百戶。未幾，遷中書令，監修國史。月餘，進封漢陽郡王，加授特進，令罷知政事。

其年秋，柬之表請歸襄州養疾，許之，仍特授襄州刺史，又拜其子漪爲著作郎，令隨父之任。上親賦詩祖道，又令羣公餞送於定鼎門外。柬之至襄州，有鄉親舊交抵罪者，必深文致法，無所縱捨。其子漪恃以立功，每見諸少長，不以禮接，時議以爲不能易荆楚之剽性焉。尋爲武三思所構，貶授新州司馬。柬之至新州，憤恚而卒，年八十餘。景雲元年，制曰："襃德紀功，事華典册；飾終追遠，理光名教。故吏部尚書張柬之翼戴興運，謨明帝道，經綸謇諤，風範猶存。往屬回邪，構成釁咎，無辜放逐，淪沒荒遐。言念勳賢，良深軫悼，宜加寵贈，式賁幽泉。可贈中書令，封漢陽郡公。"建中初，又贈司徒。

玄孫璟，開成三年，自宜城尉遷壽安尉。

袁恕己，滄州東光人也。長安中，歷遷司刑少卿，兼知相王府司馬事。敬暉等將誅張易之兄弟，恕己預其謀議，又從相王統率南衙兵仗，以備非常。及事定，加銀青光祿大夫，行中書侍郎、同中書門下三品，封南陽郡公，食實封五百戶。將作少匠楊務廉素以工巧見用，中興初，恕己恐其更啓遊娱侈靡之端，言於中宗曰：「務廉致位九卿，積有歲年，苦言嘉謀，無足可紀。每宫室營構，必務其侈，若不斥之，何以廣昭聖德？」由是左授務廉陵州刺史。恕己俄擢拜中書令，仍加特進，封南陽郡王，罷知政事。則天崩，遺制加實封滿七百戶。後與敬暉等累遭貶黜，流于瓌州。尋爲周利貞所逼，飲野葛汁數升，恕己常服黄金，飲毒發，憤悶，以手掘地，取土而食，爪甲殆盡，竟不死，乃擊殺之。建中初，贈太子太傅。

曾孫德文，舉進士，開成三年，授祕書省校書郎。

史臣曰：昔夫差入越，勾踐保於會稽，不聽子胥之言，而有甬東之歎。此五王除凶返正，得計成功。當是時，彥範、敬暉握兵全勢，三思、攸暨其黨半殲，若從季昶之言，寧有利貞之禍？蓋以心懷不忍，遽失後圖，黜削流移，理固然也。且芟蔓而不能拔本，建謀而尚欠防微，死即無辜，禍由自掇。失斷召亂也，不亦宜哉！

贊曰：嗟彼五王，忠于有唐。知火在木，謂其無傷。禍發既克，勢摧靡當。何事不敏，周身之防。

舊唐書卷九十二

列傳第四十二

魏元忠　韋安石子陟　斌　從父兄子抗　從祖兄子巨源　趙彥昭附

蕭至忠宗楚客　紀處訥附

魏元忠，宋州宋城人也。本名眞宰，以避則天母號改焉。初，爲太學生，志氣倜儻，不以舉薦爲意，累年不調。時有左史盩厔人江融，撰九州設險圖，備載古今用兵成敗之事，元忠就傳其術。儀鳳中，吐蕃頻犯塞，元忠赴洛陽上封事，言命將用兵之工拙，曰：

臣聞理天下之柄，二事焉，文與武也。然則文武之道，雖有二門；至於制勝御人，其歸一揆。方今王略遐宣，皇威遠振，建禮樂而陶士庶，訓軍旅而懾生靈。然論武者以弓馬爲先，而不稽之以權略；談文者以篇章爲首，而不問之以經綸。而奔競相因，遂成浮俗。臣嘗讀魏、晉史，每鄙何晏、王衍終日談空；近觀齊、梁書，才士亦復不少，並何益於理亂哉？從此而言，則陸士衡著辯亡論，而不救河橋之敗；養由基射能穿札，而不止鄢陵之奔，斷可知矣。昔趙岐撰禦寇之論，山濤陳用兵之本，皆坐運帷幄，暗合孫、吳。宣尼稱「有德者必有言，仁者必有勇」，則何平叔、王夷甫豈得同日而言哉！

臣聞才生於代，代實須才，何代而不生才，何才而不生代。故物有不求，未有無物之歲；士有不用，未有無士之時。夫有志之士，在富貴之與貧賤，皆思立於功名，冀傳芳於竹帛。故班超投筆而歎，祖逖擊楫而誓，此皆有其才而申其用矣。且知己難逢，英哲罕遇，士之懷琬琰以就埃塵，抱棟梁而困溝壑者，則悠悠之流，直覩此士之貧賤，安知此士之方略哉。故漢拜韓信，舉軍驚笑；蜀用魏延，羣臣觖望。嗟乎，富貴者易爲善，貧賤者難爲功，至於此也！

亦有位處立功之際，而不展其志略，身爲時主所知，竟不能盡其才用，則貧賤之士焉足道哉！漢文帝時，魏尙、李廣並身任邊將，位爲郡守。文帝不知魏尙之賢而囚之，不知李廣之才而不能用之，常歎李廣恨生不逢時，令當高祖日，萬戶侯豈足道哉。夫以李廣才氣，天下無雙，匈奴畏之，號爲「飛將」，爾時胡騎憑凌，足伸其用。文帝不能大任，反歎其生不逢時。近不知魏尙、李廣之賢，而乃遠想廉頗、李牧。故馮唐曰，雖有頗、牧而不能用，近之矣。從此言之，疏斥賈誼，復何怪哉。此則身爲時主所知，竟不能盡其才用。昔羊祜獻計平吳，賈充、荀勗沮其策，祜歎曰：「天下不如意恆十居七八。」一緣荀、賈不同，竟不大舉。此則位處立功之際，而不得展其志略。而布衣韋帶之人，懷一奇，抱一策，上書闕下，朝進而望夕召，何可得哉。

臣請歷訪內外文武職事五品已上，得不有智計如羊祜、武藝如李廣，在用與不用之間，不得騁其才略。伏願降寬大之詔，使各言其志，無令汲黯直氣，臥死於淮陽；仲舒大才，位屈於諸侯相。

又曰：

臣聞帝王之道，務崇經略，經略之術，必仗英奇。自國家良將，可得言矣。李靖破突厥，侯君集滅高昌，蘇定方開西域，李勣平遼東，雖奉國威靈，亦其才力所致。古語有之，「人無常俗，政有理亂；兵無強弱，將有能否」。由此觀之，安邊境，立功名，在於良將也。故趙充國征先零，馮子明討南羌，皆計不空施，機不虛發，則良將立功之驗也。然兵革之用，王者大事，存亡所繫。若任得其才，則摧兇而扼暴；苟非其任，則敗國而殄人。北齊段孝玄云：「持大兵者，如擎盤水，傾在俯仰間，一致蹉跌，求止豈得哉！」從此而言，周亞夫堅壁以挫吳、楚，司馬懿閉營而困葛亮，俱爲上策。此皆不戰而卻敵，全軍以制勝。是知大將臨戎，以智爲本。漢高之英雄大度，尙曰「吾寧鬬智」；

魏武之機神冠絕，猶依法孫、吳。假有項籍之氣，袁紹之基，而皆泯智任情，終以破滅，何況復出其下哉！

且上智下愚，明暗異等，多算少謀，衆寡殊科。故魏用柏直以拒漢，韓信輕爲豎子；燕任慕容評以抗秦，王猛謂之奴才，卽柏直、慕容評智勇俱亡者也。夫中材之人，素無智略，一旦居元帥之任，而意氣軒昂，自謂當其鋒者無不摧碎，豈知戎昭果毅、敦詩說禮之事乎！故李信求以二十萬衆獨舉鄢郢，其後果辱秦軍；樊噲願得十萬衆橫行匈奴，登時見折季布，皆其事也。

當今朝廷用人，類取將門子弟，亦有死事之家而蒙抽擢者。此等本非幹略見知，雖竭力盡誠，亦不免於傾敗，若之何使當閫外之任哉？後漢馬賢討西羌，皇甫規陳其必敗；宋文帝使王玄謨收復河南，沈慶之懸知不克。謝玄以書生之姿，拒苻堅天下之衆，郗超明其必勝；桓溫提數萬之兵，萬里而襲成都，劉眞長期於決取。雖時有今古，人事皆可推之，取驗大體，觀其銳志與識略耳。明者隨分而察，成敗之形，昭然自露。京房有言，「後之視今，亦猶今之視古」。則昔賢之與今哲，意況何殊。當事機之際也，皆隨時而立功，豈復取賢於往代，待才於未來也？卽論知與不知，用與不用。夫建功者，言其所濟，不言所起；言其所能，不言所藉。若陳湯、呂蒙、馬隆、孟觀，並出自貧賤，勳濟甚高，未聞其家代爲將帥。董仲舒曰：「爲政之用，譬之琴瑟，不調甚者，必解絃而更張之，乃可鼓也。」故陰陽不和，擢士爲相；蠻夷不龔，拔卒爲將，卽更張之義也。以四海之廣，億兆之衆，其中豈無卓越奇絕之士？臣恐未之思也，夫何遠之有。

又曰：

臣聞賞者禮之基，罰者刑之本。故禮崇謀夫竭其能，賞厚義士輕其死，刑正君子勗其心，罰重小人懲其過。然則賞罰者，軍國之綱紀，政教之藥石，綱紀舉而衆務自理，藥石行而文武用命。彼吐蕃蟻結蜂聚，本非勍敵，薛仁貴、郭待封受閫外之寄，奉命專征，不能激勵熊羆，乘機掃撲。敗軍之後，又不能轉禍爲福，因事立功，遂乃棄甲喪師，脫身而走。幸逢寬政，罪止削除，國家網漏吞舟，何以過此。天皇遲念舊恩，收其後效，當今朝廷所少，豈此一二人乎？且賞不勸謂之止善，罰不懲謂之縱惡。仁貴自宣力海東，功無尺寸，坐玩金帛，瀆貨無厭，今又不誅，縱惡更甚。臣以疏賤，干非其事，豈欲間天皇之君臣，生厚薄於仁貴，直以刑賞一虧，百年不復，區區所懷，實在於此。

古人云：「國無賞罰，雖堯、舜不能爲化」。今罰不能行，賞亦難信，故人間議者皆言，「近日征行，虛有賞格而無其事」。良由中才之人不識大體，恐賞賜勳庸，傾竭倉庫，留意錐刀，將此益國。徇目前之近利，忘經久之遠圖，所謂錯之毫釐，失之千里者也。且黔首雖微，不可欺以得志，瞻望恩澤，必因事而生心。既有所因，須應之以實，豈得懸不信之令，設虛賞之科？比者師出無功，未必不由於此。文子曰：「同言而信，信在言前；同令而行，誠在令外。」故商君移木以表信，曹公割髮以明法，豈禮也哉，有由然也。自蘇定方定遼東，李勣破平壤，賞絕不行，勳仍淹滯，數年紛紜，眞僞相雜，縱加沙汰，未至澄淸。臣以吏不奉法，慢自京師，僞勳所由，主司之過。其則不遠，近在尙書省中，不聞斬一臺郎，戮一令史，使天下知聞，天皇何能照遠而不照近哉！神州化首，萬國共尊，文昌政本，四方是則，軌物宣風，理亂攸在。臣是以披露不已，冒死盡言。

且明鏡所以照形，往事所以知今，臣識不稽古，請以近事言之。貞觀年中，萬年縣尉司馬玄景舞文飾智，以邀乾沒，太宗審其姦詐，棄之都市。及征高麗也，總管張君乂擊賊不進，斬之旗下。臣以僞勳之罪，多於玄景；仁貴等敗，重於君乂。向使早誅薛仁貴、郭待封，則自餘諸將，豈敢失利於後哉？韓子云：「慈父多敗子，嚴家無格虜。」此言雖小，可以喻大。公孫弘有言：「人主病不廣大，人臣病不節儉。」臣恐天皇病之於不廣大，過在於慈父，斯亦日月之一蝕也。又今之將吏，率多貪暴，所務唯口馬，所求唯財物，無趙奢、吳起散金養士之風，縱使行軍，悉是此屬。臣恐吐蕃之平，未可旦夕望也。

帝甚歎異之，授祕書省正字，令直中書省，仗內供奉。尋除監察御史。

文明年，遷殿中侍御史。其年，徐敬業據揚州作亂，左玉鈐衞大將軍李孝逸督軍討之，則天詔元忠監其軍事。孝逸至臨淮，而偏將雷仁智爲敬業先鋒所敗，敬業又攻陷潤州，迴兵以拒孝逸。孝逸懼其鋒，按甲不敢進。元忠謂孝逸曰：「朝廷以公王室懿親，故委以閫外之事，天下安危，實資一決。且海內承平日久，忽聞狂狡，莫不注心傾耳，以俟其誅。今大軍留而不進，則解遠近之望，萬一朝廷更命他將代公，其將何辭以逃逗撓之罪？幸速進兵，以立大效，不然，則禍難至矣。」孝逸然其言，乃部勒士卒以圖進討。

時敬業屯於下阿谿，敬業弟敬猷率偏師以逼淮陰。元忠請先擊敬猷，諸將咸曰：「不如先攻敬業，敬業敗，則敬猷不戰而擒矣。若擊敬猷，則敬業引兵救之，是腹背受敵也。」元忠曰：「不然，賊之勁兵精卒，盡在下阿，蟻聚而來，利在一決，萬一失捷，則大事去矣。敬猷本出博徒，不習戰鬭，其衆寡弱，人情易搖，大軍臨之，其勢必克。既克敬猷，我軍乘勝而進，彼若引救淮陰，計程則不及，又恐我之進掩江都，必邀我於中路。彼則勞倦，我則以逸待之，破之必矣。譬之逐獸，弱者先擒，豈可捨必擒之弱獸，趨難敵之強兵？恐未可也。」孝逸從之，乃引兵擊敬猷，一戰而破之，敬猷脫身而遁。孝逸乃進軍，與敬業隔溪相拒，前軍總管蘇孝祥爲賊所破，孝逸又懼，欲引退。初，敬業至下阿，有流星墜其營，及是，有羣鳥飛噪於陣上，元忠曰：「驗此，卽賊敗之兆也。風順荻乾，火攻之利。」固請決戰，乃平敬業。元忠以功擢司刑正，稍遷洛陽令。

尋陷周興獄，詣市將刑，則天以元忠有討平敬業功，特免死配流貴州。時承敕者將至市，先令傳呼，監刑者遽釋元忠令起，元忠曰：「未知敕虛實，豈可造次。」徐待宣敕，然始起謝，觀者咸歎其臨刑而神色不撓。聖曆元年，召授侍御史，擢拜御史中丞。又爲來俊臣、侯思止所陷，再被流于嶺表。復還，授御史中丞。元忠前後三被流，於時人多稱其無罪。則天嘗謂曰：「卿累負謗鑠，何也？」對曰：「臣猶鹿也，羅織之徒，有如獵者，苟須臣肉作羹耳。此輩殺臣以求達，臣復何辜。」

聖曆二年，擢拜鳳閣侍郎、同鳳閣鸞臺平章事，檢校并州長史。未幾，加銀青光祿大夫，遷左肅政臺御史大夫，兼檢校洛州長史，政號清嚴。長安中，相王爲并州元帥，元忠爲副。時奉宸令張易之嘗縱其家奴淩暴百姓，元忠笞殺之，權豪莫不敬憚。時突厥與吐蕃數犯塞，元忠皆爲大總管拒之。元忠在軍，唯持重自守，竟無所克獲，然亦未嘗敗失。中宗在春宮時，元忠檢校太子左庶子。時張易之、昌宗權寵日盛，傾朝附之，元忠嘗奏則天曰：「臣承先帝顧眄，受陛下厚恩，不徇忠死節，使小人得在君側，臣之罪也。」則天不悅，易之、昌宗由是含怒。因則天不豫，乃譖元忠與司禮丞高戩潛謀曰：「主上老矣，吾屬當挾太子而令天下。」則天惑其言，乃下元忠詔獄，召太子、相王及諸宰相，令昌宗與元忠等殿前參對，反復不決。昌宗又引鳳閣舍人張說令執證元忠。說初僞許之，及則天召說驗問，說確稱元忠實無此語。則天乃悟元忠被誣，然以昌宗之故，特貶授端州高要尉。

中宗即位，其日驛召元忠，授衞尉卿、同中書門下三品。旬日，又遷兵部尚書，知政事如故。尋進拜侍中，兼檢校兵部尚書。時則天崩，中宗居諒闇，多不視事，軍國大政，獨委元忠者數日。未幾，遷中書令，加授光祿大夫，累封齊國公，監修國史。神龍二年，元忠與武三思、祝欽明、徐彥伯、柳沖、韋承慶、崔融、岑羲、徐堅等撰則天皇后實錄二十卷，編次文集一百二十卷奏之。中宗稱善，賜元忠物千段，仍封其子衞王府諮議參軍昇爲任城縣男。時元忠特承寵榮，當朝用事。初，元忠作相於則天朝，議者以爲公淸。至是再居政事，天下莫不延首傾屬，冀有所弘益；元忠乃親附權豪，抑棄寒俊，竟不能賞善罰惡，勉修時政，議者以此少之。四年秋〔二〕，代唐璟爲尚書右僕射，兼中書令，仍知兵部尚書事，監修國史。未幾，元忠請歸鄉拜掃，特賜錦袍一領、銀千兩，幷給千騎四人，充其左右，手敕曰：「衣錦晝遊，在乎兹日；散金敷惠，諒屬斯辰。」元忠至鄉里，竟自藏其銀，無所賑施。及還，帝又幸白馬寺以迎勞之，其恩遇如此。

是時，安樂公主嘗私請廢節愍太子，立己爲皇太女，中宗以問元忠，元忠固稱不可，乃止。尋遷左僕射，餘並如故。元忠又嫉武三思專權用事，心常憤歎，思欲誅之。三年秋，節愍太子起兵誅三思，元忠及左羽林大將軍李多祚等皆潛預其事。太子既斬三思，又率兵詣闕，將請廢韋后爲庶人，遇元忠子太僕少卿昇於永安門，脅令從己。太子兵至玄武樓下，多祚等猶豫不戰，元忠又持兩端，由是不克，昇爲亂兵所殺。中宗以元忠有平寇之功，又素爲高宗、天后所禮遇，竟不以昇爲累，委任如初。

是時，三思之黨兵部尙書宗楚客與侍中紀處訥等又執證元忠及昇，云素與節愍太子同謀構逆，請夷其三族，中宗不許。元忠懼不自安，上表固請致仕，手制聽解左僕射，以特進、齊國公致仕于家，仍朝朔望。楚客等又引右衞郎將姚庭筠爲御史中丞，令劾奏元忠，由是貶渠州員外司馬。侍中楊再思、中書令李嶠皆依楚客之旨，以致元忠之罪，唯中書侍郎蕭至忠正議云當從寬宥。楚客大怒，又遣給事中冉祖雍與楊再思奏言：「元忠既緣犯逆，不合更授內地官。」遂左遷思州務川尉。頃之，楚客又令御史袁守一奏言：「則天昔在三陽宮不豫，內史狄仁傑奏請陛下監國，元忠密進狀云不可。據此，則知元忠懷逆日久，伏請加以嚴誅。」中宗謂楊再思等曰：「以朕思之，此是守一大錯。人臣事主，必在一心，豈有主上少有不安，即請太子知事？乃是狄仁傑樹私惠，未見元忠有失。守一假借前事羅織元忠，豈是道理。」楚客等遂止。元忠行至涪陵而卒，年七十餘。睿宗即位，制令陪葬定陵。

景龍四年，追贈尚書左僕射、齊國公、本州刺史，仍令所司給靈輿送至鄉里。景雲三年，又降制曰：「故左僕射、齊國公魏元忠，代洽人望，時稱國良。歷事三朝，俱展誠效，晚年遷謫，頗非其罪。宜特還其子著作郎晃實封一百戶。」開元六年，謚曰貞。二子昇、晃。

韋安石，京兆萬年人，周大司空、鄖國公孝寬曾孫也。祖津，大業末爲民部侍郎。煬帝之幸江都，勑津與段達、元文都等於洛陽留守，仍檢校民部尚書事。李密逼東都，津拒戰於上東門外，兵敗，爲密所囚，及王世充殺文都等，津獨免其難。密敗，歸東都〔二〕，世充僭號，深被委遇。及洛陽平，高祖與津有舊，徵授諫議大夫，檢校黄門侍郎。出爲陵州刺史，卒。父琬，成州刺史。叔琨，戶部侍郎。琨弟璲，倉部員外。

安石應明經舉，累授乾封尉，蘇良嗣甚禮之。永昌元年，三遷雍州司兵，良嗣時爲文昌左相，謂安石曰：「大材須大用，何爲徒勞於州縣也。」特薦於則天，擢拜膳部員外郎、永昌令、并州司馬。則天手制勞之曰：「聞卿在彼，庶事存心，善政表於能官，仁明彰於鎭撫。如此稱職，深慰朕懷。」俄拜并州刺史，又歷德、鄭二州刺史。安石性持重，少言笑，爲政清嚴，所在人吏咸畏憚之。久視年，遷文昌右丞，尋拜鸞臺侍郎、同鳳閣鸞臺平章事，兼太子左庶子。長安三年，爲神都留守，兼判天官、秋官二尙書事，後與崔神慶等同爲侍讀，尋知納言事。是歲，又加檢校中臺左丞，兼太子左庶子、鳳閣鸞臺三品如故。

時張易之兄弟及武三思皆恃寵用權，安石數折辱之，甚爲易之等所忌。嘗於內殿賜宴，易之引蜀商宋霸子等數人於前博戲。安石跪奏曰：「蜀商等賤類，不合預登此筵。」因顧左右令逐出之，座者皆爲失色。則天以安石辭直，深慰勉之。時鳳閣侍郎陸元方在座，退而告人曰：「此眞宰相，非吾等所及也。」則天嘗幸興泰宮，欲就捷路，安石奏曰：「千金之子，且有垂堂之誡；萬乘之尊，不宜輕乘危險。此路板築初成，無自然之固，鑾駕經之，臣等敢不請罪。」則天登時爲之迴輦。安石俄又舉奏易之等罪狀，初有敕付安石及夏官尙書唐休璟推問，未竟而事變。四年，出爲揚州大都督府長史。

神龍初，徵拜刑部尙書。是歲，又遷吏部尙書，復知政事。俄代張柬之爲中書令，封鄖國公，以嘗爲宮僚，賜實封三百戶，又兼相王府長史。俄轉戶部尙書，復爲侍中，監修國史。中宗與庶人嘗因正月十五日夜幸其第，賜賚不可勝數。又中宗嘗幸安樂公主城西池館，公主具舟楫，請御樓船，安石諫曰：「御輕舟，乘不測，臣恐非帝王之事。」乃止。

睿宗踐祚，拜太子少保，改封郇國公。俄又歷侍中、中書令。景雲二年，加開府儀同三司。時太平公主與竇懷貞等潛有異圖，將引安石預其事，公主屢使子壻唐晙邀安石至宅，安石竟拒而不往。睿宗嘗密召安石，謂曰：「聞朝廷傾心東宮，卿何不察也？」安石對曰：「陛下何得亡國之言，此必太平之計。太子有大功於社稷，仁明孝友，天下所稱，願陛下無信讒言以致惑也。」睿宗矍然曰：「朕知之矣，卿勿言也。」太平於簾中竊聽之，乃搆飛語，欲令鞫之，賴郭元振保護獲免。俄而遷尚書左僕射，兼太子賓客，依舊同中書門下三品，雖假以崇寵，實去其權。其冬，罷知政事，拜特進，充東都留守。太常主簿李元澄，卽安石之子壻，其妻病死，安石夫人薛氏疑元澄先所幸婢厭殺之。其婢久已轉嫁，薛氏使人捕而捶之致死。由是爲御史中丞楊茂謙所劾，出爲蒲州刺史。無幾，轉青州刺史。

安石初在蒲州時，太常卿姜皎有所請託，安石拒之，皎大怒。開元二年，皎弟晦爲御史中丞，以安石等作相時，同受中宗遺制，宗楚客、韋溫削除相王輔政之辭，安石不能正其事，令侍御史洪子輿舉劾之。子輿以事經赦令，固稱不可。監察御史郭震希皎等意，越次奏之，於是下詔曰：「青州刺史韋安石、太子賓客韋嗣立、刑部尚書趙彥昭等，往在先朝，曲蒙厚賞，因緣幸會，久在廟堂，朋黨比周，聞於行路。景龍之末，長蛇縱禍，倉卒之間，人神憤怨，未聞捨生取義，直道昌言，遂削太上皇輔政之辭，用韋氏臨朝之策。比常隱忍，復以崇班，將期愧畏，稍懲前惡，而尙款回邪，苟安榮寵。宜從謫官之典，以勵事君之節。安石可沔州別駕，嗣立可岳州別駕，彥昭可袁州別駕，並員外置。」安石既至沔州，晦又奏云：「安石嘗檢校定陵造作，隱官物入己。」敕符下州徵贓，安石歎曰：「此祇應須我死耳！」憤激而卒，年六十四。開元十七年，贈蒲州刺史。天寶初，以子貴，追贈開府儀同三司、尙書左僕射、郇國公，謚曰文貞。二子陟、斌，並早知名。

陟字殷卿，代爲關中著姓，人物衣冠，弈世榮盛。安石晚有子，及爲幷州司馬，始生陟及斌，俱少聰敏，頗異常童。陟自幼風標整峻，獨立不羣，安石尤愛之。神龍二年，安石爲中書令，陟始十歲，拜温王府東閣祭酒，加朝散大夫，累遷祕書太常丞，有文彩，善隸書，辭人、秀士已遊其門矣。開元初，丁父憂，居喪過禮。自此杜門不出八年，與弟斌相勸勵，探討典墳，不捨晝夜，文華當代，俱有盛名。于時才名之士王維、崔顥、盧象等，常與陟唱和遊處。廣平宋公見陟歎曰：「盛德遺範，盡在是矣。」歷洛陽令，轉吏部郎中。張九齡一代辭宗，爲中書令，引陟爲中書舍人，與孫逖、梁涉對掌文誥，時人以爲美談。

後爲禮部侍郎，陟好接後輩，尤鑒于文，雖辭人後生，靡不諳練。曩者主司取與，皆以一場之善，登其科目，不盡其才。陟先責舊文〔三〕，仍令舉人自通所工詩筆，先試一日，知其所長，然後依常式考覈，片善無遺，美聲盈路。後爲吏部侍郎，常病選人冒名接脚，闕員既少，取士良難，正調者被擠，僞集者冒進。陟剛腸嫉惡，風彩嚴正，選人疑其有瑕，案聲盤詰，無不首伏。每歲皆贖得數百員闕，以待淹滯。常謂所親曰：「使陟知銓衡一二年，則無人可選矣。」

陟門地豪華，早踐清列，侍兒閹閽，列侍左右者十數，衣書藥食，咸有典掌，而輿馬僮奴，勢侔於王家主第。自以才地人物，坐取三公，頗以簡貴自處，善誘納後進，其同列朝要，視之蔑如也。如道義相知，靡隔貴賤，而布衣韋帶之士，恆虛席倒屣以迎之，時人以此稱重。

李林甫忌之，出爲襄陽太守，兼本道採訪使，又改陳留採訪使，復加銀青光祿大夫。天寶中，襲封郇國公，以親累貶鍾離太守，重貶義陽太守。尋移河東太守，充本道採訪使。十二年入考，在華清宮。右相楊國忠惡其才望，恐踐台衡，乃引河東人吳象之謂曰：「子能使人告陟乎？吾以子爲御史。」象之曰：「能。」乃告陟與御史中丞吉温結託，欲謀陷朝廷，又誘陟姪韋元志證之。陟坐貶爲桂州桂嶺尉，未之任，再貶昭州平樂尉。

會祿山反，陷洛陽，陟愛弟斌爲賊所得，國忠欲構陟與賊通應，潛令吏卒伺其所居，欲脅之令陟憂死。其土豪人勸陟曰：「昔張燕公竄逐，藏於陳氏，以免危亡。詔命儻來，誰敢申覆？未若輕舟千里，且泛谿洞，候事淸徐出，豈不美也！」陟慨然應之曰：「我積信於國朝，非一代也。況素所秉心，無負神理，命之合爾，其敢逃刑？燕公之謀，誠媿厚意，不能從也。」因謝遣之，乃堅臥不動。

經歲餘，潼關失守，肅宗卽位於靈武，起爲吳郡太守，兼江南東道採訪使。未到郡，肅宗使中官賈遊巖手詔追之。未至鳳翔，會江東永王擅起兵，令陟招諭，除御史大夫，兼江東節度使。陟以季廣琛從永王下江，非其本意，懼罪出奔，未有所適，乃有表請拜廣琛爲丹陽太守、兼御史中丞、緣江防禦使，以安反側。因與淮南節度使高適、淮西節度使來瑱等同至安州，陟謂適、瑱曰：「今中原未復，江淮動搖，人心安危，實在茲日。若不齊盟質信，以示四方，令知三帥協心，萬里同力，則難以集事矣。」陟推瑱爲地主，乃爲載書，登壇誓衆曰：「淮西節度使、兼御史大夫瑱，江東節度使、御史大夫陟，淮南節度使、御史大夫適等，銜國威命，各鎭方隅，糾合三垂，翦除兇慝，好惡同之，無有異志。有渝此盟，墜命亡族。皇天后土，祖宗神明，實鑒斯言。」陟等辭旨慷慨，血淚俱下，三軍感激，莫不隕泣。其後江表樹碑以紀忠烈。

無何，有詔令陟赴行在。陟以廣琛雖承恩命，猶且遲迴，恐後變生，禍貽於陟，欲往招尉，然後赴徵，乃發使上表，懇言其急。陟馳至歷陽，見廣琛，且宣恩旨，勞徠行賞，陟自以私馬數匹賜之，安其疑懼。即日便赴行在，謁見肅宗，肅宗深器之，拜御史大夫。拾遺杜甫上表論房琯有大臣度，眞宰相器，聖朝不容，辭旨迂誕，肅宗令崔光遠與陟及憲部尚書顏眞卿同訊之。陟因入奏曰：「杜甫所論房琯事，雖被貶黜，不失諫臣大體。」上由此疏之。時朝臣立班多不整肅，至有班頭相弔哭者，乃罷陟御史大夫，顏眞卿代，授吏部尚書。自後任事寵臣，皆後來初用，望風畏忌，道竟不行。因宗人伐墓柏，坐不能禁，出爲絳州刺史。乾元二年，入爲太常卿。呂諲再入相，薦爲禮部尚書、東京留守，判尚書省事，兼東京畿觀察處置等使。逆賊史思明寇逼河洛，副元帥李光弼議守河陽，令陟率東京官屬入關迴避，乃領兵守陝州。有詔遷吏部尚書，留守如故，令止於永樂，不許至京，候光弼收復河洛，令陟依前居守。

陟早有台輔之望，間被李林甫、楊國忠所擠。及中原兵起，天下事殷，陟常自謂負經緯之器，遭後生騰謗，明主見疑，常鬱鬱不得志，乃歎曰：「吾道窮於此乎，有志不伸，得非天命乎！」因遘疾，上元元年八月，卒於虢州，時年六十五，贈荊州大都督。永泰元年，詔曰：「竭忠之臣，歿不廢命，奉上之節，行固無私，言念飾終，抑惟恆典。故金紫光祿大夫、吏部尚書、兼御史大夫、充東京留守、兼判留司尚書省事、東京畿觀察處置使、上柱國、郇國公韋陟，敦敏直方，端嚴峻整，弘敷典禮，表正人倫，學冠通儒，文含大雅。頃者詢謨舊德，保釐成周，眷彼郊圻，資其愼固。而兇胡殘醜，密邇河洛，命居陝、虢，時俟翦除。纔加喉舌之榮，遽嬰霜露之疾。方期克享眉壽，冀其有瘳，奄此殂歿，良深震悼。昇車而復，以申三寵之恩；在牖加紳，宜崇八座之寵。可贈尚書左僕射。」太常博士程皓議謚爲「忠孝」。刑部尚書顏眞卿以爲忠則以身許國，見危致命，孝則晨昏色養，取樂庭闈，不合二行殊高，以成「忠孝」。主客員外郎歸崇敬又駁之，紛議不已。右僕射郭英乂不達其體，請從太常之狀而奏。陟子允。

斌，景雲初安石爲宰輔時，授太子通事舍人。早修整，尚文藝，容止嚴厲，有大臣體，與兄陟齊名。開元十七年，司徒薛王業爲女平恩縣主求婚，以斌才地奏配焉。遷祕書丞。天寶初，轉國子司業，徐安貞、王維、崔顥，當代辭人，特爲推挹。天寶中，拜中書舍人，兼集賢院學士。兄陟先爲中書舍人，未幾遷禮部侍郎，陟在南省，斌又掌文誥。改太常少卿。天寶五載，右相李林甫構陷刑部尚書韋堅，斌以親累貶巴陵太守，移臨安太守，加銀青光祿大夫。斌授五品時，兄陟爲河東太守，堂兄由爲右金吾將軍，縚爲太子少師，四人同時列戟，衣冠之盛，罕有其比。

十四載，安祿山反，陷洛陽，斌爲賊所得，僞授黄門侍郎，憂憤而卒。及克復兩京，肅宗乾元元年，贈祕書監。安石兄叔夏別有傳。從父兄子抗，從祖兄子巨源。

抗，弱冠舉明經，累轉吏部郎中，以清謹著稱。景雲初，爲永昌令，不務威刑而政令肅一。都輦繁劇，前後爲政，寬猛得中，無如抗者。無幾，遷右臺御史中丞，人吏詣闕請留，不許，因立碑於通衢，紀其遺惠。開元三年，自左庶子出爲益州長史。四年，入爲黄門侍郎。八年，河曲叛胡康待賓擁徒作亂，詔抗持節慰撫。抗素無武略，不爲寇所憚。在路遲留不敢進，因鑿馬稱疾，竟不至賊所而還。俄以本官檢校鴻臚卿，代王晙爲御史大夫，兼按察京畿。時抗弟拯爲萬年令，兄弟同領本部，時人榮之。尋以薦御史非其人，出爲安州都督，轉蒲州刺史。十一年，入爲大理卿，其年代陸象先爲刑部尚書，尋又分掌吏部選事。十四年卒。抗歷職以清儉自守，不務產業，及終，喪事殆不能給。玄宗聞其貧，特令給靈輿，遞送還鄉。贈太子少傅，謚曰貞。抗爲京畿按察使時，舉奉天尉梁昇卿、新豐尉王倕、金城尉王冰、華原尉王燾爲判官及支使，其後昇卿等皆名位通顯，時人以抗有知人之鑒。

巨源，周京兆尹總曾孫也。祖匡伯，襲祖爵鄖國公，入隋改封舒國公，官至尙衣奉御。

巨源則天時累遷司賓少卿，轉司府卿、文昌右丞、同鳳閣鸞臺平章事。三年，轉夏官侍郎，依前平章事。有吏才，勾覆省內文案，下符剝徵，雖爲下所怨苦，然亦頗收其利。證聖初，出爲鄜州刺史，尋拜地官尚書、神都留守。長安二年，詔入轉刑部尚書，又加太子賓客，再爲神都留守。

神龍初，入拜工部尚書，封同安縣子。又遷吏部尚書、同中書門下三品，進封郇縣伯。時安石爲中書令，以是巨源近屬，罷知政事。巨源尋遷侍中、中書令，進封舒國公，附入韋后三等親，敍爲兄弟，編在屬籍。是歲，巨源奉制與唐休璟、李懷遠、祝欽明、蘇瓌等定垂拱格及格後敕，前後計二十卷，頒下施行。時武三思先有實封數千戶在貝州，時屬大水，刺史宋璟議稱租庸及封丁並合捐免；巨源以爲穀稼雖被湮沉，其蠶桑見在，可勒輸庸調，由是河朔戶口頗多流散。

景龍二年，順天翊聖皇后衣箱中裙上有五色雲起，久而方歇，巨源以爲非常佳瑞，請布告天下，許之。中宗又令畫工圖其狀以示百僚，仍大赦天下，內外五品已上官母妻各加封邑。時中宗既雅信符瑞，巨源又贊成其妖妄。是歲星墜如雷，野雉皆雊，咎徵若此，不聞巨源有言。蓋與韋皇后繼敍源流，佞媚官爵，疑其開導，以踵則天。時有驍衞將軍迦葉志忠、太常少卿鄭愔、兵部尚書宗楚客、右補闕趙延禧等，或相諷諭，或上表章，謬說符祥，朋黨取媚，識者嗟憤。

景龍三年，拜尚書左僕射，依舊知政事。未幾，又拜尚書令、同中書門下三品，仍舊監修國史。時國家將有事於南郊，而巨源希韋后之旨，協同祝欽明之議，言皇后合助郊祀，竟以皇后爲亞獻，巨源爲終獻，又以大臣女爲齋娘。及韋庶人之難，家人令巨源逃匿，巨源曰：「吾國之大臣，豈得聞難不赴？」乃出，至都街，爲亂兵所殺，時年八十。

睿宗卽位，贈特進、荆州大都督。太常博士李處直議巨源謚曰「昭」。戶部員外郎李邕駮之曰：「三思引之爲相，阿韋託之爲親，無功而封，無德而祿，同族則醜正安石，他人則附邪楚客，謚之曰『昭』，良恐不當。」初，巨源與安石迭爲宰相，時人以爲情不相協，故邕以此稱之。處直仍固請依前謚爲定。邕又駮曰：

夫古之謚，在乎勸沮，將杜小人之業，冀長君子之風。故爲善者雖存不貴仕，而沒有餘名，此賢達所以砥節也；爲惡者雖生有所幸，死懷所懲，此回邪所以易心也。嗚呼！巨源嘗未斯察，而乃聞義不從，與惡相濟，蓄罔上之志，協羣兇之謀，苟容聖朝，貪昧厚祿。自以宰臣之貴，不崇朝而賈害者，固鬼得而誅之也。彼則匹夫之微，未受命而行刑者，固人得而誅之也。幽明之憤，斷焉可知，天地之心，自此而見矣。

頃者皇運中興，功臣翼政。時序未幾，邪逆執權，姦慝者拜爵於私門，忠正者降黜於藩郡。巨源此際，用事方殷。且於阿韋何親，而結爲昆季；於國家何力，而累忝大官。此則闇通中人，附會武氏，託城社之固，亂皇家之基。其罪一也。

又國之大事，在祀與戎，酌於禮經，陳於郊祭。將以對越天地，光揚祖宗，旣告成功，以觀海內。惟昔亞獻，不聞婦人，阿韋蓄無君之誠，懷自達之意，潛圖帝位，議啄皇孫，昇壇擬儀，拜賜明命，將預家事，無守國章。巨源創跡於前，悖逆演成於後。時有禮部侍郎徐堅、太常博士唐紹、蔣欽緒、彭景直並言之莫從。其罪二也。

又上天不弔，先帝遇毒，悔禍無徵，阿韋將篡。晝計未果，逆心尙搖，周章夷猶，倉卒迷謬。於是太平公主矯爲陳謨，上官昭容給草遺詔，故得今上輔政，阿韋參謀。將大業垂成，而休命中輟者，職由巨源躡韋溫之足，楚客附巨源之耳，梟聲遽發，狼顧相驚，以阿韋臨朝，以韋溫當國。其罪三也。

又人爲邦本，財實聚人，奪其財則人心自離，無其人則國本何恃。巨源屢踐台輔，專行勾徵，廢越條章，崇尙侵刻，樹怨天下，剝害生靈，兆庶流離，戶口減耗。況以三思食邑，往在貝州，時屬久陰，災逢多雨。租庸捐免，申令昭明，匪今獨然，自古不易。三思慮其封物，巨源啓此異端，以爲稼穡湮沉，雖無菽粟，蠶桑織紝，可輸庸調。致使河朔黎人，海隅士女，去其鄉井，鬻其子孫，飢寒切身，朝夕奔命。其罪四也。

但巨源長於華宗，仕於累代，作萬國之相，處具瞻之地，蔽日月之層輝，負丘山之重責，今乃妄加褒述，安能分謗者哉！當時雖不從邕議，而論者是之。巨源與安石及則天時文昌右相待價，並是五服之親，自餘近屬至大官者數十人。

趙彥昭者，甘州張掖人也。父武孟，初以馳騁佃獵爲事。嘗獲肥鮮以遺母，母泣曰：「汝不讀書而佃獵如是，吾無望矣。」竟不食其膳。武孟感激勤學，遂博通經史。舉進士，官至右臺侍御史，撰河西人物志十卷。

彥昭少以文辭知名。中宗時，累遷中書侍郎、同中書門下三品，兼修國史，充修文館學士。景龍四年，金城公主出降吐蕃贊普，中宗命彥昭爲使，彥昭以既充外使，恐失其寵，殊不悅。司農卿趙履温私謂曰：「公國之宰輔，而爲一介之使，不亦鄙乎？」彥昭曰：「計將安出？」履温因爲陰託安樂公主密奏留之，中宗乃遣左驍衞大將軍楊矩代彥昭而往。睿宗時，出爲涼州都督，爲政淸嚴，將士已下皆動足股慄。又爲宋州刺史，入爲吏部侍郎，又爲刑部尙書、關內道持節巡邊使、檢校左御史臺大夫。

彥昭素與郭元振、張説友善，及蕭至忠等伏誅，元振、説等稱彥昭先嘗密圖其事，乃以功遷刑部尚書，封耿國公，賜實封一百戶。殿中侍御史郭震奏：「彥昭以女巫趙五娘左道亂常，託爲諸姑，潛相影援。既因提挈，乃踐台階。驅車造門，著婦人之服；攜妻就謁，申猶子之情。于時南憲直臣，劾以霜憲，暫加微貶，旋登寵秩。同惡相濟，一至於此。乾坤交泰，宇宙再清，不加貶削，法將安措？請付紫微黃門，準法處分。」俄而姚崇入相，甚惡彥昭之爲人，由是累貶江州別駕，卒。

蕭至忠，祕書少監德言曾孫也。少仕爲畿尉，以清謹稱。嘗與友人期於路隅，會風雪凍冽，諸人皆奔避就宇下，至忠曰：「寧有與人期而求安失信乎？」獨不去，衆咸歎服。神龍初，武三思擅權，至忠附之，自吏部員外擢拜御史中丞。遷吏部侍郎，仍兼御史中丞。恃武三思勢，掌選無所忌憚，請謁杜絕，威風大行。尋遷中書侍郎，兼中書令。

節愍太子誅武三思後，有三思黨與宗楚客、紀處訥令侍御史冉祖雍奏言：「安國相王及鎭國太平公主亦與太子連謀舉兵，請收付制獄。」中宗召至忠令按其事，至忠泣而奏曰：「陛下富有四海，貴爲天子，豈不能保一弟一妹，受人羅織？宗社存亡，實在於此。臣雖愚昧，竊爲陛下不取。漢書云：『一尺布，尙可縫，一斗粟，尙可舂，兄弟二人不相容。』願陛下詳察此言。且往者則天皇后欲令相王爲太子，王累日不食，請迎陛下。固讓之誠，天下傳說，足明冉祖雍等所奏，咸是構虛。」帝深納其言而止。

尋轉黃門侍郎、同中書門下平章事。至忠上疏陳時政，曰：

臣聞王者列職分司，爲人求理，求理之道，必在用賢。得其人則公務克修，非其才則厥官如曠，官曠則事廢，事廢則人殘，漸至凌遲，率由於此。頃者選曹授職，政事官人，或異才昇，多非德進。皆因依貴要，互爲粉飾，苟得即是，曾無遠圖，上下相蒙，誰肯言及？臣聞官爵者公器也，恩倖者私惠也，祇可金帛富之，粱肉食之，以存私澤也。若以公器爲私用，則公議不行，而勞人解體；以小私而妨至公，則私謁門開，而正言路絕。憸人遞進，君子道消，日削月朘，卒見凋弊者，爲官非其人也。昔漢館陶公主爲子求郎，明帝謂曰：「郎官上應列宿，出宰百里，苟非其人，則人受其殃。」賜錢十萬而已。此即至公之道不虧，恩私之情無替，良史直筆，將爲美談，于今稱之，不輟其口者也。當今列位已廣，冗員倍多，祈求未厭，日月增數。陛下降不貲之澤，近戚有無涯之請，賣官利己，鬻法徇私。臺寺之內，朱紫盈滿，官秩益輕，恩賞彌數。憸利之輩，冒進而莫識廉隅；方雅之流，知難而斂分丘隴。才者莫用，用者不才，二事相形，十有其五。

故人不效力，而官匪其人，欲求其理，實亦難成。

臣竊見宰相及近侍要官子弟，多居美爵，此並勢要親戚，罕有才藝，遞相囑託，虛踐官榮。詩云：「東人之子，職勞不賚。西人之子，粲粲衣服。私人之子，百僚是試。或以其酒，不以其漿。鞙鞙佩璲，不以其長。」此言王政不平，衆官廢職，私家之子，列試於榮班，非任之人，徒長其飾佩。臣愚伏願陛下想居安思危之義，行改絃易張之道，愛惜爵賞，審量材識，官無虛授，人必爲官，進大雅於樞近，退小子於閑僻，政令惟一，威恩以信，私不害公，情不撓法，則天下幸甚。臣伏見永徽故事，宰相子弟多居外職者，非直抑強宗、分大族，亦以退不肖、擇賢才。伏願陛下遠稽舊典，近遵先聖，特降明敕，令宰相已下及諸司長官子弟，並改授外官，庶望分職四方，共寧百姓，表裏相統，遐邇乂安〔四〕。

疏奏不納。

明年，代韋巨源爲侍中，仍依舊修史。尋遷中書令。時宗楚客、紀處訥潛懷姦計，自樹朋黨，韋巨源、楊再思、李嶠皆唯諾自全，無所匡正。至忠處於其間，頗存正道，時議翕然重之。中宗亦曰：「諸宰相中，至忠最憐我。」韋庶人又爲亡弟贈汝南王洵與至忠亡女爲冥婚合葬，及韋氏敗，至忠發墓，持其女柩歸，人以此譏之。至忠又以女適庶人舅崔從禮之子，成禮曰，中宗爲蕭氏婚主，韋庶人爲崔氏婚主，時人謂之「天子嫁女，皇后娶婦」。

睿宗即位，景雲初，出爲晉州刺史，甚有能名。時太平公主用事，至忠潛遣間使申意，求入爲京職。誅韋氏之際，至忠一子任千牛，爲亂兵所殺，公主冀至忠以此怨望，可與謀事，即納其請。召拜刑部尚書、右御史大夫，再遷吏部尚書。先天二年，復爲中書令。是歲，至忠與竇懷貞、魏知古、崔湜、陸象先、柳沖、徐堅、劉子玄等撰成姓族系錄二百卷，有制加爵賜物各有差。

未幾，左僕射竇懷貞、侍中岑羲及至忠并戶部尚書李晉、太子少保薛稷、左散騎常侍賈膺福、左羽林大將軍常元楷、右羽林將軍李慈等與太平公主謀逆事洩，至忠遽遁入山寺，數日，捕而伏誅，籍沒其家。至忠雖淸儉刻己，然簡約自高，未嘗接待賓客，所得俸祿，亦無所賑施。及籍沒，財帛甚豐，由是頓絕聲望矣。

弟元嘉，工部侍郎；廣徽，工部員外。

宗楚客者，蒲州河東人，則天從父姊之子也。兄秦客，垂拱中潛勸則天革命稱帝，由是累遷內史。後與楚客及弟晉卿並以姦贓事發，配流嶺外。秦客死，楚客等尋復追還。楚客累遷夏官侍郎、同鳳閣鸞臺平章事。神龍初，爲太僕卿。武三思用事，引楚客爲兵部尚書、同中書門下三品，晉卿累遷將作大匠。節愍太子既殺武三思，兵敗，逃於鄠縣，楚客遣使追斬之，仍令以其首祭三思及崇訓喪柩。韋庶人及安樂公主尤加親信，未幾，遷中書令。楚客雖跡附韋氏，而嘗別有異圖，與侍中紀處訥共爲朋黨，故時人呼爲宗、紀。

景龍中，西突厥娑葛與阿史那忠節不和，屢相侵擾，西陲不安。安西都護郭元振奏請徙忠節於內地，楚客與晉卿、處訥等各納忠節重賂，奏請發兵以討娑葛，不納元振所奏。娑葛知而大怒，舉兵入寇，甚爲邊患。於是監察御史崔琬劾奏楚客等曰：

臣聞四牡項領，良御不乘；二心事君，明罰無捨。謹案宗楚客、紀處訥等，性惟險詖，志越溪壑，幸以遭逢聖主，累忝殊榮，承愷悌之恩，居弼諧之地。不能刻意砥操，憂國如家，微效涓塵，以裨川嶽。遂乃專作威福，敢樹朋黨，有無君之心，闕大臣之節。潛通獫狁，納賄不貲；公引頑兇，受賂無限。醜問充斥，穢行昭彰。且境外之交，情狀難測，今娑葛反叛，邊鄙不寧，由此賊臣，取怨中國。論之者懼禍以結舌，語之者避罪以鉗口。但晉卿昔居榮職，素闕忠誠，屢抵嚴刑，皆由黷貨。今又叨忝，頻沐殊恩，厚祿重權，當朝莫比。曾無悛改，仍徇贓私，此而可容，孰不可恕？臣謬參直指，義在觸邪，請除巨蠹，用答天造。楚客、處訥、晉卿等驕恣跋扈，人神同疾，不加天誅，詎清王度。並請收禁，差三司推鞫。

舊制，大臣有被御史對仗劾彈者，卽俯僂趨出，立于朝堂待罪。楚客更咤䚡作色而進，自言以執性忠鯁，被琬誣奏。中宗竟不能窮覈其事，遽令琬與楚客等結爲義兄弟以和解之。韋氏敗，楚客與晉卿等皆伏誅。

紀處訥者，秦州上邽人也。娶武三思妻之姊，由是累遷太府卿。神龍中，嘗因穀貴，中宗召處訥親問其故。武三思諷知太史事右驍衞將軍迦葉志忠、太史令傅孝忠奏言，「其夜有攝提星入太微，至帝座。此則王者與大臣私相接，大臣能納忠，故有斯應」。帝以爲然，降敕褒述處訥，賜衣一副、綵六十段。無幾，進拜侍中，與楚客等同時伏誅。

史官曰：大帝、孝和之朝，政不由己，則天在位，已絕綴旒，韋后司晨，前蹤覆轍。當是時，姦邪有黨，宰執求容，順之則惡其名彰，逆之則憂其禍及，欲存身致理者，非中智常才之所能也。況元忠、安石、巨源、至忠、彥昭等行非純一，識昧存亡，徇利貪榮，有始無卒，不得其死，宜哉！楚客、晉卿、處訥等讒諂並進，威虐貫盈，不使逃刑，可謂政正。

贊曰：爲唐重臣，食唐重祿。顚危不持，富貴何足。二宗、一紀，讒邪酷毒。與前數公，死不知辱。

校勘記

〔一〕四年秋　按神龍無四年，據本卷上下文及本書卷七中宗紀，魏元忠爲尚書右僕射當在神龍二年秋，校勘記卷三九云：「『四年』爲『是年』之譌。」

〔二〕東都　各本原作「東郡」，校勘記卷三九：「按依世充所據地，則郡當作都。」據改。

〔三〕陟先責舊文　「文」字各本原無，據册府卷六五一補。

〔四〕遐邇乂安　「乂」，殘宋本、殿本、懼盈齋本作「人」，局本作「久」，此據册府卷三二八、英華卷六九六改。

舊唐書卷九十三

列傳第四十三

婁師德　王孝傑　唐休璟　張仁愿　薛訥　王晙

婁師德，鄭州原武人也。弱冠，進士擢第，授江都尉。揚州長史盧承業奇其才，嘗謂之曰：「吾子台輔之器，當以子孫相託，豈可以官屬常禮待也？」上元初，累補監察御史。屬吐蕃犯塞，募猛士以討之，師德抗表請爲猛士。高宗大悅，特假朝散大夫，從軍西討，頻有戰功，遷殿中侍御史，兼河源軍司馬，并知營田事。天授初，累授左金吾將軍，兼檢校豐州都督，仍依舊知營田事。則天降書勞曰：「卿素積忠勤，兼懷武略，朕所以寄之襟要，授以甲兵。自卿受委北陲，總司軍任，往還靈、夏，檢校屯田，收率既多，京坻遽積。不煩和糴之費，無復轉輸之艱，兩軍及北鎮兵數年咸得支給。勤劳之誠，久而彌著，覽以嘉尙，欣悅良深。」

長壽元年，召拜夏官侍郎、判尚書事。明年，同鳳閣鸞臺平章事。則天謂師德曰：「王師外鎮，必藉邊境營田，卿須不憚劬勞，更充使檢校。」又以爲河源、積石、懷遠等軍及河、蘭、鄯、廓等州檢校營田大使。稍遷秋官尚書。萬歲登封元年，轉左肅政御史大夫，仍並依舊知政事。證聖元年，吐蕃寇洮州，令師德與夏官尚書王孝傑討之，與吐蕃大將論欽陵、贊婆戰於素羅汗山，官軍敗績，師德貶授原州員外司馬。

萬歲通天二年，入爲鳳閣侍郎、同鳳閣鸞臺平章事。是歲，兼檢校右肅政御史大夫，仍知左肅政臺事，又與王懿宗、狄仁傑分道安撫河北諸州。神功元年，拜納言，累封譙縣子。尋詔師德充隴右諸軍大使，仍檢校河西營田事。聖曆二年，突厥入寇，復令檢校并州長史，仍充天兵軍大總管。是歲九月卒，贈涼州都督，謚曰貞。

初，狄仁傑未入相時，師德嘗薦之，及爲宰相，不知師德薦己，數排師德，令充外使。則天嘗出師德舊表示之，仁傑大慚，謂人曰：「吾爲婁公所含如此，方知不逮婁公遠矣。」師德頗有學涉，器量寬厚，喜怒不形於色。自專綜邊任，前後三十餘年，恭勤接下，孜孜不怠。雖參知政事，深懷畏避，竟能以功名始終，甚爲識者所重。

王孝傑，京兆新豐人也。高宗末，爲副總管，從工部尙書劉審禮西討吐蕃，戰於大非川，爲賊所獲。吐蕃贊普見孝傑，垂泣曰：「貌類吾父。」厚加敬禮，由是免死，尋得歸。則天時，累遷右鷹揚衞將軍。孝傑久在吐蕃中，悉其虛實。長壽元年，爲武威軍總管，與左武衞大將軍阿史那忠節率衆以討吐蕃，乃克復龜茲、于闐、疏勒、碎葉四鎭而還。則天大悅，謂侍臣曰：「昔貞觀中具綾得此蕃城，其後西陲不守，並陷吐蕃。今旣盡復於舊，邊境自然無事。孝傑建斯功效，竭此款誠，遂能裹足徒行，身與士卒齊力。如此忠懇，深是可嘉。」乃拜孝傑爲左衞大將軍。明年，遷夏官尙書、同鳳閣鸞臺三品，封淸源男。延載初，出爲瀚海道行軍總管，餘如故。證聖初，又爲朔方道總管，尋坐與吐蕃戰敗免官。

萬歲通天年，契丹李盡忠、孫萬榮反叛，復詔孝傑白衣起爲淸邊道總管，統兵十八萬以討之。孝傑軍至東峽石谷遇賊，道隘，虜甚衆，孝傑率精銳之士爲先鋒，且戰且前，及出谷，布方陣以捍賊。後軍總管蘇宏暉畏賊衆，棄甲而遁，孝傑旣無後繼，爲賊所乘，營中潰亂，孝傑墮谷而死，兵士爲賊所殺及奔踐而死殆盡。時張說爲節度管記，馳奏其事。則天問孝傑敗亡之狀，說曰：「孝傑忠勇敢死，乃誠奉國，深入寇境，以少禦衆，但爲後援不至，所以致敗。」於是追贈孝傑夏官尙書，封耿國公，拜其子無擇爲朝散大夫。遣使斬宏暉以徇。使未至幽州，而宏暉已立功贖罪，竟免誅。

開元中，無擇官至左驍衞將軍，以恩例贈孝傑特進。

唐休璟，京兆始平人也。曾祖規，周驃騎大將軍、安邑縣公。祖宗，隋大業末爲朔方郡丞。時爲梁師都舉兵，將據城，宗抗節不從，乃爲所害。

休璟少以明經擢第。永徽中，解褐吳王府典籤，無異材，調授營府戶曹。調露中，單于突厥背叛，誘扇奚、契丹侵掠州縣，其後奚、羯胡又與桑乾突厥同反。都督周道務遣休璟將兵擊破之於獨護山，斬獲甚衆，超拜豐州司馬。永淳中，突厥圍豐州，都督崔智辯戰歿。朝議欲罷豐州，徙百姓于靈、夏，休璟以爲不可，上書曰：「豐州控河遏賊，實爲襟帶，自秦、漢已來，列爲郡縣，田疇良美，尤宜耕牧。隋季喪亂，不能堅守，乃遷徙百姓就寧、慶二州，致使戎羯交侵，乃以靈、夏爲邊界。貞觀之末，始募人以實之，西北一隅，方得寧謐。今若廢棄，則河傍之地復爲賊有，靈、夏等州人不安業，非國家之利也。」朝廷從其言，豐州復存。

垂拱中，遷安西副都護。會吐蕃攻破焉耆，安息道大總管、文昌右相韋待價及副使閻温古失利，休璟收其餘衆，以安西土。遷西州都督，上表請復取四鎮。則天遣王孝傑破吐蕃，拔四鎭，亦休璟之謀也。聖曆中，爲司衞卿，兼涼州都督、右肅政御史大夫，持節隴右諸軍州大使。

久視元年秋，吐蕃大將麴莽布支率騎數萬寇涼州，入自洪源谷，將圍昌松縣。休璟以數千人往擊之，臨陣登高，望見賊衣甲鮮盛，謂麾下曰：「自欽陵死，贊婆降，麴莽布支新知賊兵，欲曜威武，故其國中貴臣酋豪子弟皆從之。人馬雖精，不習軍事，吾爲諸君取之。」乃被甲先登，與賊六戰六克，大破之，斬其副將二人，獲首二千五百級，築京觀而還。是後休璟入朝，吐蕃亦遣使來請和，因宴屢覘休璟。則天問其故，對曰：「往歲洪源戰時，此將軍雄猛無比，殺臣將士甚衆，故欲識之。」則天大加歎異，擢拜右武威、右金吾二衞大將軍。

休璟尤諳練邊事，自碣石西踰四鎭，綿亙萬里，山川要害，皆能記之。長安中，西突厥烏質勒與諸蕃不和，舉兵相持，安西道絕，表奏相繼。則天令休璟與宰相商度事勢，俄頃間草奏，便遣施行。後十餘日，安西諸州表請兵馬應接，程期一如休璟所畫。則天謂休璟曰：「恨用卿晚。」因遷夏官尙書、同鳳閣鸞臺三品。又謂魏元忠及楊再思、李嶠、姚元崇、李迥秀等曰：「休璟諳練邊事，卿等十不當一也。」

尋轉太子右庶子，依舊知政事。以契丹入寇，復拜夏官尙書，兼檢校幽、營等州都督，兼安東都護。時中宗在春宮，將行，進啓於皇太子曰：「張易之兄弟幸蒙寵遇，數侍宴禁中，縱情失禮，非人臣之道，惟加防察。」中宗即位，召拜輔國大將軍、同中書門下三品，封酒泉郡公，顧謂曰：「卿曩日直言，朕今不忘。初欲召卿計事，但以遐遠，兼懷北狄之憂耳。」未幾，加特進，拜尚書右僕射。是歲秋大水，休璟兩上表自咎，請免官甚切，辭多不載。中宗竟不允，手制答曰：「陰陽乖爽，事屬在予，待罪私門，難依來表。」尋遷中書令，充京師留守，俄加檢校吏部尚書。又以宮僚之舊，賜實封三百戶，累封宋國公。休璟在任，無所弘益。

景龍二年，致仕于家，年力雖衰，進取彌銳。時尚宮賀婁氏頗關預國政，憑附者皆得寵榮，休璟乃爲其子娶賀婁氏養女爲妻，因以自達。由是起爲太子少師、同中書門下三品，監修國史，仍封宋國公。休璟年踰八十，而不知止足，依託求進，爲時所譏。景雲元年，又拜特進，充朔方道行軍大總管，以備突厥，停其舊封，別賜實封一百戶。二年，表請致仕，許之，祿及一品子課並令全給。休璟初得封時，以絹數千匹分散親族，又以家財數十萬大開塋域，備禮葬其五服之親，時人稱之。延和元年七月薨，年八十六，贈荊州大都督，謚曰忠。

子先愼襲爵，官至陳州刺史。次子先擇，開元中爲右金吾衞將軍。

張仁愿，華州下邽人也。本名仁亶，以音類睿宗諱改焉。少有文武材幹，累遷殿中侍御史。時有御史郭霸上表稱則天是彌勒佛身，鳳閣舍人張嘉福與洛州人王慶之等請立武承嗣爲皇太子，皆請仁愿連名署表，仁愿正色拒之，甚爲有識所重。尋而夏官尚書王孝傑爲吐刺軍總管，統衆以禦吐蕃，詔仁愿往監之。仁愿與孝傑不協，因入奏事，稱孝傑軍敗誣罔之狀。孝傑由是免爲庶人，仁愿遽遷侍御史。

萬歲通天二年，監察御史孫承景監淸邊軍，戰還，畫戰圖以奏。每陣必畫承景躬當矢石、先鋒禦賊之狀，則天歎曰：「御史乃能盡誠如此！」擢拜右肅政臺中丞，令仁愿敍錄承景下立功人。仁愿未發都，先問承景對陣勝負之狀。承景身實不行，問之皆不能對，又虛增功狀。仁愿廷奏承景罔上之罪，於是左遷崇仁令，擢仁愿爲肅政臺中丞、檢校幽州都督。會突厥默啜入寇，攻陷趙、定，擁衆迴至幽州，仁愿勒兵出城邀擊之，流矢中手，賊亦引退。則天遣使勞問，賜以醫藥。累遷幷州大都督府長史。

神龍二年，中宗還京，以仁愿爲左屯衞大將軍，兼檢校洛州長史。時都城穀貴，盜竊甚衆，仁愿一切皆捕獲杖殺之，積屍府門，遠近震懾，無敢犯者。初，高宗時賈敦頤爲洛州刺史，亦有政績，與仁愿皆爲一時之最。故時人爲之語曰：「洛州有前賈後張，可敵京兆三王。」其見稱如此。

三年，突厥入寇，朔方軍總管沙吒忠義爲賊所敗，詔仁愿攝御史大夫，代忠義統衆。仁愿至軍而賊衆已退，乃躡其後，夜掩大破之。先，朔方軍北與突厥以河爲界，河北岸有拂雲神祠，突厥將入寇，必先詣祠祭酹求福，因牧馬料兵而後渡河。時突厥默啜盡衆西擊突騎施娑葛，仁愿請乘虛奪取漠南之地，於河北築三受降城，首尾相應，以絕其南寇之路。太子少師唐休璟以爲兩漢已來，皆北守黃河，今於寇境築城，恐勞人費功，終爲賊虜所有，建議以爲不便。仁愿固請不已，中宗竟從之。仁愿表留年滿鎭兵以助其功。時咸陽兵二百餘人逃歸，仁愿盡擒之，一時斬於城下，軍中股慄，役者盡力，六旬而三城俱就。以拂雲祠爲中城，與東、西兩城相去各四百餘里，皆據津濟，遙相應接。北拓地三百餘里，於牛頭朝那山北置烽候一千八百所。自是突厥不得度山放牧，朔方無復寇掠，減鎭兵數萬人。

仁愿初建三城，不置壅門及曲敵、戰格之具。或問曰：「此邊城禦賊之所，不爲守備，何也？」仁愿曰：「兵貴在攻取，不宜退守。寇若至此，卽當併力出戰，迴顧望城，猶須斬之，何用守備，生其退恧之心也？」其後常元楷爲朔方軍總管，始築壅門以備寇，議者以此重仁愿而輕元楷焉。仁愿在朔方，奏用監察御史張敬忠何鸞、長安尉寇泚、鄠縣尉王易從、始平主簿劉體微分判軍事，太子文學柳彥昭爲管記，義烏尉晁良貞爲隨機。敬忠等皆以文吏著稱，多至大官，時稱仁愿有知人之鑒。

景龍二年，拜左衞大將軍、同中書門下三品，累封韓國公。春還朝，秋復督軍備邊。中宗賦詩祖餞，賞賜不可勝紀。尋加鎭軍大將軍。睿宗卽位，以老致仕，特全給祿俸，又拜兵部尙書，加光祿大夫，依舊致仕。開元二年卒，贈太子少傅，賻物二百段，命五品官一人爲監護使。

子之輔，開元初爲趙州刺史。

薛訥，絳州萬泉人也，左武衞大將軍仁貴子也。爲藍田令，有富商倪氏於御史臺理其私債，中丞來俊臣受其貨財，斷出義倉米數千石以給之。訥曰：「義倉本備水旱，以爲儲蓄，安敢絕衆人之命，以資一家之産？」竟報上不與。會俊臣得罪，其事乃不行。其後突厥入寇河北，則天以訥將門，使攝左武威衞將軍、安東道經略。臨行，於同明殿召見與語，訥因奏曰：「醜虜憑凌，以廬陵爲辭。今雖有制升儲，外議猶恐未定。若此命不易，則狂賊自然款伏。」則天深然其言。尋拜幽州都督，兼安東都護；轉幷州大都督府長史，兼檢校左衞大將軍。久當邊鎭之任，累有戰功。

玄宗卽位，於新豐講武，訥爲左軍節度。時元帥與禮官得罪，諸部頗亦失序，唯訥及解琬之軍不動。玄宗令輕騎召訥等，至軍門，皆不得入。禮畢，上甚加慰勞。

時契丹及奚與突厥連和，屢爲邊患，訥建議請出師討之。開元二年夏，詔與左監門將軍杜賓客、定州刺史崔宣道等率衆二萬，出檀州道以討契丹等。杜賓客以爲時屬炎暑，將士負戈甲，齎資糧，深入寇境，恐難爲制勝。中書令姚元崇亦以爲然。訥獨曰：「夏月草茂，羔犢生息之際，不費糧儲，亦可漸進。一舉振國威靈，不可失也。」時議咸以爲不便。玄宗方欲威服四夷，特令訥同紫微黃門三品，總兵擊奚、契丹，議者乃息。六月，師至灤河，遇賊，時既蒸暑，諸將失計會，盡爲契丹等所覆。訥脫身走免，歸罪於崔宣道及蕃將李思敬等八人，詔盡令斬之，特免杜賓客之罪。下制曰：「幷州大都督府長史兼檢校左衞大將軍、和戎大武等諸軍州節度大使、同紫微黃門三品薛訥，總戎禦邊，建議爲首。暗於料敵，輕於接戰，張我王師，衂之虜境。覩其疇昔，頗常輸罄，每欲資忠報主，見義忘身。特緩嚴刑，俾期來效，宜赦其罪，所有官爵等並從除削。」

其年八月，吐蕃大將坌達延、乞力徐等率衆十萬寇臨洮軍，又進寇蘭州及渭州之渭源縣，掠羣牧而去。詔訥白衣攝左羽林將軍，爲隴右防禦使，與太僕少卿王晙等率兵邀擊之。十月，訥領衆至渭源，遇賊戰於武階驛，與王晙掎角夾攻之，大破賊衆。追奔至洮水，又戰于長城堡，豐安軍使王海賓先鋒力戰死之。將士乘勢進擊，又敗之，殺獲萬人，擒其將六指鄉彌洪，盡收其所掠羊馬，幷獲其器械，不可勝數。時有詔將以十二月親征吐蕃，及聞訥等克捷，玄宗大悅，乃停親征。追贈王海賓左金吾衞大將軍，賻物三百段、粟三百石，名其稚子爲忠嗣，拜朝散大夫。命紫微舍人倪若水往，卽便敍錄功狀，拜訥爲左羽林軍大將軍，復封平陽郡公，仍拜子暢朝散大夫。俄又充涼州鎭軍大總管。尋以年老，特聽致仕。八年卒，年七十餘，贈太常卿，謚曰昭定。訥沉勇寡言，臨大敵而益壯。

訥弟楚玉，開元中，爲幽州大都督府長史，以不稱職見代而卒。

王晙，滄州景城人，徙家于洛陽。祖有方，岷州刺史。晙弱冠明經擢第，歷遷殿中侍御史，加朝散大夫。時朔方軍元帥魏元忠討賊失利，歸罪於副將韓思忠，奏請誅之。晙以思忠旣是偏裨，制不由己，又有勇智可惜，不可獨殺非辜，乃廷議爭之。思忠竟得釋，而晙亦由是出爲渭南令。

景龍末，累轉爲桂州都督。桂州舊有屯兵，常運衡、永等州糧以饋之，晙始改築羅郭，奏罷屯兵及轉運。又堰江水，開屯田數千頃，百姓賴之。尋上疏請歸鄉拜墓，州人詣闕請留晙，乃下敕曰：「彼州往緣寇盜，戶口凋殘，委任失材，乃令至此。卿處事強濟，遠邇寧靜，築城務農，利益已廣，隱括綏緝，復業者多。宜須政成，安此黎庶，百姓又有表請，不須來也。」晙在州又一年，州人立碑以頌其政。再轉鴻臚大卿，充朔方軍副大總管，兼安北大都護〔二〕，豐安、定遠、三城及側近軍並受晙節度。後轉太僕少卿、隴右羣牧使。

開元二年，吐蕃精甲十萬寇臨洮軍，晙率所部二千人卷甲倍程，與臨洮兩軍合勢以拒之。賊營於大來谷口，吐蕃將坌達延又率兵繼至。晙乃出奇兵七百人，衣之蕃服，夜襲之。相去五里，置鼓角，令前者遇寇大呼，後者擊鼓以應之。賊衆大懼，疑有伏兵，自相殺傷，死者萬計。俄而攝右羽林將軍薛訥率衆邀擊吐蕃，至武階谷，去大來谷二十里，爲賊所隔。晙率兵迎訥之軍，賊置兵於兩軍之間，連亙數十里，晙夜出壯士銜枚擊之，賊又大潰。乃與訥合軍，掩其餘衆，追奔至洮水，殺獲不可勝數，盡收所掠牧馬而還。以功加銀青光祿大夫，封清源縣男，兼原州都督，仍拜其子珽爲朝散大夫。尋除并州大都督府長史。

明年，突厥默啜爲九姓所殺，其下酋長多款塞投降，置之河曲之內。俄而小殺繼立，降者漸叛。晙上疏曰：

突厥時屬亂離，所以款塞降附，其與部落，非有讎嫌，情異北風，理固明矣，養成其釁，雖悔可追。今者，河曲之中，安置降虜，此輩生梗，實難處置。日月漸久，姦詐逾深，窺邊間隙，必爲患難。今有降者部落，不受軍州進止，輒動兵馬，屢有傷殺。詢問勝州左側，被損五百餘人。私置烽鋪，潛爲抗拒，公私行李，頗實危懼。北虜如或南牧，降戶必與連衡。臣問沒蕃歸人云，却逃者甚衆，南北信使，委曲通傳，此輩降人，翻成細作。倘收合餘燼，來逼軍州，虜騎憑凌，胡兵應接，表裏有敵，進退無援。雖復韓、彭之勇，孫、吳之策，令其制勝，其可必乎！

望至秋冬之際，令朔方軍盛陳兵馬，告其禍福，啗以繒帛之利，示以麋鹿之饒，說其魚米之鄉，陳其畜牧之地。並分配淮南、河南寬鄉安置，仍給程糧，送至配所。雖復一時勞弊，必得久長安穩。二十年外，漸染淳風，持以充兵，皆爲勁卒。若以北狄降者不可南中安置，則高麗俘虜置之沙漠之曲，西域編甿散在青、徐之右，唯利是視，務安疆埸，何獨降胡，不可移徙。

近者，在邊將士，爰及安蕃使人，多作諛辭，不爲實對。或言北虜破滅，或言降戶安靜，志欲自言功効，非有以徇邦家。伏願察斯利口，行茲遠慮，邊荒淸晏，黎元幸甚。

臣料留住之議，謀者云邊故事，必言降戶之輩，舊置河曲之中，昔年既得康寧，今日還應穩便。但同時異事，先典攸傳。往者頡利破亡，邊境寧謐，降戶之輩，無復他心，所以多歷歲年，此類皆無動靜。今虜見未破滅，降戶私使往來，或畏北虜之威，或懷北虜之惠，又是北虜戚屬，夫豈不識親疏，將比昔年，安可同日！

臣料其中頗有三策。若盛陳兵馬，散令分配，內獲精兵之實，外袪黠虜之謀，暫勞永安，此上策也。若多屯士卒，廣爲備擬，亭障之地，蕃、漢相參，費甚人勞，此下策也。若置之朔塞，任之來往，通傳信息，結成禍胎，此無策也。伏願察斯三者，詳其善惡，利害之狀，長短可尋。縱因遷移，或致逃叛，但有移得之者，卽是今日良圖，留待河冰，恐卽有變。臣蒙天澤，叨居重鎭，逆耳利行，敢不盡言。

疏奏未報，降虜果叛，敕晙帥幷州兵西濟河以討之。晙乃間行倍道，以夜繼晝，卷甲舍幕而趨之。夜於山中忽遇風雪甚盛，晙恐失期，仰天誓曰：「晙若事君不忠，不討有罪，明靈所殛，固自當之，而士衆何辜，令其艱苦！若誠心忠烈，天監孔明，當止雪迴風，以濟戎事。」言訖，風迴而雪止。時叛者分爲兩道，其在東者，晙追及之，殺一千五百餘人，生獲一千四百餘人，駝馬牛羊甚衆。晙以功遷左散騎常侍、持節朔方道行軍大總管，尋遷御史大夫。

時突厥跌跌部落及僕固都督勺磨等散在受降城左右居止，且謀引突厥共爲表裏，陷軍城而叛。晙因入奏，密請誅之。八年秋，晙誘跌跌等黨與八百餘人於中受降城誅之，由是乃授晙兵部尙書，復充朔方軍大總管。

九年，蘭池州胡苦於賦役，誘降虜餘燼，攻夏州反叛，詔隴右節度使、羽林將軍郭知運與晙相知討之。晙奏：「朔方軍兵自有餘力，其郭知運請還本軍。」未報，而知運兵至，與晙頗不相協。晙所招撫降者，知運縱兵擊之，賊以爲晙所賣，皆相率叛走。晙進封淸源縣公，仍兼御史大夫。俄而賊衆復相結聚，晙坐左遷梓州刺史。

十年，拜太子詹事，累封中山郡公。屬車駕北巡，以晙爲吏部尚書，兼太原尹。十一年夏，代張說爲兵部尚書、同中書門下三品，追錄破胡之功，加金紫光祿大夫，仍充朔方軍節度大使。其年冬，上親郊祀，追晙赴京，以會大禮。晙以時屬冰壯，恐虜騎乘隙入寇，表辭不赴，手敕慰勉，仍賜衣一副。會許州刺史王喬家奴告喬與晙潛謀構逆，敕侍中源乾曜、中書令張說鞫其狀。晙旣無反狀，乃以違詔追不到，左遷蘄州刺史。十四年，累遷戶部尚書，復爲朔方軍節度使。二十年卒，年七十餘，贈尚書左丞相，諡曰忠烈。

往歲，魏元忠爲張易之、昌宗所構，左授高要尉，晙密狀申明之。宋璟時爲鳳閣舍人，謂晙曰：「魏公且全矣，子冒威嚴而理〔三〕，坐恐子之狼狽也。」晙曰：「魏公忠而獲罪，晙爲義所激，顚沛無恨。」璟歎曰：「璟不能申魏公之枉，深負朝廷矣。」晙氣貌雄壯，時人謂之有熊虎之狀。然慕義激勵，有古人之風，御下整肅，人吏畏而愛之。晙卒後，信安王禕於幽州討奚告捷，奏稱軍士咸見晙與蕃將高昭領兵馬先軍討賊，上聞而嗟異久之。戶部郎中陽伯城上疏，請晙等墳特乞增修封域，量加表異，降使饗祭，優其子孫。玄宗乃遣使就其家廟祭，仍加其子官秩。

史臣曰：婁師德應召而慷愾，勇也；薦仁傑而入用，忠也；不使仁傑知之，公也；營田贍軍，智也；恭勤接下，和也；參知政事，功名有卒，是人之難也，又何愧於將相乎！王孝傑、唐休璟、張仁愿、薛訥、王晙等，皆韜武幹，亟立邊功。然孝傑失於再擒，休璟虧於餘行。先敗後勝，薛訥何慚；止雪迴風，王晙難掩；仁愿操履，中否相兼。

贊曰：拯物之心，不形於色。將相之材，人何以測。臣有始終，功無爽忒。多忌梁公，自招慚德。唐、張、訥、晙，善陣能師。共服戎虜，不憂邊陲。

校勘記

〔一〕安北大都護　「北」字各本原作「西」，據新書卷一一一王晙傳、唐大詔令集卷五九、通鑑卷二一一改。

〔二〕子冒威嚴而理　「冒」字殘宋本作「胥」，聞本、殿本作「須」，局本作「觸」，此據冊府卷八〇四改。

舊唐書卷九十四

列傳第四十四

蘇味道　李嶠　崔融　盧藏用　徐彥伯

蘇味道，趙州欒城人也。少與鄉人李嶠俱以文辭知名，時人謂之蘇李。弱冠，本州舉進士。累轉咸陽尉。吏部侍郎裴行儉先知其貴，甚加禮遇，及征突厥阿史那都支，引爲管記。孝敬皇帝妃父裴居道再登左金吾將軍，訪當時才子爲謝表，託於味道，援筆而成，辭理精密，盛傳於代。

延載初，歷遷鳳閣舍人、檢校鳳閣侍郎、同鳳閣鸞臺平章事，尋加正授。證聖元年，坐事出爲集州刺史，俄召拜天官侍郎。聖曆初，遷鳳閣侍郎、同鳳閣鸞臺三品。味道善敷奏，多識臺閣故事，然而前後居相位數載，竟不能有所發明，但脂韋其間，苟度取容而已。嘗謂人曰：「處事不欲決斷明白，若有錯誤，必貽咎譴，但摸稜以持兩端可矣。」時人由是號爲「蘇摸稜」。

長安中，請還鄉改葬其父，優制令州縣供其葬事。味道因此侵毀鄉人墓田，役使過度，爲憲司所劾，左授坊州刺史。未幾，除益州大都督府長史。神龍初，以親附張易之、昌宗，貶授郿州刺史。俄而復爲益州大都督府長史，未行而卒，年五十八，贈冀州刺史。味道與其弟太子洗馬味玄甚相友愛，味玄若請託不諧，輒面加凌折，味道對之怡然，不以爲忤，論者稱焉。有文集行於代。

李嶠，趙州贊皇人，隋內史侍郎元操從曾孫也。代爲著姓，父鎭惡，襄城令。嶠早孤，事母以孝聞。爲兒童時，夢有神人遺之雙筆，自是漸有學業。弱冠舉進士，累轉監察御史。時嶺南邕、嚴二州首領反叛，發兵討擊，高宗令嶠往監軍事。嶠乃宣朝旨，特赦其罪，親入獠洞以招諭之，叛者盡降，因罷兵而還，高宗甚嘉之。累遷給事中。時酷吏來俊臣構陷狄仁傑、李嗣眞、裴宣禮等三家，奏請誅之，則天使嶠與大理少卿張德裕、侍御史劉憲覆其獄。德裕等雖知其枉，懼罪，並從俊臣所奏。嶠曰：「豈有知其枉濫而不爲申明哉！孔子曰：『見義不爲，無勇也。』」乃與德裕等列其枉狀，由是忤旨，出爲潤州司馬。詔入，轉鳳閣舍人。

則天深加接待，朝廷每有大手筆，皆特令嶠爲之。

時初置右御史臺，巡按天下，嶠上疏陳其得失曰：

陛下創置右臺，分巡天下，察吏人善惡，觀風俗得失，斯政途之綱紀，禮法之準繩，無以加也。然猶有未折衷者，臣請試論之。夫禁網尙疏，法令宜簡，簡則法易行而不煩雜，疏則所羅廣而無苛碎。竊見垂拱二年諸道巡察使所奏科目，凡有四十四件，至於別準格敕令察訪者，又有三十餘條。而巡察使率是三月已後出都，十一月終奏事，時限迫促，簿書塡委，晝夜奔逐，以赴限期。而每道所察文武官，多至二千餘人，少者一千已下，皆須品量才行，褒貶得失，欲令曲盡行能，則皆不暇。此非敢墮於職而慢於官也，實才有限而力不及耳。臣望量其功程，與其節制，使器周於用，力濟於時，然後進退可以責成，得失可以精覈矣。

又曰：

今之所察，但準漢之六條，推而廣之，則無不包矣，無爲多張科目，空費簿書。且朝廷萬機，非無事也，機事之動，恆在四方，是故冠蓋相望，郵驛繼踵。今巡使旣出，其外州之事，悉當委之，則傳驛大減矣。然則御史之職，故不可得閑，自非分州統理，無由濟其繁務。請大小相兼，率十州置御史一人，以周年爲限，使其親至屬縣，或入閭里，督察姦訛，觀採風俗，然後可以求其實効，課其成功。若此法果行，必大裨政化。且御史出持霜簡，入奏天闕，其於勵己自修，奉職存憲，比於他吏，可相百也。若其按劾姦邪，糾擿欺隱，比於他吏，可相十也。陛下試用臣言，妙擇賢能，委之心膂，假溫言以樹之，陳賞罰以勸之，則莫不盡力而効死矣。何政事之不理，何禁令之不行，何妖孽之敢興？

則天善之，乃下制分天下爲二十道，簡擇堪爲使者。會有沮議者，竟不行。尋知天官侍郎事，遷麟臺少監。

聖曆初，與姚崇偕遷同鳳閣鸞臺平章事，俄轉鸞臺侍郎，依舊平章事，兼修國史。久視元年，嶠舅天官侍郎張錫入知政事，嶠轉成均祭酒，罷知政事及修史，舅甥相繼在相位，時人榮之。嶠尋檢校文昌左丞、東都留守。長安三年，嶠復以本官平章事，尋知納言事。明年，遷內史，嶠後固辭煩劇，復拜成均祭酒，平章事如故。

長安末，則天將建大像於白司馬坂，嶠上疏諫之，其略曰：「臣以法王慈敏，菩薩護持，唯擬饒益衆生，非要營修土木。伏聞造像，稅非戶口，錢出僧尼，不得州縣祇承，必是不能濟辦，終須科率，豈免勞擾！天下編戶，貧弱者衆，亦有傭力客作以濟粻糧，亦有賣舍貼田以供王役。造像錢見有一十七萬餘貫，若將散施，廣濟貧窮，人與一千，濟得一十七萬餘戶。拯飢寒之弊，省勞役之勤，順諸佛慈悲之心，霑聖君亭育之意，人神胥悅，功德無窮。」疏奏不納。

中宗卽位，嶠以附會張易之兄弟，出爲豫州刺史，未行，又貶爲通州刺史。數月，徵拜吏部侍郎，封贊皇縣男。無幾，遷吏部尙書，進封縣公。神龍二年，代韋安石爲中書令。初，嶠在吏部時，志欲曲行私惠，冀得復居相位，奏置員外官數千人。至是官僚倍多，府庫減耗，乃抗表引咎辭職，幷陳利害十餘事。中宗以嶠昌言時政之失，輒請罷免，手制慰諭而不允，尋令復居舊職。三年，又加修文館大學士，監修國史，封趙國公。景龍三年，罷中書令，以特進守兵部尙書，同中書門下三品。

睿宗卽位，出爲懷州刺史，尋以年老致仕。初，中宗崩，嶠密表請處置相王諸子，勿令在京。及玄宗踐祚，宮內獲其表，以示侍臣。或請誅之，中書令張說曰：「嶠雖不辯逆順，然亦爲當時之謀，吠非其主，不可追討其罪。」上從其言，乃下制曰：「事君之節，危而不變，爲臣則忠，貳乃無赦。特進、趙國公李嶠，往緣宗、韋弑逆，朕恭行戡定，揖讓之際，天命有歸，嶠有窺覦，不知逆順，狀陳詭計，朕親覽焉。以其早負辭學，累居台輔，忍而莫言，特掩其惡。今忠邪旣辨，具物惟新，賞罰倘乖，下人安勸？雖經赦令，猶宜放斥，矜其老疾，俾遂餘生，宜聽隨子虔州刺史暢赴任。」尋起爲廬州別駕而卒。有文集五十卷。

崔融，齊州全節人。初，應八科舉擢第，累補宮門丞，兼直崇文館學士。中宗在春宮，制融爲侍讀，兼侍屬文，東朝表疏，多成其手。聖曆中，則天幸嵩嶽，見融所撰啓母廟碑，深加歎美，及封禪畢，乃命融撰朝覲碑文。自魏州司功參軍擢授著作佐郎，尋轉右史。聖曆二年，除著作郎，仍兼右史內供奉。四年，遷鳳閣舍人。久視元年，坐忤張昌宗意，左授婺州長史。頃之，昌宗怒解，又請召爲春官郎中，知制誥事。長安二年，再遷鳳閣舍人。三年，兼修國史。

時有司表稅關市，融深以爲不可，上疏諫曰：

伏見有司稅關市事條，不限工商，但是行人盡稅者。臣謹按周禮九賦，其七曰「關市之賦」。竊惟市縱繁巧，關通末遊，欲令此徒止抑，所以咸增賦稅。臣謹商度今古，料量家國，竊將爲不可稅。謹件事跡如左，伏惟聖旨擇焉。

往古之時，淳樸未散，公田籍而不稅，關防譏而不征。中代已來，澆風驟進，桑麻疲弊，稼穡辛勤。於是各徇通財，爭趨作巧，求徑捷之欲速，忘歲計之無餘。遂使田萊日荒，倉廩不積，蠶織休廢，弊緼闕如，飢寒猥臻，亂離斯起。先王懲其若此，所以變古隨時，依本者恆科，占末者增稅。夫關市之稅者，謂市及國門、關門者也，唯斂出入之商賈，不稅來往之行人。今若不論商人，通取諸色，事不師古，法乃任情。悠悠末代，於何瞻仰；濟濟盛朝，自取嗤笑。雖欲憲章姬典，乃是違背周官。臣知其不可者一也。

臣謹案易繫辭稱：「庖羲氏沒，神農氏作，日中爲市，致天下之人，聚天下之貨，交易而退，各得其所。」班志亦云：「財者，帝王聚人守位，養成羣生，奉順天德，理國安人之本也。仕農工商，四人有業。學以居位曰仕，闢土殖穀曰農，作巧成器曰工，通財鬻貨曰商。聖王量能授事，四人陳力受職。」然則四人各業久矣，今復安得動而搖之！蕭何云：「人情一定，不可復動。」班固又云：曹參相齊，齊國安集，大稱賢相。參去，屬其後相曰：「以齊獄市爲寄，愼勿擾也。」後相曰：「理無大於此者乎？」參曰：「不然。夫獄市者，所以幷容也，今若擾之，姦人安所容乎？吾是以先之。」夫獄市，兼受善惡。若窮極，姦人無所容竄；姦人無所容竄，久且爲亂。秦人極刑而天下叛，孝武峻法而刑獄繁，此其效也。老子曰：「我無爲而人自化，我好靜而人自正。」參欲以道化其本，不欲擾其末。臣知其不可者二也。

四海之廣，九州之雜，關必據險路，市必憑要津。若乃富商大賈，豪宗惡少，輕死重義，結黨連羣，喑嗚則彎弓，睚眦則挺劍。小有失意，且猶如此，一旦變法，定是相驚。

乘茲困窮，或致騷動，便恐南走越，北走胡，非唯流逆齊人，亦自攪亂殊俗。又如邊徼之地，寇賊爲鄰，興胡之旅，歲月相繼，倘因科賦，致有猜疑，一從散亡，何以制禁？求利雖切，爲害方深。而有司上言，不識大體，徒欲益帑藏，助軍國，殊不知軍國益擾，帑藏逾空。臣知其不可者三也。

孟軻又云：「古之爲關也，將以禦暴；今之爲關也，將以爲暴。」今行者皆稅，本末同流。且如天下諸津，舟航所聚，旁通巴、漢，前指閩、越，七澤十藪，三江五湖，控引河洛，兼包淮海。弘舸巨艦，千軸萬艘，交貿往還，昧旦永日。今若江津河口，置鋪納稅，納稅則檢覆，檢覆則遲留。此津纔過，彼鋪復止，非唯國家稅錢，更遭主司儌賂。船有大小，載有少多，量物而稅，觸途淹久。統論一日之中，未過十分之一，因此壅滯，必致吁嗟。一朝失利，則萬商廢業，萬商廢業，則人不聊生。其間或有輕訬任俠之徒，斬龍刺蛟之黨，鄱陽暴謔之客，富平悍壯之夫，居則藏鏹，出便竦劍。加之以重稅，因之以威脅，一旦獸窮則搏，鳥窮則攫，執事者復何以安之哉？臣知其不可者四也。

五帝之初，不可詳已；三王之後，厥有著云；秦、漢相承，典章大備。至如關市之稅，史籍有文。秦政以雄圖武力，捨之而不用也；漢武以霸略英才，去之而勿取也。何則？關爲禦暴之所，市爲聚人之地，稅市則人散，稅關則暴興，暴興則起異圖，人散則懷不軌。夫人心莫不背善而樂禍，易動而難安。一市不安，則天下之市心搖矣；一關不安，則天下之關心動矣。況澆風久扇，變法爲難，徒欲禁末遊、規小利，豈知失玄默、亂大倫。魏、晉眇小，齊、隋齷齪，亦所不行斯道者也。臣知其不可者五也。

今之所以稅關市者，何也？豈不以國用不足，邊寇爲虞，一行斯術，冀有殷贍然也！微臣敢借前箸以籌之。伏惟陛下當聖期，御玄籙，沉璧于洛，刻石于嵩，鑄寶鼎以窮姦，坐明堂而布政，神化廣洽，至德潛通。東夷暫驚，應時平殄；南蠻纔動，計日歸降。西域五十餘國，廣輪一萬餘里，城堡清夷，亭堠靜謐。比爲患者，唯苦二蕃。今吐蕃請命，邊事不起，即目雖尚屯兵，久後終成弛柝。獨有默啜，假息孤恩，惡貫禍盈，覆亡不暇。征役日已省矣，繁費日已稀矣，然猶下明制，遵太樸，愛人力，惜人財，王侯舊封，妃主新禮，所有支料，咸令減削。此陛下以躬率先，堯、舜之用心也。且關中、河北，水旱數年，諸處逃亡，今始安輯，倘加重稅，或慮相驚。況承平歲積，薄賦日久，俗荷深恩，人知自樂。卒有變法，必多生怨，生怨則驚擾，驚擾則不安，中既不安，外何能禦？文王曰：「帝王富其人，霸王富其地，理國若不足，亂國若有餘。」古人有言：「帝王藏於天下，諸侯藏於百姓，農夫藏於庾，商賈藏於篋。」惟陛下詳之。必若師興有費，國儲多窘，即請倍算商客，加斂平人。如此則國保富強，人免憂懼，天下幸甚。臣知其不可者六也。

陛下留神繫表，屬想政源，冒茲炎熾，早朝晏坐。一日二日，機務不遺，先天後天，虛心密應。時政得失，小子何知，率陳瞽辭，伏紙惶懼。

疏奏，則天納之，乃寢其事。

四年，除司禮少卿，仍知制誥。時張易之兄弟頗招集文學之士，融與納言李嶠、鳳閣侍郎蘇味道、麟臺少監王紹宗等俱以文才降節事之。及易之伏誅，融左授袁州刺史。尋召拜國子司業，兼修國史。神龍二年，以預修則天實錄成，封淸河縣子，賜物五百段，璽書褒美。融爲文典麗，當時罕有其比，朝廷所須洛出寶圖頌、則天哀册文及諸大手筆，並手敕付融。撰哀册文，用思精苦，遂發病卒，時年五十四。以侍讀之恩，追贈衞州刺史，諡曰文。有集六十卷。

二子禹錫、翹，開元中，相次爲中書舍人。

盧藏用字子潛，度支尚書承慶之姪孫也。父璥，有名於時，官至魏州司馬。藏用少以辭學著稱。初舉進士選，不調，乃著芳草賦以見意。尋隱居終南山，學辟穀、練氣之術。

長安中，徵拜左拾遺。時則天將營興泰宮於萬安山，藏用上疏諫曰：

臣愚雖不達時變，竊嘗讀書，見自古帝王之迹衆矣。臣聞土階三尺，茅茨不翦，采椽不斲者，唐堯之德也；卑宮室，菲飲食，盡力於溝洫者，大禹之行也；惜中人十家之産，而罷露臺之制者，漢文之明也。並能垂名無窮，爲帝皇之烈。豈不以克念徇物，博施濟衆，以臻於仁恕哉！今陛下崇臺邃宇，離宮別館，亦已多矣。更窮人之力以事土木，臣恐議者以陛下爲不愛人、務奉己也。

且頃歲已來，雖年穀頗登，而百姓未有儲蓄。陛下西幸東巡，人未休息，土木之役，歲月不空。陛下不因此時施德布化，復廣造宮苑，臣恐人未易堪。今左右近臣，多以順意爲忠；朝廷具僚，皆以犯忤爲患。至令陛下不知百姓失業，亦不知左右傷陛下之仁也。臣聞忠臣不避死亡之患，以納君於仁；明主不惡切直之言，以垂名千載。陛下誠能發明恕之制，以勞人爲辭，則天下必以陛下爲惜人力而苦己也。小臣固陋，不識忌諱，敢冒死上聞。乞下臣此章，與執事者議其可否，則天下幸甚。

神龍中，累轉起居舍人，兼知制誥，俄遷中書舍人。藏用常以俗多拘忌，有乖至理，乃著析滯論以暢其事，辭曰：

客曰：天道玄微，神理幽化，聖人所以法象，衆庶由其運行。故大撓造甲子，容成著律曆，黃公裁變，玄女啓謨，八門御時，六神直事。從之者則兵強國富，違之者則將弱朝危，有同影響，若合符契。先生亦嘗聞之乎？

主人曰：何爲其然也？子所謂曲學所習，暱昧所守，徒識偏方之詭說，未究亨衢之通論。蓋易曰「先天不違」，傳稱「人神之主」。范圍不過，三才所以虛中；進退非邪，百王所以無外。故曰：「國之將興聽於人，將亡聽於神。」又曰：「禍福無門，唯人所召。」人無釁焉，妖不自作。」由是言之，得喪興亡，並關人事；吉凶悔吝，無涉天時。且皇天無親，唯德是輔，爲不善者，天降之殃。高宗修德，桑穀以變；宋君引過，法星退舍，此天道所以從人者也。古之爲政者，刑獄不濫則人壽，賦斂蠲省則人富，法令有常則國靜，賞罰得中則兵強。所以禮者士之所歸，賞者士之所死，禮賞不倦，則士爭先。苟違此途，雖卜時行刑，擇日出令，必無成功矣。自叔世澆訛，俗多徼倖，競稱怪力，爭誦詭言，屈政教而就孤虛，棄信賞而從推步。附會前史，變易舊經，依託空文，以爲徵據。覆軍敗將者，則隱祕無聞；偶同幸中者，則共相文飾。豈唯德之增惑，亦乃學人自是。嗚呼，習俗訛謬，一至此焉！

昔者，甲子興師，非成功之日；往亡用事，異制勝之辰。人事苟修，何往不濟？至若環城自守，接陣重圍，無闕地形，不乖天道。若兵強將智，粟積城堅，雖復屢轉魁剛，頻移太歲，坐推白虎，行計貪狼，自符雞鬭之祥，多貽蟻附之困。故曰，任賢使能，則不時日而事利；明法審令，則不卜筮而事吉；養勞賞功，則不禱祠而得福。此所謂天時不如地利，地利不如人和。太公犯雨，逆天時也，韓信背水，乖地利也，並存人事，俱成大業。削樹而斬龐涓，舉火而屠張郃，未必暗同歲德，冥會日遊，俱運三門，並占四殺。杜郵齒劍，抑唯計沮；垓下悲歌，實階刓印。若以並資厭勝，不事良圖，則長平盡坑，固須恆濟，襄城無噍，亦可常保。是知拘而多忌，終喪大功；百姓與能，必遺小數。金雞玉鶴，方爲楚國之殃；萬畢、枕中，適構淮南之禍。刻符指盜，反更亡身；被髮邀神，翻招夷族。嗟乎，威斗赭鞭，不禳赤伏之運；築城斷岡，何救素靈之哭！火災不驗，禆竈無力以窺天；超乘階凶，王孫取監於觀德。九徵九變，是曰長途；人謀鬼謀，良歸有道。此並經史陳迹，賢聖通規，仁遠乎哉，詎宜滯執？

客乃蹙然避席曰：鄙人困蒙，不階至道，請事斯語，歸于正途。而今而後，焚蓍龜，毀律曆，廢六合，斥五行，浩然淸慮，則將奚若？答曰：此所謂過猶不及也。夫甲子所以配日月，律曆所以通歲時，金木所以備法象，蓍龜所以筮吉凶。聖人以此神明德行，輔助謀猷，存之則協贊成功，執之則凝滯於物。消息之義，其在茲乎！客於是循牆匍匐，帖然無氣，口欬心醉，不知所以答矣。

景龍中，爲吏部侍郎。藏用性無挺特，多爲權要所逼，頗隳公道。又遷黃門侍郎，兼昭文館學士，轉工部侍郎、尚書右丞。先天中，坐託附太平公主，配流嶺表。開元初，起爲黔州都督府長史，兼判都督事，未行而卒，年五十餘。有集二十卷。

藏用工篆隸，好琴棊，當時稱爲多能之士。少與陳子昂、趙貞固友善，二人並早卒，藏用厚撫其子，爲時所稱。然初隱居之時，有貞儉之操，往來于少室、終南二山，時人稱爲「隨駕隱士」；及登朝，趑趄詭佞，專事權貴，奢靡淫縱，以此獲譏于世。

徐彥伯，兗州瑕丘人也。少以文章擅名，河北道安撫大使薛元超表薦之，對策擢第，累轉蒲州司兵參軍。時司戶韋暠善判事，司士李亘工於翰札，而彥伯以文辭雅美，時人謂之「河中三絕」。

彥伯聖曆中累除給事中。時王公卿士多以言語不慎密爲酷吏周興、來俊臣等所陷，彥伯乃著樞機論以誡于代，其辭曰：

書曰：「唯口起羞，惟甲胄起戎。」又云：「齊乃位，度乃口。」易曰：「慎言語，節飲食。」又云：「出其言善，千里應之；出其言不善，千里違之。」禮亦云：「可言也，不可行也，君子不言也；可行也，不可言也，君子不行也。」嗚呼！先聖知言之爲大也，知言之爲急也，精微以勸之，典謨以告之，禮經以防之。守名教者，何可不修其詁訓而服其糟粕乎？故曰，言語者，君子之樞機，動則物應，物應則得失之兆見也〔一〕。得之者江海比鄰，失之者肝膽楚、越，然後知否泰榮辱，繫於言乎！

夫言者，德之柄也，行之主也，志之端也，身之文也，既可以濟身，亦可以覆身。故中庸鏤其心，右階銘其背〔二〕，南容復於白圭，箕子疇於洪範，良有以也。是以掎摭瑕玷，參詳躁競，審無常以階亂，將不密以致危。利生於口，森然覆邦之說；道不由衷，變彼如簧之刺。可不懼之哉！其有識暗邪正，慮徵形朕，破金湯之篇，封禍亂之根，用詁譎爲全計，以號謚爲令德。至若梧宮問答，荆、齊所以奔命；韓、魏加肘，智伯所以危殘。蔡侯繩息嬀也，亟招甲兵之罰；鄭曼圖宗卿也，而受鼎鑊之誅。史遷輕議，終下蠶室；張紘詭說，更齒龍淵。凡此過言，其流匪一，或穢猶糞土，或動成刀劍，或苟且其心，或脂膏其吻。挾邪作蠱，守之而不懈；往輒破的，去之而彌遠。亦何異韓皐聚音，厖也羣吠，得死爲幸，何循名之立乎？雖復伯玉沮顏，追謝於元凱，蔣濟貽恨，失轡於王陵，犀首沒齒於季章，曹瞞齚舌於劉主，當何及哉！孔子曰：「予欲無言。」又云：「終身爲善，一言敗之，惜也。」老子亦云：「多言數窮。」又云：「聰明深察而近於死者，議人者也。」何聖人之深思偉慮，杜漸防萌之至乎！

夫不可言而言者曰狂，可言而不言者曰隱。鉗舌拱默，曷通彼此之懷；括囊而處，孰啓謨明之訓？則上言者，下聽也；下言者，上用也。睿哲之言，猶天地也，人覆燾而生焉；大雅之言，猶鐘鼓也，人考擊而樂焉。作以龜鏡，姬公之言也；出爲金石，曾子之言也；存其家邦，國僑之言也；立而不朽，臧孫之言也。是謂德音，詒我宗極，滿于天下，貽厥後昆。殷宗甘之於酒醴，孫卿諭之以琴瑟，闕里重於四時，郢都輕其千乘。豈不韙哉，豈不休哉！但楙探世猷，克念丕訓，審思而應，精慮而動。謀其心以後發，擇其交以後談，不覺趨於非黨，不屏營於詭遇。非先王之至德不敢行，非先王之法言不敢道，翦其諜諜之緒，撲其炎炎之勢。自然介爾景福，錫茲純嘏，則悔吝何由而生，怨惡何由而至哉？孔子曰：「終日行，不遺己患；終日言，不遺己憂。」如此乃可以言也。戒之哉，戒之哉！

神龍元年，遷太常少卿，兼修國史，以預修則天實錄成，封高平縣子，賜物五百段。未幾，出爲衞州刺史，以善政聞，璽書勞勉。俄轉蒲州刺史，入爲工部侍郎，尋除衞尉卿，兼昭文館學士。景龍三年，中宗親拜南郊，彥伯作南郊賦以獻，辭甚典美。景雲初，加銀青光祿大夫，遷右散騎常侍、太子賓客，仍兼昭文館學士。先天元年，以疾乞骸骨，許之。開元二年卒。

彥伯事寡嫂甚謹，撫諸姪同於己子。自晚年屬文，好爲强澀之體，頗爲後進所效焉。有文集二十卷，行於時。

史臣曰：才出於智，行出於性。故文章巧拙，由智之深淺也；行義詭實，由性之善惡也。然則智性稟之於氣，不可使之彊也。蘇味道、李嶠等，俱爲輔相，各處穹崇。觀其章疏之能，非無奧贍；驗以弼諧之道，罔有貞純。故狄仁傑有言曰：「蘇、李足爲文吏矣。」得非齷齪者乎！摸稜之病，尤足可譏。崔融、盧藏用、徐彥伯等，文學之功，不讓蘇、李，止有守常之道，而無應變之機。規諫之深，崔比盧、徐，稍爲優矣。

贊曰：房、杜、姚、宋，俱立大功。咸以二族，謂爲美風。蘇、李文學，一代之雄。有慚輔弼，稱之豈同。凡人有言，未必有德。崔與盧、徐，皆攻翰墨。文雖堪尚，義無可則。備位守常，斯言罔忒。

校勘記

〔一〕得失之兆　「兆」字各本原無，據英華卷七四五補。

〔二〕右階銘其背　「右」字各本原作「左」，據英華卷七四五改。

舊唐書卷九十五

列傳第四十五

睿宗諸子

讓皇帝憲　惠莊太子撝　惠文太子範　惠宣太子業　隋王隆悌

睿宗六子：昭成順聖皇后竇氏生玄宗，肅明順聖皇后劉氏生讓皇帝，宮人柳氏生惠莊太子，崔孺人生惠文太子，王德妃生惠宣太子，後宮生隋王隆悌。

讓皇帝憲，本名成器，睿宗長子也。初封永平郡王。文明元年，立爲皇太子，時年六歲。及睿宗降爲皇嗣，則天册授成器爲皇孫，與諸弟同日出閤，開府置官屬。長壽二年，改封壽春郡王，仍卻入閤。長安中，累轉左贊善大夫，加銀青光祿大夫。中宗即位，改封蔡王，遷宗正員外卿，加賜實封四百戶，通舊爲七百戶。成器固辭不敢當大國，依舊爲壽春郡王。

唐隆元年，進封宋王。其月，睿宗踐祚，拜左衞大將軍。時將建儲貳，以成器嫡長，而玄宗有討平韋氏之功，意久不定。成器辭曰：「儲副者，天下之公器，時平則先嫡長，國難則歸有功。若失其宜，海內失望，非社稷之福。臣今敢以死請。」累日涕泣固讓，言甚切至。時諸王、公卿亦言平王有社稷大功，合居儲位。睿宗嘉成器之意，乃許之。玄宗又以成器嫡長，再抗表固讓，睿宗不許。乃下制曰：「左衞大將軍、宋王成器，朕之元子，當踐副君。以隆基有社稷大功，人神僉屬，由是朕前懇讓，言在必行。天下至公，誠不可奪。爰符立季之典，庶協從人之願。成器可雍州牧、揚州大都督、太子太師，別加實封二千戶。賜物五千段、細馬二十四、奴婢十房、甲第一區、良田三十頃。」其年十一月，拜尚書左僕射，尋遷司徒，其太師、都督並如故。明年，表讓司徒，拜太子賓客，兼揚州大都督如故。

時太平公主陰有異圖，姚元之、宋璟等請出成器及申王成義爲刺史，以絕謀者之心，由是成器以司徒兼蒲州刺史。玄宗嘗製一大被長枕，將與成器等共申友悌之好，睿宗知而大悅，累加賞歎。

先天元年八月，進封司空。及玄宗討平蕭至忠、岑義等，成器又進位太尉，依舊兼揚州大都督，加實封一千戶。月餘，加授開府儀同三司，其太尉、揚州大都督並停。開元初，歷岐州刺史，開府如故。四年，避昭成皇后尊號，改名憲，封爲寧王，實封累至五千五百戶。又歷澤、涇等州刺史。

初，玄宗兄弟聖曆初出閤，列第於東都積善坊，五人分院同居，號「五王宅」。大足元年，從幸西京，賜宅於興慶坊，亦號「五王宅」。及先天之後，興慶是龍潛舊邸，因以爲宮。憲於勝業東南角賜宅，申王撝、岐王範於安興坊東南賜宅，薛王業於勝業西北角賜宅，邸第相望，環於宮側。玄宗於興慶宮西南置樓，西面題曰花萼相輝之樓，南面題曰勤政務本之樓。玄宗時登樓，聞諸王音樂之聲，咸召登樓同榻宴謔，或便幸其第，賜金分帛，厚其歡賞。諸王每日於側門朝見，歸宅之後，即奏樂縱飲，擊毬鬬雞，或近郊從禽，或別墅追賞，不絕於歲月矣。遊踐之所，中使相望，以爲天子友悌，近古無比，故人無間然。

玄宗既篤於昆季，雖有讒言交搆其間，而友愛如初。憲尤恭謹畏愼，未曾干議時政及與人交結，玄宗尤加信重之。嘗與憲及岐王範等書曰：「昔魏文帝詩云：『西山一何高，高處殊無極。上有兩仙童，不飲亦不食。賜我一丸藥，光耀有五色。服藥四五日，身輕生羽翼。』朕每思服藥而求羽翼，何如骨肉兄弟天生之羽翼乎！陳思有超代之才，堪佐經綸之務，絕其朝謁，卒令憂死。魏祚未終，遭司馬宣王之奪，豈神丸之效也！虞舜至聖，捨象傲之慾以親九族，九族旣睦，平章百姓。此爲帝王之軌則，于今數千歲，天下歸善焉，朕未嘗不廢寢忘食欽歎者也。頃因餘暇，妙選仙經，得此神方，古老云『服之必驗』。今分此藥，願與兄弟等同保長齡，永無限極。」

憲，開元九年兼太常卿。十四年，停太常卿，依舊爲開府儀同三司。二十一年，復拜太尉。二十八年冬，憲寢疾，上令中使送醫藥及珍膳，相望於路。僧崇一療憲稍瘳，上大悅，特賜緋袍魚袋，以賞異崇一。時申王等皆先薨，唯憲獨在，上尤加恩貸。每年至憲生日，必幸其宅，移時宴樂。居常無日不賜酒酪及異饌等，尚食總監及四方有所進獻，食之稍甘，即皆分以賜之。憲嘗奏請年終錄付史館，每年至數百紙。

二十九年冬，京城寒甚，凝霜封樹，時學者以爲春秋「雨木冰」卽此是，亦名樹介，言其象介冑也。憲見而歎曰：「此俗謂樹稼者也。諺曰：『樹稼，達官怕。』必有大臣當之，吾其死矣。」十一月薨，時年六十三。上聞之，號叫失聲，左右皆掩涕。翌日，下制曰：

能以位讓，爲吳太伯，存則用成其節，歿則當表其賢，非常之稱，旌德斯在。故太尉、寧王憲，誕含粹靈，允膺大雅。孝悌之至，本乎中誠；仁和之深，非因外獎。率由禮度，雅尚文儒。謙以自牧，樂以爲善。比兩獻而有光，與二南而合德。自出臨方鎭，入配台階，逾勵忠勤，益聞周愼。實謂永爲藩屛，以輔邦家。曾不憖遺，奄焉殂沒，友于之痛，震慟良深。惟王，朕之元昆，合昇上嗣，以朕奉先朝之睿略，定宗社之阽危，推而不居，請予主鬯，又承慈旨，焉敢固違。不然者，則宸極之尊，豈歸於薄德。茂行若此，易名是憑，自非大號，孰副休烈。按謚法推功尙善曰「讓」，德性寬柔曰「讓」，敬追謚曰讓皇帝，宜令所司擇日備禮册命。

憲長子汝陽郡王璡又上表懇辭，盛陳先意，謙退不敢當帝號，手制不許。及册斂之日，內出御衣一副，仍令右監門大將軍高力士賫手書置于靈座之前，其書曰：

隆基白：一代兄弟，一朝存歿，家人之禮，是用申情，興言感思，悲涕交集。大哥孝友，近古莫儔，嘗號五王，同開邸第。遠自童幼，洎乎長成，出則同遊，學則同業，事均形影，無不相隨。頃以國步艱危，義資克定，先帝御極，日月照臨。大哥嫡長，合當儲貳，以功見讓，爰在薄躬。既嗣守紫宸，萬機事總，聽朝之暇，得展于懷。十數年間，棣華凋落，謂之手足，唯有大哥。今復淪亡，眇然無對，以茲感慕，何恨如之。然以厥初生人，孰不殂謝？所貴光昭德行，以示崇高，立德立名，斯爲不朽。大哥事跡，身歿讓存，故册曰讓皇帝，神之昭格，當茲寵榮。況庭訓傳家，璡等申讓，善述先志，實有遺風，成其美也。恭惟緒言，怳焉如在，寄之翰墨，悲不自勝。

又制追贈憲妃元氏爲恭皇后，祔葬于橋陵之側。及將葬，上遣中使敕璡等務令儉約，送終之物，皆令衆見。所司請依諸陵舊例，壙內置千味食，監護使、左僕射裴耀卿奏曰：「尚食所料水陸等味一千餘種，每色瓶盛，安於藏內，皆是非時瓜菓及馬牛驢犢麞鹿等肉，並諸藥酒三十餘色。儀注禮料，皆無所憑。臣據禮司所料，奠祭相次，事無不備，典制分明。天恩每申讓帝之志，務令儉約，禮外加數，竊恐不安。又非時之物，馬犢驢等並野味魚雁鵝鴨之屬，所用銖兩，動皆宰殺，盛夏胎養，聖情所禁。又須造作什物，動逾千計，求徵市井，實謂煩勞。千味不供，禮無所闕。伏望依禮減省，以取折衷。」制從之。及發引，時屬大雨，上令慶王潭已下泥中步送十數里〔一〕，制號其墓爲惠陵。

憲凡十子：璡、嗣莊、琳、璹、珣、瑀、玢、珽、琯、璀等十人，歷官封襲。

璡封汝陽郡王，歷太僕卿，與賀知章、褚庭誨爲詩酒之交。天寶初，終父喪，加特進。九載卒，贈太子太師。

嗣莊封濟陰郡王，早卒。

琳封嗣寧王，歷秘書員外監。從玄宗幸蜀郡，至德二載卒。

璹，封嗣申王。

珣，封同安郡王。珣修身淳謹，不自矜貴，閨門之內，常默如也。開元二十五年薨，玄宗甚悼之，輟朝三日。制曰：「猶子之恩，特深於情禮；睦親之義，必備於哀榮。同安郡王珣稟氣淳和，執心忠順，邦國垣翰，宗枝羽儀。磐石疏封，將期永固；逝川不捨，俄歎促齡。悼往之懷，因心所切，宜增寵命，用飾幽泉。可贈太子少保。葬事官給，陪葬橋陵。」

瑀，封漢中王，歷都水使者、恆王府司馬、衞尉員外卿。瑀早有才望，偉儀表。初爲隴西郡公。天寶十五載，從玄宗幸蜀，至漢中，因封漢中王，仍加銀青光祿大夫、漢中郡太守。乾元二年，以特進試太常卿，送寧國公主至迴紇，充册立使。

玢，蒼梧郡開國公，歷銀青光祿大夫、祕書監員外置同正員。卒，贈江陵大都督。

琎，封晉昌郡開國公。瑄，魏郡開國公。璀，文安郡開國公。天寶十一載，琎、瑄、璀並食邑三千戶。

惠莊太子撝，睿宗第二子也。本名成義。母柳氏，掖庭宮人。撝之初生，則天嘗以示僧萬迴。萬迴曰：「此兒是西域大樹之精，養之宜兄弟。」則天甚悅，始令列於兄弟之次。垂拱三年，封恆王。尋卻入閤，改封衡陽郡王，累授尚衣奉御。神龍元年，加賜實封二百戶，通前五百戶，遷司農少卿，加銀青光祿大夫。睿宗踐祚，進封申王，遷右衞大將軍。景雲元年七月，遷殿中監，兼檢校右衞大將軍。二年，轉光祿卿、右金吾衞大將軍。先天元年七月，加實封一千戶。八月，行司徒，兼益州大都督。開元二年，帶司徒兼幽州刺史。俄避昭成太后之稱，改名撝。歷鄧、虢、絳三州刺史。八年，因入朝，停刺史，依舊爲司徒。性弘裕，儀形瓌偉，善於飲啖。十二年，病薨，册贈惠莊太子，陪葬橋陵。無子。初養讓帝子珣，封同安郡王，先卒。天寶三載，又以讓帝子璹爲嗣申王，授鴻臚員外卿。

惠文太子範，睿宗第四子也。本名隆範，後避玄宗連名，改單稱範。初封鄭王，尋改封衞王。長壽二年，隨例卻入閤，徙封巴陵郡王，累授尚食奉御。神龍元年，遷太府員外少卿，加賜實封二百戶，通前五百戶。景龍年，兼隴州別駕，加銀青光祿大夫。睿宗踐祚，進封岐王，又加實封五百戶，拜太常卿，兼左羽林大將軍。先天二年，從上討竇懷貞、蕭至忠等，以功加賜實封滿五千戶，下制褒美。開元初，拜太子少師，帶本官，歷絳、鄭、岐三州刺史。八年，遷太子太傅。

範好學工書，雅愛文章之士，士無貴賤，皆盡禮接待，與閻朝隱、劉庭琦、張諤、鄭繇篇題唱和，又多聚書畫古跡，爲時所稱。時上禁約王公，不令與外人交結。駙馬都尉裴虛己坐與範遊讌，兼私挾讖緯之書，配徙嶺外。萬年尉劉庭琦、太祝張諤皆坐與範飲酒賦詩，黜庭琦爲雅州司戶，諤爲山茌丞。然上未嘗間範，恩情如初，謂左右曰：「我兄弟友愛天至，必無異意，祇是趨競之輩，強相託附耳。我終不以纖芥之故責及兄弟也。」時王毛仲等本起徽陵，皆崇貴傾於朝廷，諸王每相見，假立引待，獨範見之色莊。十四年，病薨。上哭之甚慟，輟朝三日，爲之追福，手寫老子經，徹膳累旬，百僚上表勸喻，然後復常。開元十四年，命工部尙書、攝太尉盧從愿册贈王爲惠文太子，陪葬橋陵。

一子瑾，封河東郡王，官至太僕卿。冒于酒色，竟暴卒，贈太子少師。

天寶三載，又以惠宣太子男略陽公珍爲嗣岐王、銀青光祿大夫、宗正員外卿。上元二年，珍與朱融善。珍儀表偉如，頗類玄宗，融乃誘崔昌、趙非熊等幷中官六軍人同謀逆。融謂金吾將軍邢濟曰：「今城中草草，關外近更憑凌，若何？」濟曰：「我金吾，天子押衙，死生隨之，安能自脫？」融曰：「有一人，足下見之自當知，縱不出城亦無慮。」乃引以見珍。濟奏之，乃令御史中丞敬羽訊之。珍賜死。其同謀右武衞將軍竇如玢、試都水使者崔昌、右羽林軍大將軍劉從諫、蔚州長塞鎭將朱融〔三〕、右衞將軍胡列、直司天臺通玄院高抱素、右司禦率府率魏兆、內侍省內謁者監王道成等九人，特宜斬決。試太子洗馬兼知司天臺冬官正事趙非熊、陳王府長史陳閎、楚州司馬張昂、右武衞兵曹焦自榮、前鳳翔府郿縣主簿李屺、國子監廣文進士張奐等六人，特宜決殺。駙馬都尉薛履謙預逆謀，宜賜自盡。乃以濟兼桂州都督、侍御史，充桂管防禦都使。左散騎常侍張鎬坐與交通，貶辰州司戶。

鄭繇者，鄭州滎陽人，北齊吏部尙書述五代孫也。工五言詩。開元初，範爲岐州刺史，繇爲長史，範失白鷹，繇爲失白鷹詩，當時以爲絕唱。後爲湖州刺史。子審亦善詩詠，乾元中任袁州刺史。

惠宣太子業，睿宗第五子也。本名隆業，後單名業。垂拱三年，封趙王，開府置官屬。長壽二年，隨例卻入閤，改封中山郡王，累授都水使者，尋又改封彭城郡王。神龍元年，加賜實封二百戶，通前五百戶。景龍二年，兼陳州別駕。銀青光祿大夫、太僕少卿，別駕如故。睿宗即位，進封薛王，加封滿一千戶，拜祕書監，兼右羽林大將軍。俄轉宗正卿。睿宗以業好學而授祕書監。及玄宗誅蕭至忠、岑羲等，業以翊從之功，加實封通舊爲五千戶。開元初，歷太子少保、同涇豳衞虢等州刺史。八年，遷太子太保。

初，業母早終，從母賢妃親鞠養之，至是，迎賢妃出就外宅，事之甚謹。業同母妹淮陽、涼國二公主亦早卒，業撫愛其子，逾於己子。上以業孝友，特加親愛。業嘗疾病，上親爲祈禱，及愈，車駕幸其第，置酒讌樂，更爲初生之歡。玄宗賦詩曰：「昔見漳濱臥，言將人事違。今逢誕慶日，猶謂學仙歸。棠棣花重滿，鴒原鳥再飛。」其恩意如此。

十三年，上嘗不豫，業妃弟內直郎韋賓與殿中監皇甫恂私議休咎。事發，玄宗令杖殺韋賓，左遷皇甫恂爲錦州刺史。妃惶懼，降服待罪，業亦不敢入謁。上遽令召之，業至階下，逡巡請罪。上降階就執其手曰：「吾若有心猜阻兄弟者，天地神明，所共咎罪。」乃歡讌久之。仍慰諭妃，令復其位。二十一年，業進拜司徒。二十二年正月，薨，册贈惠宣太子，陪葬橋陵。有子十一人。

瑗樂安郡王，瑒宗正卿、滎陽郡王，琄封嗣薛王，珍嗣岐王。琄爲金紫光祿大夫、鴻臚卿同正員。天寶五載，坐舅刑部尚書韋堅爲右相李林甫所構，貶夷陵郡别駕長任。母隨琄，竟以憂死。七載，琄於夜郎安置，後移南浦郡。十四載，安祿山反，赴于西京。

隋王隆悌，睿宗第六子也。初封汝南郡王。長安初，拜尚乘直長。早薨。睿宗踐極，追封隋王，贈荆州大都督。無子。

史臣曰：夫得天下而治者，其道舒而有變；讓天下而退者，其道卷而常存。何者？飛龍在天，舒也；亢龍有悔，變也。讓皇帝守無咎於或躍，利終吉於勞謙，其用有光，其聞莫朽。惠莊、惠文、惠宣、隋王等，或守常而獲免，終保皇枝；或過望而包羞，竟塵青史。略陽公信魁偉之狀，起圖謀之心，福善禍淫，宜哉不令。

贊曰：謙而受益，讓以成賢。唐屬之美，憲得其先。長不居震，剛不乘乾。讓之大者，胡可比焉。撝、範已降，同氣連枝。性習何遠，非革卽睽。有善有惡，禍福不欺。

校勘記

〔一〕慶王潭　「潭」字各本原作「潭」，據本書卷一〇七靖德太子琮傳、新書卷八二奉天皇帝琮傳改。

〔二〕長塞鎭將　「塞」字各本原無，據通鑑卷二一二補。

舊唐書卷九十六

列傳第四十六

姚崇　宋璟

姚崇，本名元崇，陝州硤石人也。父善意，貞觀中，任嶲州都督。元崇爲孝敬挽郎，應下筆成章舉，授濮州司倉，五遷夏官郎中。時契丹寇陷河北數州，兵機塡委，元崇剖析若流，皆有條貫。則天甚奇之，超遷夏官侍郎，又尋同鳳閣鸞臺平章事。

聖曆初，則天謂侍臣曰：「往者周興、來俊臣等推勘詔獄，朝臣遞相牽引，咸承反逆，國家有法，朕豈能違。中間疑有枉濫，更使近臣就獄親問，皆得手狀，承引不虛，朕不以爲疑，即可其奏。近日周興、來俊臣死後，更無聞有反逆者，然則以前就戮者，不有冤濫耶？」元崇對曰：「自垂拱已後，被告身死破家者，皆是枉酷自誣而死。告者特以爲功，天下號爲羅織，甚於漢之黨錮。陛下令近臣就獄問者，近臣亦不自保，何敢輒有動搖？被問者若翻，又懼遭其毒手，將軍張虔勗、李安靜等皆是也。賴上天降靈，聖情發寤，誅鋤兇豎，朝廷乂安。今日已後，臣以微軀及一門百口保見在內外官更無反逆者。乞陛下得告狀，但收掌，不須推問。若後有徵驗，反逆有實，臣請受知而不告之罪。」則天大悅曰：「以前宰相皆順成其事，陷朕爲淫刑之主。聞卿所說，甚合朕心。」其日，遣中使送銀千兩以賜元崇。

時突厥叱利元崇構逆，則天不欲元崇與之同名，乃改爲元之。俄遷鳳閣侍郎，依舊知政事。

長安四年，元之以母老，表請解職侍養，言甚哀切，則天難違其意，拜相王府長史，罷知政事，俾獲其養。其月，又令元之兼知夏官尚書事、同鳳閣鸞臺三品。元之上言：「臣事相王，知兵馬不便。臣非惜死，恐不益相王。」則天深然其言，改爲春官尚書。是時，張易之請移京城大德僧十人配定州私置寺，僧等苦訴，元之斷停，易之屢以爲言，元之終不納。由是爲易之所譖，改爲司僕卿，知政事如故，使充靈武道大總管。

神龍元年，張柬之、桓彥範等謀誅易之兄弟，適會元之自軍還都，遂預謀，以功封梁縣侯，賜實封二百戶。則天移居上陽宮，中宗率百官就閤起居，王公已下皆欣躍稱慶，元之獨嗚咽流涕。彥範、柬之謂元之曰：「今日豈是啼泣時！恐公禍從此始。」元之曰：「事則天歲久，乍此辭違，情發於衷，非忍所得。昨預公誅兇逆者，是臣子之常道，豈敢言功；

今辭違舊主悲泣者，亦臣子之終節，緣此獲罪，實所甘心。」無幾，出爲亳州刺史，轉常州刺史。

睿宗即位，召拜兵部尚書、同中書門下三品，尋遷中書令。時玄宗在東宮，太平公主干預朝政，宋王成器爲閑廏使，岐王範、薛王業皆掌禁兵，外議以爲不便。元之同侍中宋璟密奏請令公主往就東都，出成器等諸王爲刺史，以息人心。睿宗以告公主，公主大怒。玄宗乃上疏以元之、璟等離間兄弟，請加罪，乃貶元之爲申州刺史。再轉揚州長史、淮南按察使，爲政簡肅，人吏立碑紀德。俄除同州刺史。先天二年，玄宗講武在新豐驛，召元之代郭元振爲兵部尚書、同中書門下三品，復遷紫微令。避開元尊號，又改名崇，進封梁國公。固辭實封，乃停其舊封，特賜新封一百戶。

先是，中宗時，公主外戚皆奏請度人爲僧尼，亦有出私財造寺者，富戶強丁，皆經營避役，遠近充滿。至是，崇奏曰：「佛不在外，求之於心。佛圖澄最賢，無益於全趙；羅什多藝，不救於亡秦。何充、苻融，皆遭敗滅；齊襄、梁武，未免災殃。但發心慈悲，行事利益，使蒼生安樂，即是佛身。何用妄度姦人，令壞正法？」上納其言，令有司隱括僧徒，以僞濫還俗者萬二千餘人。

開元四年，山東蝗蟲大起，崇奏曰：「毛詩云：『秉彼蟊賊，以付炎火。』又漢光武詔曰：

『勉順時政，勸督農桑，去彼螟蜮，以及蟊賊。』此並除蝗之義也。蟲既解畏人，易爲驅逐。又苗稼皆有地主，救護必不辭勞。蝗既解飛，夜必赴火，夜中設火，火邊掘坑，且焚且瘞，除之可盡。時山東百姓皆燒香禮拜，設祭祈恩，眼看食苗，手不敢近。自古有討除不得者，祇是人不用命，但使齊心戮力，必是可除。」乃遣御史分道殺蝗。汴州刺史倪若水執奏曰：「蝗是天災，自宜修德。劉聰時除既不得，爲害更深。」仍拒御史，不肯應命。崇大怒，牒報若水曰：「劉聰僞主，德不勝妖；今日聖朝，妖不勝德。古之良守，蝗蟲避境，若其修德可免，彼豈無德致然！今坐看食苗，何忍不救，因以饑饉，將何自安？幸勿遲迴，自招悔吝。」若水乃行焚瘞之法，獲蝗一十四萬石，投汴渠流下者不可勝紀。

時朝廷喧議，皆以驅蝗爲不便，上聞之，復以問崇。崇曰：「庸儒執文，不識通變。凡事有違經而合道者，亦有反道而適權者。昔魏時山東有蝗傷稼，緣小忍不除，致使苗稼總盡，人至相食；後秦時有蝗，禾稼及草木俱盡，牛馬至相噉毛。今山東蝗蟲所在流滿，仍極繁息，實所稀聞。河北、河南，無多貯積，倘不收穫，豈免流離，事繫安危，不可膠柱。縱使除之不盡，猶勝養以成災。陛下好生惡殺，此事請不煩出敕，乞容臣出牒處分。若除不得，臣在身官爵，並請削除。」上許之。

黃門監盧懷慎謂崇曰：「蝗是天災，豈可制以人事？外議咸以爲非。又殺蟲太多，有傷和氣。今猶可復，請公思之。」崇曰：「楚王吞蛭，厥疾用瘳；叔敖殺蛇，其福乃降。趙宣至賢也，恨用其犬；孔丘將聖也，不愛其羊。皆志在安人，思不失禮。今蝗蟲極盛，驅除可得，若其縱食，所在皆空。山東百姓，豈宜餓殺！此事崇已面經奏定訖，請公勿復爲言。若救人殺蟲，因緣致禍，崇請獨受，義不仰關。」懷慎既庶事曲從，竟亦不敢逆崇之意，蝗因此亦漸止息。

是時，上初即位，務修德政，軍國庶務，多訪於崇，同時宰相盧懷慎、源乾曜等，但唯諾而已。崇獨當重任，明於吏道，斷割不滯。然縱其子光祿少卿彝、宗正少卿异廣引賓客，受納饋遺，由是爲時所譏。時有中書主書趙誨爲崇所親信，受蕃人珍遺，事發，上親加鞫問，下獄處死。崇結奏其罪，復營救之，上由是不悅。其冬，曲赦京城，敕文特標誨名，令決杖一百，配流嶺南。崇自是憂懼，頻面陳避相位，薦宋璟自代。俄授開府儀同三司，罷知政事。

居月餘，玄宗將幸東都，而太廟屋壞，上召宋璟、蘇頲問其故，璟等奏言：「陛下三年之制未畢，誠不可行幸。凡災變之發，皆所以明教誡。陛下宜增崇大道，以答天意，且停幸東都。」上又召崇問曰：「朕臨發京邑，太廟無故崩壞，恐神靈誡以東行不便耶？」崇對曰：「太廟殿本是苻堅時所造，隋文帝創立新都，移宇文朝故殿造此廟，國家又因隋氏舊制，歲月滋深，朽蠹而毁。山有朽壞，尚不免崩，既久來枯木，合將摧折，偶與行期相會，不是緣行乃崩。且四海爲家，兩京相接，陛下以關中不甚豐熟，轉運又有勞費，所以爲人行幸，豈是無事煩勞？東都百司已作供擬，不可失信於天下。以臣愚見，舊廟既朽爛，不堪修理，望移神主於太極殿安置，更改造新廟，以申誠敬。車駕依前徑發。」上曰：「卿言正合朕意。」賜絹二百匹，令所司奉七廟神主於太極殿，改新廟，車駕乃幸東都。因令崇五日一參，仍入閤供奉，甚承恩遇。後又除太子少保，以疾不拜。九年薨，年七十二，贈揚州大都督，謚曰文獻。

崇先分其田園，令諸子姪各守其分，仍爲遺令以誡子孫，其略曰：

古人云：富貴者，人之怨也。貴則神忌其滿，人惡其上；富則鬼瞰其室，虜利其財。自開闢已來，書籍所載，德薄任重而能壽考無咎者，未之有也。故范蠡、疏廣之輩，知止足之分，前史多之。況吾才不逮古人，而久竊榮寵，位逾高而益懼，恩彌厚而增憂。往在中書，遘疾虛憊，雖終匪懈，而諸務多闕。薦賢自代，屢有誠祈，人欲天從，竟蒙哀允。優游園沼，放浪形骸，人生一代，斯亦足矣。田巴云：「百年之期，未有能至。」王逸少云：「俛仰之間，已爲陳迹。」誠哉此言。

比見諸達官身亡以後，子孫既失覆蔭，多至貧寒，斗尺之間，參商是競。豈唯自玷，仍更辱先，無論曲直，俱受嗤毀。莊田水磑，既衆有之，遞相推倚，或致荒廢。陸賈、石苞，皆古之賢達也，所以預爲定分，將以絕其後爭，吾靜思之，深所歎服。

昔孔丘亞聖，母墓毀而不修；梁鴻至賢，父亡席卷而葬。昔楊震、趙咨、盧植、張奐，皆當代英達，通識今古，咸有遺言，屬以薄葬。或濯衣時服，或單帛幅巾，知真魂去身，貴於速朽，子孫皆遵成命，迄今以爲美談。凡厚葬之家，例非明哲，或溺於流俗，不察幽明，咸以奢厚爲忠孝，以儉薄爲慳惜，至令亡者致戮屍暴骸之酷，存者陷不忠不孝之誚。可爲痛哉，可爲痛哉！死者無知，自同糞土，何煩厚葬，使傷素業。若也有知，神不在柩，復何用違君父之令，破衣食之資。吾身亡後，可殮以常服，四時之衣，各一副而已。吾性甚不愛冠衣，必不得將入棺墓，紫衣玉帶，足便於身，念爾等勿復違之。且神道惡奢，冥塗尚質，若違吾處分，使吾受戮於地下，於汝心安乎？念而思之。

今之佛經，羅什所譯，姚興執本，與什對翻。姚興造浮屠於永貴里，傾竭府庫，廣事莊嚴，而興命不得延，國亦隨滅。又齊跨山東，周據關右，周則多除佛法而修繕兵威，齊則廣置僧徒而依憑佛力。及至交戰，齊氏滅亡，國既不存，寺復何有？修福之報，何其蔑如！梁武帝以萬乘爲奴，胡太后以六宮入道，豈特身戮名辱，皆以亡國破家。近日孝和皇帝發使贖生，傾國造寺，太平公主、武三思、悖逆庶人、張夫人等皆度人造寺，竟術彌街，咸不免受戮破家，爲天下所笑。經云：「求長命得長命，求富貴得富貴」，「刀尋段段壞，火坑變成池」。比來緣精進得富貴長命者爲誰？生前易知，尙覺無應，身後難究，誰見有徵。且五帝之時，父不葬子，兄不哭弟，言其致仁壽、無夭橫也。三王之代，國祚延長，人用休息，其人臣則彭祖、老聃之類，皆享遐齡。當此之時，未有佛教，豈抄經鑄像之力，設齋施物之功耶？宋書西域傳，有名僧爲白黑論，理證明白，足解沈疑，宜觀而行之。

且佛者覺也，在乎方寸，假有萬像之廣，不出五蘊之中，但平等慈悲，行善不行惡，則佛道備矣。何必溺於小說，惑於凡僧，仍將喻品，用爲實錄，抄經寫像，破業傾家，乃至施身亦無所吝，可謂大惑也。亦有緣亡人造像，名爲追福，方便之教，雖則多端，功德須自發心，旁助寧應獲報？遞相欺誑，浸成風俗，損耗生人，無益亡者。假有通才達識，亦爲時俗所拘。如來普慈，意存利物，損衆生之不足，厚豪僧之有餘，必不然矣。且死者是常，古來不免，所造經像，何所施爲？

夫釋迦之本法，爲蒼生之大弊，汝等各宜警策，正法在心，勿效兒女子曹，終身不悟也。吾亡後必不得爲此弊法。若未能全依正道，須順俗情，從初七至終七，任設七僧齋。若隨齋須布施，宜以吾緣身衣物充，不得輒用餘財，爲無益之枉事，亦不得妄出私物，徇追福之虛談。

道士者，本以玄牝爲宗，初無趨競之教，而無識者慕僧家之有利，約佛教而爲業。敬尋老君之說，亦無過齋之文，抑同僧例，失之彌遠。汝等勿拘鄙俗，輒屈於家。汝等身沒之後，亦教子孫依吾此法云。

十七年，重贈崇太子太保。

崇長子彝，開元初光祿少卿。次子异，坊州刺史。少子弈，少而修謹，開元末，爲禮部侍郎、尚書右丞。天寶元年，右相牛仙客薨，彝男閎爲侍御史、仙客判官，見仙客疾亟，逼爲仙客表，請以弈及兵部侍郎盧奐爲宰相代己。其妻因中使奏之，玄宗聞而怒之，閎決死，弈出爲永陽太守，奐爲臨淄太守。玄孫合，登進士第，授武功尉，遷監察御史，位終給事中。

宋璟，邢州南和人，其先自廣平徙焉，後魏吏部尚書弁七代孫也。父玄撫，以璟貴，贈邢州刺史。璟少耿介有大節，博學，工於文翰。弱冠舉進士，累轉鳳閣舍人，當官正色，則天甚重之。長安中，倖臣張易之誣構御史大夫魏元忠有不順之言，引鳳閣舍人張說令證之。說將入於御前對覆，惶惑迫懼，璟謂曰：「名義至重，神道難欺，必不可黨邪陷正，以求苟免。若緣犯顏流貶，芬芳多矣。或至不測，吾必叩閤救子，將與子同死。努力，萬代瞻仰，在此舉也。」說感其言。及入，乃保明元忠，竟得免死。

璟尋遷左御史臺中丞。張易之與弟昌宗縱恣益橫，傾朝附之。昌宗私引相工李弘泰觀占吉凶，言涉不順，爲飛書所告。璟廷奏請窮究其狀，則天曰：「易之等已自奏聞，不可加罪。」璟曰：「易之等事露自陳，情在難恕，且謀反大逆，無容首免。請勒就御史臺勘當，以明國法。易之等久蒙驅使，分外承恩，臣必知言出禍從，然義激於心，雖死不恨。」則天不悅。內史楊再思恐忤旨，遽宣敕令璟出。璟曰：「天顏咫尺，親奉德音，不煩宰臣擅宣王命。」則天意稍解，乃收易之等就臺，將加鞫問。俄有特敕原之，仍令易之等詣璟辭謝，璟拒而不見，曰：「公事當公言之，若私見，則法無私也。」

璟嘗侍宴朝堂，時易之兄弟皆爲列卿，位三品，璟本階六品，在下座。易之素畏璟，妄悅其意，虛位揖璟曰：「公第一人，何乃下座？」璟曰：「才劣品卑，張卿以爲第一人，何也？」當時朝列，皆以二張內寵，不名官，呼易之爲五郎，昌宗爲六郎。天官侍郎鄭善果謂璟曰〔二〕：「中丞奈何呼五郎爲卿？」璟曰：「以官言之，正當爲卿；若以親故，當爲張五。足下非易之家奴，何郎之有？鄭善果一何懦哉！」其剛正皆此類也。自是易之等常欲因事傷之，則天察其情，竟以獲免。

神龍元年，遷吏部侍郎。中宗嘉璟正直，仍令兼諫議大夫、內供奉，仗下後言朝廷得失。尋拜黄門侍郎。時武三思恃寵執權，嘗請託於璟，璟正色謂之曰：「當今復子明辟，王宜以侯就第，何得尙干朝政？王獨不見產、祿之事乎？」俄有京兆人韋月將上書訟三思潛通宮掖，將爲禍患之漸，三思諷有司奏月將大逆不道，中宗特令誅之。璟執奏請按其罪狀，然後申明典憲，月將竟免極刑，配流嶺南而死。

中宗幸西京，令璟權檢校幷州長史，未行，又帶本官檢校貝州刺史。時河北頻遭水潦，百姓飢餒，三思封邑在貝州，專使徵其租賦，璟又拒而不與，由是爲三思所擠。又歷杭、相二州刺史，在官淸嚴，人吏莫有犯者。

中宗晏駕，拜洛州長史。睿宗踐祚，遷吏部尙書、同中書門下三品。玄宗在春宮，又兼右庶子，加銀青光祿大夫。先是，外戚及諸公主干預朝政，請託滋甚。崔湜、鄭愔相次典選，爲權門所制，九流失敍，預用兩年員闕注擬，不足，更置比冬選人，大爲士庶所歎。至是，璟與侍郎李乂、盧從愿等大革前弊，取捨平允，銓綜有敍。

時太平公主謀不利於玄宗，嘗於光範門內乘輦伺執政以諷之，衆皆失色。璟昌言曰：

「東宮有大功於天下，眞宗廟社稷之主，安得有異議！」乃與姚崇同奏請令公主就東都。玄宗懼，抗表請加罪於璟等，乃貶璟爲楚州刺史。無幾，歷魏兗冀三州刺史、河北按察使。遷幽州都督、兼御史大夫。尋拜國子祭酒，兼東都留守。歲餘，轉京兆尹，復拜御史大夫，坐事出爲睦州刺史，轉廣州都督，仍爲五府經略使。廣州舊俗，皆以竹茅爲屋，屢有火災。璟教人燒瓦，改造店肆，自是無復延燒之患，人皆懷惠，立頌以紀其政。

開元初，徵拜刑部尙書。四年，遷吏部尙書，兼黃門監。明年，官名改易，爲侍中，累封廣平郡公。其秋，駕幸東都，次永寧之崤谷，馳道隘狹，車騎停擁，河南尹李朝隱、知頓使王怡並失於部伍，上令黜其官爵。璟入奏曰：「陛下富有春秋，方事巡狩，一以墊隘，致罪二臣，竊恐將來人受艱弊。」於是遽令捨之。璟曰：「陛下責之，以臣言免之，是過歸於上而恩由於下。請且使待罪於朝，然後詔復其職，則進退得其度矣。」上深善之。

俄又令璟與中書侍郎蘇頲爲皇子制名及封邑，并公主等邑號。璟等奏曰：「王子將封，三十餘國，周之麟趾，漢之犬牙，彼何足云，於斯爲盛。竊以郯、郟王等傍有古邑字，臣等以類推擇，謹件三十國名。又王子先有名者，皆上有『嗣』字，又公主邑號，亦選擇三十美名，皆文不害意，言足定體。又令臣等別撰一佳名及一美邑號者。七子均養，百王至仁，今若同等別封，或緣母寵子愛，骨肉之際，人所難言，天地之中，典有常度。昔袁盎降愼夫人之席，文帝竟納之，愼夫人亦不以爲嫌，美其得久長之計。臣等故同進，更不別封，上彰覆載無偏之德。」上稱歎之。

七年，開府儀同三司王晈卒，及將築墳，晈子駙馬都尉守一請同昭成皇后父竇孝諶故事，其墳高五丈一尺。璟及蘇頲請一依禮式，上初從之。翌日，又令準孝諶舊例。璟等上言曰：

夫儉，德之恭；侈，惡之大。高墳乃昔賢所誡，厚葬實君子所非。古者墓而不墳，蓋此道也。凡人子於哀送之際，則不以禮制爲思。故周、孔設齊斬緦免之差，衣衾棺槨之度，賢者俯就，私懷不果。且蒼梧之野，驪山之徒，善惡分區，圖史所載。衆人皆務奢靡而獨能革之，斯所謂至孝要道也。中宮若以爲言，則此理固可敦諭。

在外或云竇太尉墳甚高，取則不遠者。縱令往日無極言，其事偶行，令出一時，故非常式。又貞觀中文德皇后嫁所生女長樂公主，奏請儀注加於長公主，魏徵諫云：「皇帝之姑姊爲長公主，皇帝之女爲公主，既有『長』字，合高於公主。若加於長公主，事甚不可。」引漢明故事云：「羣臣欲封皇子爲王，帝曰：『朕子豈敢與先帝子等。』」時太宗嘉納之，文德皇后奏降中使致謝於徵。此則乾坤輔佐之間，綽有餘裕。豈若韋庶人父追加王位，擅作酆陵，禍不旋踵，爲天下笑。則犯顏逆耳，阿意順旨，不可同日而言也。

況令之所載，預作紀綱，情既無窮，故爲之制度，不因人以搖動，不變法以愛憎。頃謂金科玉條，蓋以此也。比來蕃夷等輩及城市閭人，遞以奢靡相高，不將禮儀爲意。今以后父之寵，開府之榮，金穴玉衣之資，不憂少物；高墳大寢之役，不畏無人。百事皆出於官，一朝亦可以就。而臣等區區不已以聞，諒欲成朝廷之政，崇國母之德，化浹寰區，聲光竹素。倘中宮情不可奪，陛下不能苦違，卽準一品合陪陵葬者，墳高三丈已上，四丈已下，降敕將同陪陵之例，卽極是高下得宜。

上謂璟等曰：「朕每事常欲正身以成綱紀，至於妻子，情豈有私？然人所難言，亦在於此。卿等乃能再三堅執，成朕美事，足使萬代之後，光揚我史策。」乃遣使賚綵絹四百匹分賜之。

先是，朝集使每至春將還，多有改轉，率以爲常，璟奏請一切勒還，絕其僥求之路。又禁斷惡錢，發使分道檢括銷毀之，頗招士庶所怨。俄授璟開府儀同三司，罷知政事。明年，京兆人權梁山構逆伏誅，制河南尹王怡馳傳往長安窮其枝黨。怡禁繫極衆，久之未能決斷，乃詔璟兼京兆留守，并按覆其獄。璟至，惟罪元謀數人，其餘緣梁山詐稱婚禮因假借得罪及脅從者，盡奏原之。十二年，駕又東巡，璟復爲留守。上臨發，謂璟曰：「卿國之元老，爲股肱耳目。今將巡洛邑，爲別歷時，所有嘉謨嘉猷，宜相告也。」璟因極言得失，特賜綵絹等，仍手制曰：「所進之言，書之座右，出入觀省，以誡終身。」其見重如此。俄又兼吏部尚書。

十七年，遷尚書右丞相，與張說、源乾曜同日拜官。敕太官設饌，太常奏樂，於尚書都省大會百僚。玄宗賦詩褒述，自寫與之。二十年，以年老上表曰：

臣聞力不足者，老則更衰；心無主者，疾而尤廢。臣昔聞其語，今驗諸身，況且兼之，何能爲也。臣自拔跡幽介，欽屬盛明，才不逮人，藝非經國。復以久承驅策，歷參試用，命偶時來，榮因歲積。遂使再升台座，三入冢司，進階開府，增封本郡。所更中外，已紊彝章，逮居端揆，左叨名職。何者？丞相官師之長，任重昔時；愚臣衰朽之餘，用慚他日。位則愈盛，人則寖微，盡知其然，何居而可？頃僶俛從政，蒼黃不言，實懷覆載之德，冀竭涓塵之効。今積羸成憊，沈錮莫瘳，耳目更昏，手足多廢。顧惟殞越，寧遂宿心？安可以苟徇大名，仍尸重祿，且留章綬，不上闕庭。儀刑此乖，禮法何設？伏惟陛下審能以授，爲官而擇，察臣之懇詞，矜臣之不逮，使罷歸私第，養疾衡門，上弭官謗，下知死所。則歸全之望，獲在愚臣；養老之恩，成於聖代。日暮途遠，天高聽卑，瞻望軒墀，伏深感戀。謹奉表陳乞以聞。

手敕許之，仍令全給祿俸。璟乃退歸東都私第，屏絕人事，以就醫藥。二十二年，駕幸東都，璟於路左迎謁，上遣榮王親勞問之，自是頻遣使送藥餌。二十五年薨，年七十五，贈太尉，謚曰文貞。

子昇，天寶初太僕少卿。次尙，漢東太守。次渾，與右相李林甫善，引爲諫議大夫、平原太守、御史中丞、東京採訪使。次恕，都官郎中、劍南採訪判官，依倚權勢，頗爲貪暴。渾在平原，重徵一年庸調。作東畿採訪使，又使河南尉楊朝宗影娶妻鄭氏。鄭氏卽薛稷外孫，姊爲宗婦，孀居有色，渾有妻，使朝宗聘而渾納之，奏朝宗爲赤尉。恕在劍南，有雒縣令崔珪，恕之表兄，妻美，恕誘而私之，而貶珪官。又養刺客李晏。至九載，並爲人所發，贓私各數萬貫。林甫奏稱璟子渾就東京臺推，恕就本使劍南推，皆有實狀，渾流嶺南高要郡，恕流海康郡。尙，其載又爲人訟其贓，貶臨海長史。其子華、衡，居官皆坐贓，相次流貶。其後渾會赦，量移至東陽郡下，請託過求，及役使人吏，求其資課，人不堪其弊，訟之，配流潯江郡〔三〕。然兄弟盡善飲謔，俳優雜戲，衡最粗險，廣平之風教，無復存矣。廣德後，渾除太子諭德，爲物議薄之，乃留寓於江嶺卒。

史臣曰：履艱危則易見良臣，處平定則難彰賢相。故房、杜預創業之功，不可儔匹。而姚、宋經武、韋二后，政亂刑淫，頗涉履於中，克全聲跡，抑無愧焉。

贊曰：姚、宋入用，刑政多端。爲政匪易，防刑益難。諫諍以猛，施張用寬。不有其道，將何以安？

校勘記

〔一〕鄭善果　通鑑卷二〇七作「鄭杲」。考異曰：「按善果乃是高祖時人，新、舊傳皆誤，當從御史臺記。」

〔二〕潯江郡　張森楷說：「案江字當作陽。地理志：江州改潯陽郡，無潯江郡也。」

舊唐書卷九十七

列傳第四十七

劉幽求　鍾紹京　郭元振　張說 子均 垍　陳希烈附

劉幽求，冀州武強人也。聖曆年，應制舉，拜閬中尉，刺史不禮焉，乃棄官而歸。久之，授朝邑尉。初，桓彥範、敬暉等雖誅張易之兄弟，竟不殺武三思。幽求謂桓、敬曰：「三思尚存，公輩終無葬地。若不早圖，恐噬臍無及。」桓、敬等不從其言，後果爲三思誣構，死於嶺外。

及韋庶人將行篡逆，幽求與玄宗潛謀誅之，乃與苑總監鍾紹京、長上果毅麻嗣宗及太平公主之子薛崇暕等夜從入禁中討平之。是夜所下制敕百餘道，皆出於幽求。以功擢拜中書舍人，令參知機務，賜爵中山縣男，食實封二百戶。翌日，又授其二子五品官，祖、父俱追贈刺史。

睿宗即位，加銀青光祿大夫，行尚書右丞，仍舊知政事，進封徐國公，加實封通前五百戶，賜物千段、奴婢二十人、宅一區、地十頃、馬四匹，加以金銀雜器。景雲二年，遷戶部尚書，罷知政事。月餘，轉吏部尚書，擢拜侍中，降璽書曰：「頃者，王室不造，中宗厭代，外戚專政，姦臣擅國，將傾社稷，幾遷龜鼎，朕躬與王公，皆將及於禍難。卿見危思奮，在變能通，翊贊儲君，協和義士，殄殲元惡，放殛凶徒。我國家之復存，繄茲是賴，厥庸甚茂，朕用嘉焉。故委卿以衡軸，胙卿以茅土，然征賦未廣，寵錫猶輕。昔西漢行封，更擇多戶；東京定賞，復增大邑。故加賜卿實封二百戶，兼舊七百戶。使夫高岸爲谷，長河如帶，子子孫孫，傳國無絕。又以卿忘軀徇難，宜有恩榮，故特免卿十死罪，並書諸金鐵，俾傳于後。卿其保茲功業，永作國楨，可不美歟！」

先天元年，拜尚書右僕射、同中書門下三品，監修國史。幽求初自謂功在朝臣之右，而志求左僕射，兼領中書令。俄而竇懷貞爲左僕射，崔湜爲中書令，幽求心甚不平，形於言色。湜又託附太平公主，將謀逆亂。幽求乃與右羽林將軍張暐請以羽林兵誅之，乃令暐密奏玄宗曰：「宰相中有崔湜、岑羲，俱是太平公主進用，見作方計，其事不輕。殿下若不早謀，必成大患。一朝事出意外，太上皇何以得安？古人云：『當斷不斷，反受其亂。』唯請急殺此賊。劉幽求已共臣作定謀計訖，願以身正此事，赴死如歸。臣既職典禁兵，若奉殿下命，當即除翦。」上深以爲然。暐又洩其謀於侍御史鄧光賓，玄宗大懼，遽列上其狀，睿宗下幽求等詔獄，令法官推鞫之。法官奏幽求等以疏間親，罪當死。玄宗屢救獲免，乃流幽求于封州，暐于峯州。

歲餘，太平公主等伏誅，其日下詔曰：「劉幽求風雲玄感，川嶽粹靈，學綜九流，文窮三變。義以臨事，精能貫日；忠以成謀，用若投水。茂勳立艱難之際，嘉話盈啓沃之初，存讜直以不顧，爲姦邪之所忌。釁萌頗露，譖端潛發，元宰見逐，讒人孔多。旣殄羣兇，方宣大化，期問政於經始，載登賢於夢卜。可依舊金紫光祿大夫，守尚書左僕射，知軍國事，監修國史，上柱國、徐國公，仍依舊還封七百戶，并賜錦衣一襲。」開元初，改尚書左右僕射爲左右丞相，乃授幽求尚書左丞相，兼黃門監。未幾，除太子少保，罷知政事。姚崇素嫉忌之，乃奏言幽求鬱怏於散職，兼有怨言，貶授睦州刺史，削其實封六百戶。歲餘，稍遷杭州刺史。三年，轉桂陽郡刺史，在道憤恚而卒，年六十一，贈禮部尚書，謚曰文獻，配享睿宗廟庭。建中三年，重贈司徒。

鍾紹京，虔州贛人也。初爲司農錄事，以工書直鳳閣，則天時明堂門額、九鼎之銘，及諸宮殿門榜，皆紹京所題。景龍中，爲苑總監。玄宗之誅韋氏，紹京夜中帥戶奴及丁夫以從。及事成，其夜拜紹京銀青光祿大夫、中書侍郎，參知機務。翌日，進拜中書令，加光祿大夫，封越國公，賜實封五百戶，賜物二千段、馬十匹。紹京既當朝用事，恣情賞罰，甚爲時人所惡。俄又抗疏讓官，睿宗納薛稷之言，乃轉爲戶部尙書，出爲蜀州刺史。

玄宗卽位，復召拜戶部尙書，遷太子詹事。時姚崇素惡紹京之爲人，因奏紹京發言怨望，左遷綿州刺史。及坐事，累貶琰川尉，盡削其階爵及實封。俄又歷遷溫州別駕。開元十五年，入朝，因垂泣奏曰：「陛下豈不記疇昔之事耶？何忍棄臣荒外，永不見闕庭。且當時立功之人，今並亡歿，唯臣衰老獨在，陛下豈不垂愍耶？」玄宗爲之憫然，卽日拜銀青光祿大夫、右諭德。久之，轉少詹事。年八十餘卒。紹京雅好書畫古跡，聚二王及褚遂良書至數十百卷。建中元年，重贈太子太傅。

郭元振，魏州貴鄉人。舉進士，授通泉尉。任俠使氣，不以細務介意，前後掠賣所部千餘人，以遺賓客，百姓苦之。則天聞其名，召見與語，甚奇之。時吐蕃請和，乃授元振右武衞鎧曹，充使聘於吐蕃。吐蕃大將論欽陵請去四鎭兵，分十姓之地，朝廷使元振因察其事宜。元振還，上疏曰：

臣聞利或生害，害亦生利。國家難消息者，唯吐蕃與默啜耳。今吐蕃請和，默啜受命，是將大利於中國也。若圖之不審，則害必隨之。今欽陵欲分裂十姓，去四鎭兵，此誠動靜之機，不可輕舉措也。今若直塞其善意，恐邊患之起，必甚於前。若以鎭不可拔，兵不可抽，則宜爲計以緩之，藉事以誘之，使彼和望未絕，則其惡意亦不得頓生。

且四鎭之患遠，甘、涼之患近，取捨之計，實宜深圖。今國之外患者，十姓、四鎭是也；內患者，甘、涼、瓜、肅是也。關、隴之人，久事屯戍，向三十年，力用竭矣。脫甘、涼有不虞，豈堪廣調發耶？夫善爲國者，當先料內以敵外，不貪外以害內，然後夷夏晏安，昇平可保。如欽陵云「四鎭諸部接界，懼漢侵竊，故有是請」，此則吐蕃所要者。然青海、吐渾密邇蘭、鄯，比爲漢患，實在茲輩，斯亦國家之要者。

今宜報欽陵云：「國家非吝四鎭，本置此以扼蕃國之要，分蕃國之力，使不得併兵東侵。今委之於蕃，力強易爲東擾。必實無東侵意，則還漢吐渾諸部及青海故地，即俟斤部落亦還吐蕃。」如此，則足塞欽陵之口，而事未全絕也。如欽陵小有乖，則曲在彼矣。又西邊諸國，款附歲久，論其情義，豈可與吐蕃同日而言。今未知其利害，未審其情實，遙有分裂，亦恐傷彼諸國之意，非制馭之長算也。

則天從之。

又上言曰：「臣揣吐蕃百姓倦徭戍久矣，咸願早和。其大將論欽陵欲分四鎮境，統兵專制，故不欲歸款。若國家每歲發和親使，而欽陵常不從命，則彼蕃之人怨欽陵日深，望國恩日甚，設欲廣舉醜徒，固亦難矣。斯亦離間之漸，必可使其上下俱懷猜阻。」則天甚然之。自是數年間，吐蕃君臣果相猜貳，因誅大將論欽陵。其弟贊婆及兄子莽布支並來降，則天仍令元振與河源軍大使夫蒙令卿率騎以接之。後吐蕃將麴莽布支率兵入寇，涼州都督唐休璟勒兵破之。元振參預其謀，以功拜主客郎中。

大足元年，遷涼州都督、隴右諸軍州大使。先是，涼州封界南北不過四百餘里，既逼突厥、吐蕃，二寇頻歲奄至城下，百姓苦之。元振始於南境硤口置和戎城，北界磧中置白亭軍，控其要路，乃拓州境一千五百里〔二〕，自是寇虜不復更至城下。元振又令甘州刺史李漢通開置屯田，盡其水陸之利。舊涼州粟麥斛至數千，及漢通收率之後，數年豐稔，乃至一匹絹糴數十斛，積軍糧支數十年。元振風神偉壯，而善於撫御，在涼州五年，夷夏畏慕，令行禁止，牛羊被野，路不拾遺。

神龍中，遷左驍衞將軍，兼檢校安西大都護。時西突厥首領烏質勒部落強盛，款塞通和，元振就其牙帳計會軍事。時天大雪，元振立於帳前，與烏質勒言議，須臾，雪深風凍，元振未嘗移足，烏質勒年老，不勝寒苦，會罷而死。其子娑葛以元振故殺其父，謀勒兵攻之。副使御史中丞解琬知其謀，勸元振夜遁，元振曰：「吾以誠信待人，何所疑懼，且深在寇庭，遁將安適？」乃安臥帳中。明日，親入虜帳，哭之甚哀，行弔贈之禮。娑葛乃感其義，復與元振通好，因遣使進馬五千匹及方物。制以元振爲金山道行軍大總管。

先是，娑葛與阿史那闕啜忠節不和，屢相侵掠，闕啜兵衆寡弱，漸不能支。元振奏請追闕啜入朝宿衞，移其部落入於瓜、沙等州安置，制從之。闕啜行至播仙城，與經略使、右威衞將軍周以悌相遇，以悌謂之曰：「國家以高班厚秩待君者，以君統攝部落，下有兵衆故也。今輕身入朝，是一老胡耳，在朝之人，誰復喜見？非唯官資難得，亦恐性命在人。今宰相有宗楚客、紀處訥，並專權用事，何不厚貺二公，請留不行。仍發安西兵并引吐蕃以擊娑葛，求阿史那獻爲可汗以招十姓，使郭虔瓘往拔汗那徵甲馬以助軍用。既得報讎，又得存其部落。如此，與入朝受制於人，豈復同也！」闕啜然其言，便勒兵攻陷于闐坎城，獲金寶及生口，遣人間道納賂於宗、紀。元振聞其謀，遽上疏曰：

往者吐蕃所爭，唯論十姓、四鎮，國家不能捨與，所以不得通和。今吐蕃不相侵擾者，不是顧國家和信不來，直是其國中諸豪及泥婆羅門等屬國自有攜貳。故贊普躬往南征，身殞寇庭，國中大亂，嫡庶競立，將相爭權，自相屠滅。兼以人畜疲癘，財力困窮，人事天時，俱未稱愜。所以屈志，且共漢和，非是本心能忘情於十姓、四鎭也。如國力殷足之後，則必爭小事，方便絕和，縱其醜徒，來相呑擾，此必然之計也。

今忠節乃不論國家大計，直欲爲吐蕃作鄉導主人，四鎭危機，恐從此啓。頃緣默啜憑陵，所應處兼四鎭兵士，歲久貧羸，其勢未能得爲忠節經略，非是憐突騎施也。忠節不體國家中外之意，而別求吐蕃，吐蕃得志，忠節則在其掌握，若爲復得事漢？往年吐蕃於國非有恩有力，猶欲爭十姓、四鎭；今若効力樹恩之後，或請分于闐、疏勒，不知欲以何理抑之？又其國中諸蠻及婆羅門等國見今攜背，忽請漢兵助其除討，亦不知欲以何詞拒之？是以古之賢人，皆不願夷狄妄惠，非是不欲其力，懼後求請無厭，益生中國之事。故臣愚以爲用吐蕃之力，實爲非便。

又請阿史那獻者，豈不以獻等並可汗子孫，來卽可以招脅十姓？但獻父元慶、叔僕羅、兄俀子并斛瑟羅及懷道，豈不俱是可汗子孫？往四鎭以他匐十姓不安，請册元慶爲可汗，竟不能招脅得十姓，却令元慶沒賊，四鎭盡淪。頃年，忠節請斛瑟羅及懷道俱爲可汗，亦不能招脅得十姓，却遣碎葉數年被圍，兵士飢餒。又，吐蕃頃年亦册俀子及僕羅并拔布相次爲可汗，亦不能招得十姓，皆自磨滅。何則？此等子孫非有惠下之才，恩義素絕，故人心不歸，來者既不能招攜，唯與四鎮却生瘡痏，則知册可汗子孫，亦未獲招脅十姓之算也。今料獻之恩義，又隔遠於其父兄，向來既未樹立得威恩，亦何由卽遣人心懸附。若自舉兵，力勢能取，則可招脅十姓，不必要須得可汗子孫也。

又，欲令郭虔瓘入拔汗那稅甲稅馬以充軍用者，但往年虔瓘已曾與忠節擅入拔汗那稅甲稅馬，臣在疏勒具訪，不聞得一甲入軍，拔汗那胡不勝侵擾，南勾吐蕃，卽將俀子重擾四鎮。又虔瓘往入之際，拔汗那四面無賊可勾，恣意侵呑，如獨行無人之境，猶引俀子爲蔽。今北有娑葛強寇，知虔瓘等西行，必請相救，胡人則內堅城壘，突厥則外伺邀遮。必知虔瓘等不能更如往年得恣其呑噬，內外受敵，自陷危道，徒與賊結隙，令四鎮不安。臣愚揣之，亦非爲計。

疏奏不省。

楚客等既受闕啜之賂，乃建議遣攝御史中丞馮嘉賓持節安撫闕啜，御史呂守素處置四鎮，持璽書便報元振。除牛師奬爲安西副都護，便領甘、涼已西兵募，兼徵吐蕃，以討娑葛。娑葛進馬使娑臘知楚客計，馳還報娑葛。娑葛是日發兵五千騎出安西，五千騎出撥換，五千騎出焉耆，五千騎出疏勒。時元振在疏勒，於河口栅不敢動。闕啜在計舒河口候見嘉賓，娑葛兵掩至，生擒闕啜，殺嘉賓等。呂守素至僻城，亦見害。又殺牛師奬於火燒城，乃陷安西，四鎮路絕。

楚客又奏請周以悌代元振統衆，徵元振，將陷之。使阿史那獻爲十姓可汗，置軍焉耆以取娑葛。娑葛遺元振書曰：「與漢本來無惡，只讎於闕啜。而宗尙書取闕啜金，枉擬破奴部落，馮中丞、牛都護相次而來，奴等豈坐受死！又聞史獻欲來，徒擾亂軍州，恐未有寧日，乞大使商量處置。」元振奏娑葛狀。楚客怒，奏言元振有異圖。元振使其子鴻間道奏其狀，以悌竟得罪，流于白州。復以元振代以悌，赦娑葛罪，册爲十四姓可汗〔三〕。元振奏稱西土未寧，事資安撫，逗遛不敢歸京師。

會楚客等被誅，睿宗即位，徵拜太僕卿，加銀青光祿大夫。景雲二年，同中書門下三品，代宋璟爲吏部尙書。無幾，轉兵部尙書，封館陶縣男。時元振父愛年老在鄉，就拜濟州刺史，仍聽致仕。其冬，與韋安石、張說等俱罷知政事。先天元年，爲朔方軍大總管，始築定遠城，以爲行軍計集之所，至今賴之。明年，復同中書門下三品。

及蕭至忠、竇懷貞等附太平公主潛謀不順，玄宗發羽林兵誅之，睿宗登承天門，元振躬率兵侍衞之。事定論功，進封代國公，食實封四百戶，賜物一千段。又令兼御史大夫，持節爲朔方道大總管，以備突厥，未行。玄宗於驪山講武，坐軍容不整，坐于纛下，將斬以徇，劉幽求、張說於馬前諫曰：「元振有翊贊大功，雖有罪，當從原宥。」乃赦之，流於新州。尋又思其舊功，起爲饒州司馬。元振自恃功勳，怏怏不得志，道病卒。開元十年，追贈太子少保。有文集二十卷。

張說字道濟，其先范陽人，代居河東，近又徙家河南之洛陽。弱冠應詔舉，對策乙第，授太子校書，累轉右補闕，預修三教珠英。

久視年，則天幸三陽宮，自夏涉秋，不時還都，說上疏諫曰：

陛下屯萬乘，幸離宮，暑退涼歸，未降還旨。愚臣固陋，恐非良策，請爲陛下陳其不可。

三陽宮去洛城一百六十里，有伊水之隔，嶇坂之峻，過夏涉秋，水潦方積，道壞山險，不通轉運，河廣無梁，咫尺千里。扈從兵馬，日費資給，連雨彌旬，即難周濟。陛下太倉、武庫，並在都邑，紅粟利器，蘊若山丘。奈何去宗廟之上都，安山谷之僻處？是猶倒持劍戟，示人鐏柄，臣竊爲陛下不取。夫禍變之生，在人所忽，故曰：「安樂必誡，無行所悔。」此不可止之理一也。

告成褊小，萬方輻湊，填城溢郭，併錘無所。排斥居人，蓬宿草次，風雨暴至，不知庇託，孤惸老病，流轉衢巷。陛下作人父母，將若之何？此不可止之理二也。

池亭奇巧，誘掖上心，削巒起觀，竭流漲海，俯貫地脈，仰出雲路，易山川之氣，奪農桑之土，延木石，運斧斤，山谷連聲，春夏不輟。勸陛下作此者，豈正人耶？詩云：「人亦勞止，汔可小康。」此不可止之理三也。

御苑東西二十里，所出入來往，雜人甚多，外無牆垣扃禁，內有榛叢谿谷，猛獸所伏，暴慝是憑。陛下往往輕行，警蹕不肅，歷蒙密，乘嶮巇，卒然有逸獸狂夫，驚犯左右，豈不殆哉！雖萬全無疑，然人主之動，不宜易也。易曰：「思患預防。」願陛下爲萬姓持重。此不可止之理四也。

今國家北有胡寇覷邊，南有夷獠騷徼。關西小旱，耕稼是憂；安東近平，輸漕方始。臣願陛下及時旋軫，深居上京，息人以展農，修德以來遠，罷不急之役，省無用之費。澄心澹懷，惟億萬年，蒼蒼羣生，莫不幸甚。臣自度芻議，十不一從。何者？沮盤遊之娛，間林沚之玩，規遠圖而替近適，要後利而棄前歡，未沃明主之心，已戾貴臣之意。然臣血誠密奏而不愛死者，不願負陛下言責之職耳。輕觸天威，伏地待罪。

疏奏不省。

長安初，修三教珠英畢，遷右史、內供奉，兼知考功貢舉事，擢拜鳳閣舍人。時麟臺監張易之與其弟昌宗構陷御史大夫魏元忠，稱其謀反，引說令證其事。說至御前，揚言元忠實不反，此是易之誣構耳。元忠由是免誅，說坐忤旨配流欽州。在嶺外歲餘。中宗卽位，召拜兵部員外郎，累轉工部侍郎。景龍中，丁母憂去職，起復授黃門侍郎，累表固辭，言甚切至，優詔方許之。是時風教頹紊，多以起復爲榮，而說固節懇辭，竟終其喪制，大爲識者所稱。服終，復爲工部侍郎，俄拜兵部侍郎，加弘文館學士。

睿宗卽位，遷中書侍郎，兼雍州長史。景雲元年秋，譙王重福於東都構逆而死，留守捕繫枝黨數百人，考訊結構之狀，經時不決。睿宗令說往按其獄，一宿捕獲重福謀主張靈均、鄭愔等，盡得其情狀，自餘枉被繫禁者，一切釋放。睿宗勞之曰：「知卿按此獄，不枉良善，又不漏罪人。非卿忠正，豈能如此？」

玄宗在東宮，說與國子司業褚无量俱爲侍讀，深見親敬。明年，同中書門下平章事，監修國史。是歲二月，睿宗謂侍臣曰：「有術者上言，五日內有急兵入宮，卿等爲朕備之。」左右相顧莫能對，說進曰：「此是讒人設計，擬搖動東宮耳。陛下若使太子監國，則君臣分定，自然窺覦路絕，災難不生。」睿宗大悅，卽日下制皇太子監國。明年，又制皇太子卽帝位。俄而太平公主引蕭至忠、崔湜等爲宰相，以說爲不附己，轉爲尙書左丞，罷知政事，仍令往東都留司。說既知太平等陰懷異計，乃因使獻佩刀於玄宗，請先事討之，玄宗深嘉納焉。

及至忠等伏誅，徵拜中書令，封燕國公，賜實封二百戶。其多，改易官名，拜紫微令。

自則天末年，季冬爲潑寒胡戲，中宗嘗御樓以觀之。至是，因蕃夷入朝，又作此戲。說上疏諫曰：「臣聞韓宣適魯，見周禮而歎；孔子會齊，數倡優之罪。列國如此，況天朝乎。今外蕃請和，選使朝謁，所望接以禮樂，示以兵威。雖曰戎夷，不可輕易，焉知無駒支之辯，由余之賢哉？且潑寒胡未聞典故，裸體跳足，盛德何觀；揮水投泥，失容斯甚。法殊魯禮，褻比齊優，恐非干羽柔遠之義，樽俎折衝之禮。」自是此戲乃絕。

俄而爲姚崇所構，出爲相州刺史，仍充河北道按察使。俄又坐事左轉岳州刺史，仍停所食實封三百戶，遷右羽林將軍，兼檢校幽州都督。開元七年，檢校并州大都督府長史，兼天兵軍大使，攝御史大夫，兼修國史，仍齎史本隨軍修撰。八年秋，朔方大使王晙誅河曲降虜阿布思等千餘人。時并州大同、橫野等軍有九姓同羅、拔曳固等部落，皆懷震懼。說率輕騎二十人，持旌節直詣其部落，宿于帳下，召酋帥以慰撫之。副使李憲以爲夷虜難信，不宜輕涉不測，馳狀以諫，說報書曰：「吾肉非黃羊，必不畏喫；血非野馬，必不畏刺。士見危致命，是吾効死之秋也。」於是九姓感義，其心乃安。

九年四月，胡賊康待賓率衆反，據長泉縣，自稱葉護，攻陷蘭池等六州。詔王晙率兵討之，仍令說相知經略。時叛胡與党項連結，攻銀城、連谷，以據倉糧，說統馬步萬人出合河關掩擊，大破之。追至駱駝堰，胡及党項自相殺，阻夜，胡乃西遁入鐵建山，餘黨潰散。說招集党項，復其居業。副使史獻請因此誅党項，絕其翻動之計，說曰：「先王之道，推亡固存，如盡誅之，是逆天道也。」因奏置麟州，以安置党項餘燼。其年，拜兵部尚書、同中書門下三品，仍依舊修國史。

明年，又敕說爲朔方軍節度大使，往巡五城，處置兵馬。時有康待賓餘黨慶州方渠降胡康願子自立爲可汗，舉兵反，謀掠監牧馬，西涉河出塞。說進兵討擒之，并獲其家屬於木盤山，送都斬之，其黨悉平，獲男女三千餘人。於是移河曲六州殘胡五萬餘口配許、汝、唐、鄧、仙、豫等州，始空河南朔方千里之地。說以討賊功，復賜實封二百戶。先是，緣邊鎭兵常六十餘萬，說以時無強寇，不假師衆，奏罷二十餘萬，勒還營農。玄宗頗以爲疑，說奏曰：「臣久在疆場，具悉邊事，軍將但欲自衞及雜使營私。若禦敵制勝，不在多擁閑冗，以妨農務。陛下若以爲疑，臣請以闔門百口爲保。以陛下之明，四夷畏伏，必不慮減兵而招寇也。」上乃從之。

時當番衞士，浸以貧弱，逃亡略盡。說又建策，請一切罷之，別召募強壯，令其宿衞，不簡色役，優爲條例，逋逃者必爭來應募。上從之。旬日，得精兵一十三萬人，分繫諸衞，更番上下，以實京師，其後彍騎是也。

是歲，玄宗將還京，而便幸并州，說進言曰：「太原是國家王業所起，陛下行幸，振威耀武，并建碑紀德，以申永思之意。若便入京，路由河東，有漢武脽上后土之祀，此禮久闕，歷代莫能行之。願陛下紹斯墜典，以爲三農祈穀，此誠萬姓之福也。」上從其言。及祀后土禮畢，說代張嘉貞爲中書令。夏四月，玄宗親爲詔曰：「動惟直道，累聞獻替之誠；言則不諛，自得謀猷之體。政令必俟其增損，圖書又藉其刊削，才望兼著，理合褒升。考中上。」

說又首建封禪之議。十三年，受詔與右散騎常侍徐堅、太常少卿韋縚等撰東封儀注。舊儀不便者，說多所裁正，語在禮志。玄宗尋召說及禮官學士等賜宴於集仙殿，謂說曰：「今與卿等賢才同宴於此，宜改名爲集賢殿。」因下制改麗正書院爲集賢殿書院，授說集賢院學士，知院事。

及將東封，授說爲右丞相兼中書令，源乾曜爲左丞相兼侍中，蓋勒成岱宗，以明宰相佐成王化也。說又撰封禪壇頌以紀聖德。初，源乾曜本意不欲封禪，而說固贊其事，由是頗不相平。及登山，說引所親攝供奉官及主事等從升，加階超入五品，其餘官多不得上。又行從兵士，惟加勳，不得賜物，由是頗爲內外所怨。先是，御史中丞宇文融獻策，請括天下逃戶及籍外剩田，置十道勸農使，分往檢察；說嫌其擾人不便，數建議違之。及東封還，融又密奏分吏部置十銓，融與禮部尚書蘇頲等分掌選事。融等每有奏請，皆爲說所抑，由是銓綜失敍。融乃與御史大夫崔隱甫、中丞李林甫奏彈說引術士夜解及受贓等狀，敕宰臣源乾曜、刑部尙書韋抗、大理少卿胡珪、御史大夫崔隱甫就尙書省鞫問。說兄左庶子光詣朝堂割耳稱冤。時中書主事張觀、左衞長史范堯臣並依倚說勢，詐假納賂，又私度僧王慶則往來與說占卜吉凶，爲隱甫等所鞫伏罪。說經兩宿，玄宗使中官高力士視之，迴奏：「說坐於草上，於瓦器中食，蓬首垢面，自罰憂懼之甚。」玄宗憫之。力士奏曰：「說曾爲侍讀，又於國有功。」玄宗然其奏，由是停兼中書令，觀及慶則決杖而死，連坐遷貶者十餘人。隱甫及融等恐說復用爲己患，又密奏毁之。明年，詔說致仕，仍令在家修史。

初，說爲相時，玄宗意欲討吐蕃，說密奏許其通和，以息邊境，玄宗不從。及瓜州失守，王君㚟死，說因獲嶲州鬬羊，上表獻之，以申諷諭。其表：「臣聞勇士冠雞，武夫戴鶡，推情舉類，獲此鬬羊。遠生越嶲，蓄性剛決，敵不避強，戰不顧死，雖爲微物，志不可挫。伏惟陛下選良家於六郡，求猛士於四方，鳥不遁才，獸不藏伎。如蒙効奇靈囿，角力天場，却鼓怒以作氣，前躑躅以奮擊。趹若奔雲之交觸，碎如轉石之相叩，裂骨賭勝，濺血爭雄，敢毅見而衝冠，鷙狠聞而擊節。冀將少助明主市駿骨、揖怒蛙之意也。若使羊能言，必將曰『若鬬不解，立有死者』。所賴至仁無殘，量力取勸焉。臣緣損足，未堪履地，謹遣男詣金明門奉進。」玄宗深悟其意，賜絹及雜綵一千四。

十七年，復拜尙書左丞相、集賢院學士，尋代源乾曜爲尙書左丞相。視事之日，上敕所司供帳，設音樂，內出酒食，御製詩一篇以敍其事。尋以修謁陵儀注功，加開府儀同三司。時長子均爲中書舍人，次子垍尙寧親公主，拜駙馬都尉，又特授說兄慶王傅光爲銀青光祿大夫。當時榮寵，莫與爲比。

十八年，遇疾，玄宗每日令中使問疾，幷手寫藥方賜之。十二月薨，時年六十四。上惻久之，遽於光順門舉哀，因罷十九年元正朝會，詔曰：

弘濟艱難，參其功者時傑；經緯禮樂，贊其道者人師。式瞻而百度允釐，既往而千載貽範。台衡軒鼎，垂黼藻於當今；徽策龍章，播芳蕤於後葉。故開府儀同三司、尙書左丞相、集賢院學士知院事、上柱國、燕國公張說，辰象降靈，雲龍合契。元和體其沖粹，妙有釋其至賾。挹而莫測，仰之彌高。精義探繫表之微，英辭鼓天下之動。昔侍春誦，綢繆歲華。含春容之聲，叩而盡應；蘊泉源之智，啓而斯沃。授命興國，則天衢以通；濟用和民，則朝政惟允。司鈞總六官之紀，端揆爲萬邦之式。方弘風緯俗，返本於上古之初；而邁德振仁，不臻於中壽之福。于嗟不憖，既喪斯文。宣室餘談，冷然在耳；王殿遺草，宛留其蹟。言念忠賢，良深震悼。是使當宁撫几，臨樂徹懸，罷稱觴之儀，遵往襚之禮。可贈太師，賜物五百段。

始玄宗在東宮，說已蒙禮遇，及太平用事，儲位頗危，說獨排其黨，請太子監國，深謀密畫，竟淸內難，遂爲開元宗臣。前後三秉大政，掌文學之任凡三十年。爲文俊麗，用思精密，朝廷大手筆，皆特承中旨撰述，天下詞人，咸諷誦之。尤長於碑文、墓誌，當代無能及者。喜延納後進，善用己長，引文儒之士，佐佑王化，當承平歲久，志在粉飾盛時。其封泰山，祠脽上，謁五陵，開集賢，修太宗之政，皆說爲倡首。而又敦氣義，重然諾，於君臣朋友之際，大義甚篤。時中書舍人徐堅自負文學，常以集賢院學士多非其人，所司供膳太厚，嘗謂朝列曰：「此輩於國家何益，如此虛費。」將建議罷之。說曰：「自古帝王功成，則有奢縱之失，或興池臺，或玩聲色。今聖上崇儒重道，親自講論，刊正圖書，詳延學者。今麗正書院，天子禮樂之司，永代規模，不易之道也。所費者細，所益者大。徐子之言，何其隘哉！」玄宗知之，由是薄堅。說既遭訕鑠，罷知政事，專集賢文史之任，每軍國大事，帝遣中使先訪其可否。說嘗自製其父贈丹州刺史騭碑文，玄宗聞之而御書其碑額賜之，曰「嗚呼，積善之墓」。有文集三十卷。太常諡議曰「文貞」，左司郎中陽伯成駁議〔三〕，以爲不稱，工部侍郎張九齡立議，請依太常爲定，紛綸未決。玄宗爲說自製神道碑文，御筆賜諡曰文貞，由是方定。

均、垍俱能文，說在中書，兄弟已掌綸翰之任。居父憂服闋，均除戶部侍郎，轉兵部。

二十六年，坐累貶饒州刺史，以太子左庶子徵，復爲戶部侍郎。九載，遷刑部尙書。自以才名當爲宰輔，常爲李林甫所抑。及林甫卒，依附權臣陳希烈，期於必取。既而楊國忠用事，心頗惡之，罷希烈知政事，引文部侍郎韋見素代之，仍以均爲大理卿。均大失望，意常鬱鬱。祿山之亂，受僞命爲中書令，掌賊樞衡。李峴、呂諲條流陷賊官，均當大辟；肅宗於說有舊恩，特免死，長流合浦郡。

垍，以主壻，玄宗特深恩寵，許於禁中置內宅，侍爲文章，嘗賜珍玩，不可勝數。時兄均亦供奉翰林院，常以所賜示均，均戲謂垍曰：「此婦翁與女壻，非天子賜學士也。」天寶中，玄宗嘗幸垍內宅，謂垍曰：「希烈累辭機務，朕擇其代者，孰可？」垍錯愕未對，帝卽曰：「無踰吾愛壻矣。」垍降階陳謝。楊國忠聞而惡之，及希烈罷相，擧韋見素代，垍深觖望。天寶十三年正月，范陽節度使安祿山入朝。時祿山立破奚、契丹功，尤加寵異。祿山求帶平章事，下中書擬議，國忠進言曰：「祿山誠立軍功，然眼不識字，制命若行，臣恐四夷輕國。」玄宗乃止，加左僕射而已。及祿山還鎭，命中官高力士餞於滻坡，既還，帝曰：「祿山慰意否？」力士曰：「觀其深心鬱鬱，必伺知宰相之命不行故也。」帝告國忠，國忠曰：「此議他人不知，必張垍所告。」帝怒，盡逐張垍兄弟，出均爲建安太守，垍爲盧溪郡司馬，埱爲宜春郡司馬。歲中召還，再遷爲太常卿。

祿山之亂，玄宗幸蜀，宰相韋見素、楊國忠、御史大夫魏方進等從，朝臣多不至。次咸陽，帝謂高力士曰：「昨日蒼黃離京，朝官不知所詣，今日誰當至者？」力士曰：「張垍兄弟世受國恩，又連戚屬，必當先至。房琯素有宰相望，深爲祿山所器，必不此來。」帝曰：「事未可料。」是日，琯至，帝大悅，因問均、垍，琯曰：「臣離京時，亦過其舍，比約同行，均報云『已於城南取馬』，觀其趣向，來意不切。」既而均弟兄果受祿山僞命，垍與陳希烈爲賊宰相，垍死於賊中。

陳希烈者，宋州人也。精玄學，書無不覽。開元中，玄宗留意經義，自褚无量、元行冲卒後，得希烈與鳳翔人馮朝隱，常於禁中講老、易。累遷至祕書少監，代張九齡專判集賢院事。玄宗凡有撰述，必經希烈之手。李林甫知上睠待深異，又以和裕易制，乃引爲宰相，同知政事，相得甚歡。而林甫居位日久，雖陰謀姦畫足以自固，亦希烈佐佑唱和之力也。累遷兼兵部尙書、左相，封潁川郡開國公，寵遇侔於林甫。及林甫死，楊國忠用事，素忌嫉之，乃引韋見素同列，罷希烈知政事，守太子太師。希烈失恩，心頗怏怏。祿山之亂，與張垍、達奚珣同掌賊之機衡。六等定罪，希烈當斬，肅宗以上皇素遇，賜死于家。

史臣曰：劉徐公負不羈之材，逢抵巇之運，遂能奮命決策，扶力中興，朝爲徒步之人，夕據公侯之位，苟非輕死重利，不恥不義之富，安及此哉！郭代公、張燕公解逢掖而登將壇，驅貔虎之師，斷獯戎之臂，暨居衡軸，克致隆平，可謂武緯文經，惟申與甫而已。惜乎均、垍務速，失節賊廷。自武德已來，稱賢相者，房、杜、姚、宋四公，皆遭無賴子弟汙圮先業，非獨燕國之不幸也。希烈柔而多智，長於名理，竟死於名。所謂離婁不見其眉睫，與夫平叔、太初，同膏肓耳。

贊曰：箕、微去紂，閎、散扶昌。謀不近義，旋踵而亡。幽求不令，道濟允臧。偉哉郭侯，勳德煌煌。

校勘記

〔一〕一千五百里　「里」字各本原無，據新書卷一二二郭震傳補。

〔二〕十四姓可汗　「十四姓」冊府卷三六六作「十姓」，通鑑隋唐紀比事質疑「十四姓可汗」條謂「徧考西突厥史，前後都無十四姓之稱」，此處「四」字疑是衍文。

〔三〕陽伯成　「成」字殘宋本作「城」，餘各本作「誠」，廿二史考異卷五九云：「今西安府學有大智禪師碑陰記，河南少尹陽伯成撰，當據碑爲正。」據改。

舊唐書卷九十八

列傳第四十八

魏知古 盧懷慎子奐 源乾曜從孫光裕 光裕子洧 李元紘
杜暹 韓休 裴耀卿孫佶

魏知古，深州陸澤人也。性方直，早有才名。弱冠舉進士，累授著作郎，兼修國史。長安中，歷遷鳳閣舍人、衞尉少卿。時睿宗居藩，兼檢校相王府司馬。神龍初，擢拜吏部侍郎，仍並依舊兼修國史，尋進位銀青光祿大夫。明年，丁母憂去職，服闋授晉州刺史。睿宗即位，以故吏召拜黃門侍郎，兼修國史。

景雲二年，遷右散騎常侍。睿宗女金仙、玉眞二公主入道，有制各造一觀，雖屬季夏盛暑，尙營作不止。知古上疏諫曰：

臣聞穀梁傳曰：「古之君人者，必時視人之所勤：人勤於力則功築罕，人勤於財則貢賦少，人勤於食則百事廢。」書曰：「不作無益害有益。」又曰：「罔咈百姓以從己之欲。」禮曰：「季夏之月，樹木方盛，無有斬伐，不可興土功以妨農。」又曰：「季夏行冬令，則風寒不時。」語曰：「修己以安百姓。」此皆興化立理之教，爲政養人之本。今陛下爲公主造觀，將樹功德以祈福祐。但兩觀之地，皆百姓之宅，卒然迫逼，令其轉移，扶老攜幼，投竄無所，發剔椽瓦，呼嗟道路。乖人事，違天時，起無用之作，崇不急之務，羣心搖搖，衆口籍籍。陛下爲人父母，欲何以安之？且國有簡册，君舉必記，動則左史書之，言則右史書之。是以非禮勿言，非禮勿動。夫如是，則君之所舉，可不愼歟！微臣備位諫諍，忝秉史筆，書而不法，後嗣何觀？臣愚必以爲不可。伏願俯順人欲，仰稽天意，降德音，下明敕〔一〕，速罷功役，收之桑榆。

疏奏不納。

頃之，又進諫曰：「臣聞人以君爲天，君以人爲本，人安則政理，本固則邦寧。自陛下翦除凶逆，君臨寶位，蒼生顒顒，以爲朝有新政。今風教頽替，日甚一日，府庫空虛，人力凋弊，造作不息，官員日增。今諸司試及員外、檢校等官，僅至二千餘人，太府之布帛以殫，太倉之米粟難給。又金仙、玉眞等觀造作，咸非急務，臣先奏請停，竟仍未止。今歲前水後旱，五穀不熟，若至來春，必甚饑饉。陛下爲人父母，欲何方以賑恤？療饑拯溺，須及其時。

又突厥爲患，其來自久，本無禮儀，焉有誠信。今雖遣使，來請結婚，豺狼之心，首鼠何定。弱則卑順，強則驕逆。屬草衰月滿，弓勁馬肥，乘中國飢虛，在和親際會，倘或窺犯亭障，國家何以防之？臣所論者，事甚急切，伏願特垂詳察。」睿宗嘉其切直，尋令同中書門下平章事。玄宗在春宮，又令兼左庶子。未幾，遷戶部尚書，餘如故。明年，擢拜侍中。

先天元年冬，從上畋獵于渭川，因獻詩諷曰：「嘗聞夏太康，五弟訓禽荒。我后來冬狩，三驅盛禮張。順時鷹隼擊，講事武功揚。奔走未及去，翾飛豈暇翔。非熊從渭水，瑞雀想陳倉。此欲誠難縱，茲遊不可常。子雲陳羽獵，僖伯諫漁棠。得失鑒齊、楚，仁恩念禹、湯。邕熙諒在宥，亭毒匪多傷。辛甲今爲史，虞箴遂孔彰。」手制褒之曰：「夫詩者，志之所以，寫其心懷，實可諷諭君主。是故揚雄陳羽獵，馬卿賦上林，爰自風雅，率由茲道。予頃向温泉，觀省風俗，時因暇景，掩渭而畋，方開一面之羅，式展三驅之禮，躬親校獵，聊以從禽。豈意卿有箴規，輔予不逮，自非款誠夙著，其孰能繼於此耶？今賜卿物五十段，用申勸獎。」

二年，累封梁國公。竇懷貞等將謀逆也，知古獨密奏其事。及懷貞誅，賜實封二百戶、物五百段。仍以前賞猶薄，又手敕曰：「魏知古去年七月已前〔三〕，屢申啓沃，每竭忠誠，姦臣有謀，預奏其兆。事君之節，良有可嘉，可更賜實封一百戶。」其年冬，令往東都知吏部尚書事，深以爲稱職，手制曰：「卿以宰臣，往知大選，官人之委，情寄尤切。遂能端本革弊，忘私徇公，正色而行，厝心不撓。鏡已澈則姸媸必鑒，衡已舉則輕重罔違。朕遠聞之，益用嘉歎。今賜卿衣裳一副，以示所懷。」

開元元年，官名改易，改爲黃門監。二年，還京，上屢有顧問，恩意甚厚，尋改紫微令。姚崇深忌憚之，陰加讒毀，乃除工部尚書，罷知政事。三年卒，時年六十九。御史大夫宋璟聞而歎曰：「叔向古之遺直，子產古之遺愛，能兼之者，其在魏公。」贈幽州都督，謚曰忠。

知古初爲黃門侍郎，表薦洹水令呂太一、蒲州司功參軍齊澣、前右內率府騎曹參軍柳澤；及知吏部尚書事，又擢用密縣尉宋遙、左補闕袁暉、右補闕封希顏、伊闕尉陳希烈，後咸累居清要，時論以爲有知人之鑒。文集七卷。

盧懷愼，滑州靈昌人。其先家于范陽，爲山東著姓。祖悊，爲靈昌令，因徙焉。懷愼少清謹，舉進士，歷監察御史、吏部員外郎。景龍中，遷右御史臺中丞，上疏以陳時政得失。今略載其三篇。其一曰：

臣聞孔子曰：「爲邦百年，可以勝殘去殺。」又曰：「苟有用我者，期月而已，三年有成。」故書云「三載考績」，校其功也。昔子產相鄭，更法令，布刑書，一年而人歌之曰：「取我田疇而伍之，取我衣冠而褚之，孰殺子產，吾其與之！」三年而人又歌之曰：「我有子弟，子產教之，我有田疇，子產殖之，子產而死，誰其嗣之？」終有遺愛，流芳史策。子產，賢者也，其爲政尚累年而化成，況其常材乎。

臣竊見比來州牧、上佐及兩畿縣令，下車布政，罕終四考。在任多者一二年，少者三五月，遽卽遷除，不論課最。或有歷時未改，便傾耳而聽，企踵而望，爭求冒進，不顧廉恥，亦何暇爲陛下宣風布化，求瘼恤人哉！禮義未能興行，風俗未能齊一，戶口所以流散，倉庫所以空虛，百姓凋弊，日更滋甚，職爲此也。何則？人知吏之不久，則不從其教；吏知遷之不遙，又不盡其力，偷安爵祿，但養資望。陛下雖勤勞之懷，宵衣旰食，然僥倖路啓，上下相蒙，共爲苟且而已，寧盡至公乎？此國之病也。昔賈誼所謂蹠盭之病，乃小小者耳。此弊久而不革，臣恐爲膏肓，雖和、緩不能療，豈蹠盭而已哉！

漢宣帝綜覈名實，興理致化。黃霸，良二千石也，就增秩賜金，以旌其能，而不遷於潁川，前代之美政也。又古之爲吏者長子孫，倉氏、庾氏，卽其後也。書云：「事不師古，以克永代，匪說攸聞。」臣望請諸州都督、刺史、上佐及兩畿縣令等，在任未經四考已上，不許遷除。察其課効尤異者，或錫以車裘，或就加祿秩，或降使臨問，并璽書慰勉。若公卿有闕，則擢以勸能。其政績無聞及犯貪暴者，免歸田里。以明聖朝賞罰之信，則萬方之人，一變于道矣。致此之美，革彼之弊，易于反掌，陛下何惜而不行哉！

其二曰：

臣聞尚書云：「唐、虞稽古，建官惟百；夏、商官倍，亦克用乂。」此省官之義也。又云：「官不必備，惟其才。」又云：「無曠庶官，天工人其代之。」此爲官擇人之義也。臣竊見京諸司員外官，所在委積，多者數餘十倍，近古以來未之有也。官不必備，此則有餘，人代天工，多不釐務。廣有除拜，無所裨益，俸祿之費，歲巨億萬，空竭府藏而已，豈致理之基哉！方今倉庫空虛，百姓凋弊，河、渭漕輓，西給京師，公私損耗，不可勝紀。況邊隅未靜，兵革猶興，節用愛人，正在今日，增官廣費，豈曰其時？倘水旱成災，租稅減入，水衡無貫朽之蓄，京庾闕流衍之儲；或疆埸外守，兵車遠出，或收藏無歲，賑救在辰，此軍國之急務也，陛下將何以濟之乎？書云：「無輕人事，惟艱；無安厥位，惟危。」又云：「不見是圖。」此皆愼微之深旨也。

臣竊見員外官中，或簪裾雅望，或臺閣舊人，或明習憲章，或諳閑政要，皆一時之良幹也。多不司案牘，空尸祿俸，滯其才而不申其用，尊其位而不盡其力。周稱多士，漢曰得人，豈其然歟？必有異於此矣。臣望請諸司員外官有才能器識、衆共聞知，堪爲州牧縣宰及上佐者，并請遷擢，使宣力四方，申其智効。有老病及不堪理務者，咸從廢省，使賢不肖較然殊貫。此濟時之切務也，安可謂行之艱哉？

其三曰：

臣聞天吏逸德，烈於猛火；貪人敗類，取輿大風。則知冒于寵賂，侮於鰥寡，爲政之蠹，莫先于茲。臣竊見內外官人，有不率憲章，公犯贓污，侵牟萬姓，劓割烝人，鞫按非虛，刑憲已及者，或俄復舊資，雖負殘削之名，還膺牧宰之任，或江、淮、嶺、磧，微示懲貶，而徇財黷貨，罕能悛革，委以共理，俟河之清。臣聞明主之於萬姓也，必暢以平分，而無偏施，若犯罪之吏，作牧遐方，便是屈法惠姦，恤近遺遠矣。凡左降之人，鮮能省過，必懷自棄，長惡滋深。則小州遠郡，蠻陬夷落，何負於聖化，獨受其弊政乎！昔孟嘗廉明，方臨合浦；隱之清絜，乃莅番禺。郅都之鎮靜朔方，耿恭之輯寧疏勒。誠則遐僻，必擇賢良，務以寧濟爲懷，豈以遐荒見隔？況邊徼之地，夷夏雜處，負險恃遠，易擾難安，彌藉循良，以寄綏撫。若委失其任，官非其才，凌虐黎庶，侵剝蕃部，小則坐致流亡，大則起爲盜賊。由此言之，不可用凡材，而況於猾吏乎！其內外官人有犯贓賄推勘得實者，臣望請削迹簪裾，十數年間不許齒錄。書云：「旌別淑慝，黜陟幽明。」即其義也。若不循此道，去邪有疑，善政能官，甄獎或未之徧，擔贓負賄，僥倖或即蒙升，則賞罰無章，沮勸安寄？浮競之風轉扇，廉恥之行漸隤，其源不塞，爲蠹斯甚。疏奏不納。累遷黃門侍郎，賜爵漁陽伯。

先天二年，與侍中魏知古於東都分掌選事，尋徵還同中書門下三品。開元三年，遷黃門監。懷慎與紫微令姚崇對掌樞密，懷慎自以爲吏道不及崇，每事皆推讓之，時人謂之「伴食宰相」。四年，兼吏部尚書。其秋，以疾篤，累表乞骸骨，許之。旬日而卒，贈荊州大都督，諡曰文成。懷慎臨終遺表曰：

臣素無才識，叨沐恩榮，待罪樞密，頗積年序。報國之心，空知自竭；推賢之志，終未克申。孤負明恩，夙夜惶懼。臣染疾已久，形神欲離，梟鴈之飛，未爲之少，而犬馬之志，終祈上聞，其鳴也哀，乞求聖察。

宋璟立性公直，執心貞固，文學足以經務，識略期於佐時，動惟直道，行不苟合，聞諸朝野之說，實爲社稷之臣。李傑勤苦絕倫，貞介獨立，公家之事，知無不爲，幹時之材，衆議推許。李朝隱操履堅貞，才識通贍，守文奉法，頗懷鐵石之心，事上竭誠，實盡人臣之節。盧從愿淸貞謹愼，理識周密，始終若一，朝野共知，簡要之才，不可多得。並明時重器，聖代良臣。比經任使，微有愆失，所坐者小，所棄者大，所累者輕，所貶者遠。日月雖近，譴責傷深，望垂矜錄，漸加進用。

臣竊聞黃帝所以垂衣裳而天下理者，任風、力也；帝堯所以光宅天下者，任稷、契也。且朝廷者天下之本，賢良者風化之源，得人則庶績其凝，失士則彝倫攸斁。臣每見陛下憂勞庶政，勤求理道，愼舉羣司，必期稱職，使鵷鷺成列，草澤無遺。故得歲稔時和，政平訟理，此陛下用賢之明効也。臣非木石，早識天心，瞑目不遙，厚恩未報。黜殯之義，敢不庶幾，城郢之言，思布愚懇。

上深嘉納之。

懷愼淸儉，不營產業，器用服飾，無金玉綺文之麗。所得祿俸，皆隨時分散，而家無餘蓄，妻子匱乏。及車駕將幸東都，四門博士張星上言：「懷愼忠淸直道，終始不虧，不加寵贈，無以勸善。」乃下制賜其家物壹伯段、米粟貳伯石。明年，上還京師，因校獵於城南，經懷愼別業，見家人方設祥齋，憫其貧匱，賜絹百匹。仍遣中書侍郞蘇頲爲其碑文，上自書焉。

子奐，早修整，歷任皆以淸白聞。開元中，爲中書舍人、御史中丞、陝州刺史。二十四年，玄宗幸京師，次陝城頓，審其能政，於廳事題贊而去，曰：「專城之重，分陝之雄。人多惠愛，性實謙冲。亦既利物，在乎匪躬。斯爲國寶，不墜家風。」尋除兵部侍郞。天寶初，爲晉陵太守。時南海郡利兼水陸，瓌寶山積，劉巨鱗、彭杲相替爲太守、五府節度，皆坐贓鉅萬而死。乃特授奐爲南海太守，遐方之地，貪吏斂迹，人用安之。以爲自開元已來四十年，廣府節度淸白者有四：謂宋璟、裴伷先、李朝隱及奐。中使市舶，亦不干法。加銀青光祿大夫。經三年，入爲尙書右丞，卒。弟弈，亦傳淸白，歷御史中丞而死王事，見忠義傳。弈子杞，德宗朝位至宰輔，別有傳。

源乾曜，相州臨漳人。隋比部侍郎師之孫也。父直心，高宗時爲司刑太常伯，坐事配流嶺南而卒。乾曜舉進士，景雲中，累遷諫議大夫。時久廢公卿百官三九射禮，乾曜上疏曰：「夫聖王之教天下也，必制禮以正人情，人情正則孝於家，忠於國。此道不替，所以理也。所以君子三年不爲禮，禮必壞；三年不爲樂，樂必崩。竊以古之擇士，先觀射禮，以明和容之義，非取一時之樂。夫射者，別正邪，觀德行，中祭祀，辟寇戎。古先哲王，莫不遞襲。臣竊見數年已來，射禮便廢，或緣所司惜費，遂令大射有虧。臣愚以爲所費者財，所全者禮。故孔子云：『爾愛其羊，我愛其禮。』今乾坤再闢，日月貞明，臣望大射之儀，春秋不廢，聖人之教，今古常行，則天下幸甚。」乾曜尋出爲梁州都督。

開元初，邠王府僚吏有犯法者，上令左右求堪爲王府長史者，太常卿姜皎薦乾曜公淸有吏幹，因召見與語。乾曜神氣淸爽，對答皆有倫序，上甚悅之，乃拜少府少監，兼邠王府長史。尋遷戶部侍郎、兼御史中丞。無幾，轉尙書左丞。四年冬，擢拜黃門侍郎、同紫微黃門平章事。旬日，與姚元之俱罷知政事。

時行幸東都，以乾曜爲京兆尹，仍京師留守。乾曜政存寬簡，不嚴而理。嘗有仗內白鷹，因縱遂失所在，上令京兆切捕之。俄於野外獲之，其鷹挂於叢棘而死，官吏懼得罪，相顧失色。乾曜徐曰：「事有邂逅，死亦常理，主上仁明，當不以此置罪。必其獲戾，吾自當之，不須懼也。」遂入自請失旨之罪，上一切不問之，衆咸伏乾曜臨事不懾，而能引過在己也。在京兆三年，政令如一。

八年春，復爲黃門侍郎、同中書門下三品，尋加銀靑光祿大夫，遷侍中。久之，上疏曰：「臣竊見形要之家倂求京職，俊乂之士多任外官，王道平分，不合如此。臣三男俱是京任，望出二人與外官，以叶均平之道。」上從之，於是改其子河南府參軍弼爲絳州司功，太祝絜爲鄭尉。因下制曰：「源弼等父在樞近，深惟謙挹，恐代官之咸列，慮時才之未序，率先庶僚，崇是讓德，旣請外其職，復降資以授。傳不云乎：『晉范宣子讓，其下皆讓。』『晉國之人，於是大和。』道之或行，仁豈云遠！」因令文武百僚父子兄弟三人倂任京司者，任自通容，依資次處分，由是公卿子弟京官出外者百餘人。俄又有上書者，以爲「國之執政，同其休戚，若不稍加崇寵，何以責其盡心？」十年十一月，敕中書門下共食實封三百戶，自乾曜及張嘉貞始也。

乾曜後扈從東封，拜尚書左丞相，仍兼侍中。乾曜在政事十年，時張嘉貞、張說相次爲中書令，乾曜不敢與之爭權，每事皆推讓之。及李元紘、杜暹知政事，乾曜遂無所參議，但唯諾署名而已。初，乾曜因姜皎所薦，遂擢用；及皎得罪，爲張嘉貞所擠，乾曜竟不救之，議者以此譏焉。十七年夏，停兼侍中事。其秋，遷太子少師，以祖名師，固辭，乃拜太子少傅，封安陽郡公。十九年，駕幸東都，乾曜以年老辭疾，不堪扈從，因留京養疾。是年冬卒，詔贈幽州大都督，上於洛城南門舉哀，輟朝二日。

乾曜從孫光裕，亦有令譽，歷職清謹，撫諸弟以友義聞。初爲中書舍人，與楊滔、劉令植等同删定開元新格。歷刑部戶部二侍郎、尚書左丞，累遷鄭州刺史，稱爲良吏。尋卒。

光裕子涫，亦早有美稱，閨門雍睦，士友推之，歷踐清要。天寶中，爲給事中、鄭州刺史、襄州刺史、本道採訪使。及安祿山反，既犯東京，乃以涫爲江陵郡大都督府長史、本道採訪防禦使、攝御史中丞，以兵部郎中徐浩爲襄州刺史、本州防禦守捉使以禦之。涫至鎭卒。

李元紘，其先滑州人，世居京兆之萬年。本姓丙氏。曾祖粲，隋大業中屯衞大將軍。屬關中賊起，煬帝令粲往京城以西二十四郡逐捕盜賊，粲撫循士衆，甚得其心。及義旗入關，粲率其衆歸附，拜宗正卿，封應國公，賜姓李氏。高祖與之有舊，特蒙恩禮，遷爲左監門大將軍，以年老特令乘馬於宮中檢校。年八十餘卒，謚曰明。祖寬，高宗時爲太常卿，別封隴西郡公。父道廣，則天時爲汴州刺史。時屬突厥及契丹寇陷河北，兼發河南諸州兵募，百姓騷擾，道廣寬猛折衷，稱爲善政，存心慰撫，汴州獨不逃散。尋入爲殿中監、同鳳閣鸞臺平章事，累封金城縣侯。卒，贈秦州都督，謚曰成。

元紘少謹厚。初爲涇州司兵，累遷雍州司戶。時太平公主與僧寺爭碾磑，公主方承恩用事，百司皆希其旨意，元紘遂斷還僧寺。竇懷貞爲雍州長史，大懼太平勢，促令元紘改斷，元紘大署判後曰：「南山或可改移，此判終無搖動。」竟執正不撓，懷貞不能奪之。俄轉好時令，遷潤州司馬，所歷咸有聲績。開元初，三遷萬年縣令，賦役平允，不嚴而理。俄擢爲京兆尹，尋有詔令元紘疏決三輔。諸王公權要之家，皆緣渠立磑，以害水田，元紘令吏人一切毀之，百姓大獲其利。

又歷工部、兵部、吏部三侍郎。十三年，戶部侍郎楊瑒、白知慎坐支度失所，皆出爲刺史。上令宰臣及公卿已下精擇堪爲戶部者，多有薦元紘者，將授以戶部尙書，時執政以其資淺，未宜超授，加中大夫，拜戶部侍郎。元紘因條奏人間利害及時政得失以奏之，上大悅，因賜衣一副、絹二百匹。明年，擢拜中書侍郎、同中書門下平章事。頃之，加銀青光祿大夫，賜爵淸水男。

元紘性淸儉，既知政事，稍抑奔競之路，務進者頗憚之。時初廢京司職田，議者請於關輔置屯，以實倉廩。元紘建議曰：「軍國不同，中外異制。若人閑無役，地棄不墾，發閑人以耕棄地，省餽運以實軍糧，於是乎有屯田，其爲益多矣。今百官所退職田，散在諸縣，不可聚也；百姓所有私田，皆力自耕墾，不可取也。若置屯田，卽須公私相換，徵發丁夫，徵役則業廢於家，免庸則賦闕於國。內地置屯，古所未有，得不補失，或恐未可。」其議遂止。

先是，左庶子吳兢舊任史官，撰唐書一百卷、唐春秋三十卷，其書未成，以丁憂罷職。至是，上疏請終其功，有詔特令就集賢院修成其書。及張說致仕，又令在家修史。元紘奏曰：「國史者，記人君善惡，國政損益，一字褒貶，千載稱之，前賢所難，事匪容易。今張說在家修史，吳兢又在集賢撰錄，遂令國之大典，散在數處。且太宗別置史館，在於禁中，所以重其職而祕其事也。望勒說等就史館參詳撰錄，則典册有憑，舊章不墜矣。」從之，乃詔說及吳兢並就史館修撰。

元紘在政事累年，不改第宅，僕馬弊劣，未曾改飾，所得封物，皆散之親族。右丞相宋璟嘗嘉歎之，每謂人曰：「李侍郞引宋遙之美才，黜劉晃之貪冒，貴爲國相，家無儲積。雖季文子之德，何以加也！」後與杜暹多所異同，情遂不叶，至有相執奏者，上不悅，由是罷知政事，出爲曹州刺史，以疾去官。久之，拜戶部尙書，仍聽致仕。二十一年疾瘳，起爲太子詹事，旬日而卒，贈太子少傅，謚曰文忠。

杜暹，濮州濮陽人也。父承志，則天初爲監察御史。時懷州刺史李文暕以皇枝近屬，爲讎人所告，承志推出之。俄而文暕得罪，承志坐貶，授方義令。累轉天官員外郞。既羅織事起，承志恐懼，遂稱疾去官而歸，卒于家。

自暹高祖至暹，五代同居，暹尤恭謹，事繼母以孝聞。初舉明經，補婺州參軍，秩滿將歸，州吏以紙萬餘張以贈之，暹惟受一百，餘悉還之。時州僚別者，見而歎曰：「昔淸吏受一大錢，復何異也！」俄授鄭尉，復以淸節見知。華州司馬楊孚，公直士也，深賞重之。尋而孚遷大理正，暹坐公事下法司結罪，孚謂人曰：「若此尉得罪，則公清之士何以勸矣？」特薦之於執政，由是擢拜大理評事。

開元四年，遷監察御史，仍往磧西覆屯。會安西副都護郭虔瓘與西突厥可汗史獻、鎮守使劉遐慶等不叶，更相執奏，詔暹按其事實。時暹已迴至涼州，承詔復往磧西，因入突騎施〔三〕，以究虔瓘等犯狀。蕃人齎金以遺，暹固辭不受，左右曰：「公遠使絕域，不可失蕃人情。」暹不得已受之，埋幕下，既去出境，乃移牒令收取之。蕃人大驚，度磧追之，不及而止。暹累遷給事中，丁繼母憂去職。十二年，安西都護張孝嵩遷爲太原尹，或薦暹往使安西，蕃人伏其淸愼，深思慕之，乃奪情擢拜黃門侍郎，兼安西副大都護。暹單騎赴職。明年，于闐王尉遲眺陰結突厥及諸蕃國圖爲叛亂，暹密知其謀，發兵捕而斬之，并誅其黨與五十餘人，更立君長，于闐遂安。暹以功特加光祿大夫。暹在安西四年，綏撫將士，不憚勤苦，甚得夷夏之心。

十四年，詔暹同中書門下平章事，仍遣中使往迎之。及謁見，又賜絹二百匹、馬一匹、宅一區。後與李元紘不叶，罷知政事，出爲荆州大都督府長史。又歷魏州刺史、太原尹。二十年，上幸北都，拜暹爲戶部尚書，便令扈從入京。行幸東都，詔暹爲京留守。暹因抽當番衞士，繕修三宮，增峻城隍，躬自巡檢，未嘗休懈。上聞而嘉之，賜敕書曰：「卿素以淸直，兼之勤幹。自委居守，每事多能，政肅官僚，惠及黎庶。城隍宮室，隨事修營，且有成功，不疲人力。甚善甚善，慰朕懷也。」俄代李林甫爲禮部尚書，累封魏縣侯。二十八年，病卒，年六十餘，詔贈尚書右丞相。

暹在家孝友，愛撫異母弟昱甚厚，然素無學術，每當朝談議，涉於淺近。常以公清勤儉爲己任，時亦矯情爲之。弱冠便自誓不受親友贈遺，以終其身。及卒，上甚悼惜之，遣中使就家視其喪事，內出絹三百匹以賜之。尚書省及故吏賻贈者，其子孝友遵其素約，皆拒而不受。太常謚曰「貞肅」。右司員外郎劉同升、都官員外郎韋廉以暹有忠孝之美，所謚不盡其行，建議駁之。太常博士裴總執曰：「杜尚書往以墨縗受職事，雖云奉國，不得爲孝。請依舊爲定。」孝友又詣闕陳訴上聞，而更令所司詳定，竟謚曰貞孝。

韓休，京兆長安人。伯父大敏，則天初爲鳳閣舍人。時梁州都督李行褒爲部人誣告，云有逆謀，則天令大敏就州推究。或謂大敏曰：「行褒諸李近屬，太后意欲除之，忽若失旨，禍將不細，不可不爲身謀也。」大敏曰：「豈有求身之安而陷人非罪！」竟奏雪之。則天俄又命御史重覆，遂構成其罪，大敏坐推反失情，與知反不告同罪，賜死于家。父大智，官至洛州司功。

休早有詞學，初應制舉，累授桃林丞。又舉賢良，玄宗時在春宮，親問國政，休對策與校書郎趙冬曦並爲乙第，擢授左補闕。尋判主爵員外郎，歷遷中書舍人、禮部侍郎，兼知制誥，出爲虢州刺史。時虢州以地在兩京之間，駕在京及東都，並爲近州，常被支稅草以納閑廐。休奏請均配餘州，中書令張說駁之曰：「若獨免虢州，卽當移向他郡，牧守欲爲私惠，國體固不可依。」又下符不許之。休復將執奏，僚吏曰：「更奏必忤執政之意。」休曰：「爲刺史不能救百姓之弊，何以爲政！必以忤上得罪，所甘心也。」竟執奏獲免。歲餘，以母艱去職，固陳誠乞終禮，制許之。服闋，除工部侍郎，仍知制誥，遷尚書右丞。

開元二十一年，侍中裴光庭卒，上令蕭嵩舉朝賢以代光庭者，嵩盛稱休志行，遂拜黃門侍郎、同中書門下平章事。休性方直，不務進趨，及拜，甚允當時之望。俄有萬年尉李美玉得罪，上特令流之嶺外，休進曰：「美玉卑位，所犯又非巨害，今朝廷有大姦，尚不能去，豈得捨大而取小也！臣竊見金吾大將軍程伯獻，依恃恩寵，所在貪冒，第宅輿馬，僭擬過縱。臣請先出伯獻而後罪美玉。」上初不許之，休固爭曰：「美玉微細猶不容，伯獻巨猾豈得不問！陛下若不出伯獻，臣卽不敢奉詔流美玉。」上以其切直，從之。初，蕭嵩以休柔和易制，故薦引之。休既知政事，多折正嵩，遂與休不叶。宋璟聞之曰：「不謂韓休乃能如是，仁者之勇也。」

其年夏，加銀青光祿大夫。十二月，轉工部尚書，罷知政事。二十四年，遷太子少師，封宜陽子。二十七年病卒，年六十八，贈揚州大都督，諡曰文忠。寶應元年，重贈太子太師。

子洽、洪、汯、滉，皆有學尚，風韻高雅。洽，天寶初爲殿中侍御史卒。洪，爲司庫員外郎。洽弟渾，除大理司直。御史大夫王鉷犯法，籍沒其家，洽兄浩爲萬年主簿，捕其資財，有所容隱，爲京兆尹鮮于仲通所發，配流循州。洪、汯並坐貶職。後遇赦，量移洪爲華州長史。屬安祿山反，西京失守，洪陷於賊，賊授官，將見委任，洪與浩及汯、滉、渾同奔山谷，以投行在。至谷口，洪、浩、渾及洪子四人並爲賊所擒，倂命於通衢。洪重交友，籍甚於時，見者掩涕，肅宗聞其重臣子，能以忠而死，贈太常卿。浩贈吏部郎中，渾贈太常少卿。汯，上元中爲諫議大夫。滉、泂，別有傳。

裴耀卿，贈戶部尙書守眞子也。少聰敏，數歲解屬文，童子舉。弱冠拜祕書正字，俄補相王府典籤。時睿宗在藩，甚重之，令與掾丘悅、文學韋利器更直府中，以備顧問，府中稱爲學直。及睿宗升極，拜國子主簿。開元初，累遷長安令。長安舊有配戶和市之法，百姓苦之。耀卿到官，一切令出儲蓄之家，預給其直，遂無姦僦之弊，公私甚以爲便。在職二年，寬猛得中，及去官，縣人甚思詠之。十三年，爲濟州刺史。其年，車駕東巡，州當大路，道里綿長，而戶口寡弱，耀卿躬自條理，科配得所。時大駕所歷凡十餘州，耀卿稱爲知頓之最。又歷宣、冀二州刺史，皆有善政，入爲戶部侍郎。

二十年，禮部尚書、信安王禕受詔討契丹，詔以耀卿爲副。俄又令耀卿齎絹二十萬匹分賜立功奚官，就部落以給之。耀卿謂人曰：「夷虜貪殘，見利忘義，今齎持財帛，深入寇境，不可不爲備也。」乃令先期而往，分道互進，一朝而給付並畢。時突厥及室韋果勒兵邀險，謀劫襲之，比至而耀卿已還。

其冬，遷京兆尹。明年秋，霖雨害稼，京城穀貴。上將幸東都，獨召耀卿問救人之術，耀卿對曰：

臣聞前代聖王，亦時有憂害，更施惠澤，活國濟人，由是蒼生仰德，史册書美。伏以陛下仁聖至深，憂勤庶政，小有飢乏，降情哀矜，躬親支計，救其危急。上玄降鑒，當更延福祚，是因有小災而增輝聖德也。今既大駕東巡，百司扈從，太倉及三輔先所積貯，且隨見在發重臣分道賑給，計可支一二年。從東都更廣漕運，以實關輔。待稍充實，車駕西還，卽事無不濟。

臣以國家帝業，本在京師，萬國朝宗，百代不易之所。但爲秦中地狹，收粟不多，倘遇水旱，便卽匱乏。往者貞觀、永徽之際，祿廩數少，每年轉運不過一二十萬石，所用便足，以此車駕久得安居。今國用漸廣，漕運數倍於前，支猶不給。陛下數幸東都，以就貯積，爲國大計，不憚劬勞，祇爲憂人而行，豈是故欲來往〔四〕。若能更廣陝運，支粟入京，倉廩常有三二年糧，卽無憂水旱。

今天下輸丁約有四百萬人，每丁支出錢百文，五十文充營窖等用，貯納司農及河南府、陝州以充其費。租米則各隨遠近，任自出脚送納東都。從都至陝，河路艱險，既用陸脚，無由廣致。若能開通河漕，變陸爲水，則所支有餘，動盈萬計。且江南租船候水始進〔五〕，吳人不便河漕，由是所在停留，日月既淹，遂生隱盜。臣望沿流相次置倉。

上深然其言。尋拜黃門侍郎、同中書門下平章事，充轉運使，語在食貨志。凡三年，運七百萬石，省脚錢三十萬貫。或說耀卿請進所省脚錢，以明功利。耀卿曰：「此蓋公卿盈縮之利耳，不可以之求寵也。」乃奏充所司和市、和糴等錢。

明年，遷侍中。二十四年，拜尚書左丞相，罷知政事，累封趙城侯。時夷州刺史楊濬犯贓處死，詔令杖六十，配流古州。耀卿上疏諫曰：

伏以聖恩天覆，仁育庶類，凡死罪之屬，不欲尸諸市朝，全其性命，流竄而已。所以政致刑措，獄無冤人，曠古以來，未有斯美。臣愚以爲全生免死，誠爲至化，有恥且格，爲訓將來。苟有未安，不敢緘默。

臣以爲刺史、縣令，與諸吏稍別，人之父母，風化所瞻，一爲本部長官，卽合終身致敬。決杖者，五刑之末，只施於挾扑徒隸之間，官蔭稍高，卽免鞭撻。令決杖贖死，誠則已優，解體受笞，事頗爲辱。法至於死，天下共之，刑至於辱，或有所恥。況本州刺史，百姓所崇，一朝對其人吏，背脊加杖，屈挫拘執，人或哀憐，忘其免死之恩，且有傷心之痛，恐非敬官長勸風俗之意。

又雜犯死罪，無杖刑，奏報三覆，然後行決。今非時不覆，決杖便發，倘獄或未盡，又暑熱不耐，因杖或死，卽是促期處分，不得順時。將欲生之，却夭其命，又恐非聖明寬宥之意。臣前後頻在州縣，或緣雜犯決人〔六〕，每大暑盛夏之時，決杖多死，秋冬已後，至有全者。伏望凡刺史、縣令於本部決杖及夏暑生長之時，所定杖刑，並乞停減。卽副陛下好生之德，於死者皆有再生之恩。

俄而特進蓋嘉運破突騎施立功還，詔加河西、隴右兩節度使，仍令經略吐蕃。嘉運既承恩寵，日夕酣宴，不時赴軍。耀卿密上疏曰：「伏見蓋嘉運立功破賊，更委兩軍，以勇果之才，承戰勝之勢，吐蕃小醜，不足殲夷。然臣近日與其同班，觀其舉措，精勁勇烈，誠則有餘，言氣矜誇，恐難成事。莫敖狃於蒲騷之役〔七〕，舉趾稍高，春秋書之爲懲誡。恐其有驕敵之色，臣竊憂之。入秋防邊，日月稍逼，接對人吏，須識其宜。今將撫邊軍，未言發日，若臨事始去，人吏未識，雖決在一時，恐將非制勝萬全之道。況兵未訓練，不知禮法，人未懷惠，士未同心，求其忘性命於一時，憚嚴刑於少選，縱威逼而進，因而立功，恐非師出以律，久長之義。又萬人性命，決在將軍，不得已而行之，鑿凶門而卽路。今酣宴朝夕，優渥有餘，亦恐非愛人憂國之意，不可不察。若不可迴換，卽望速遣進途，仍乞聖恩，勗以嚴命。」疏奏，上乃促嘉運赴軍，竟以無功而還。

天寶元年，改爲尙書右僕射，尋轉左僕射。一歲薨，年六十三，贈太子太傅，謚曰文獻。子綜，吏部郎中。綜子佶。

佶，字弘正，幼能屬文。弱冠舉進士，補校書郎，判入高等，授藍田尉。時有詔命畿內諸縣城奉天，時嚴郢爲京兆，政尙峻暴，加以朝旨甚迫，尹正之命，急如風霆。本曹尉韋重規其室方娠而疾，畏郢之暴，不敢以事故免。佶因請代，役無愆程，當時義之。德宗南狩，佶詣行在，拜拾遺，轉補闕。李懷光以河中叛，朝廷欲以含垢爲意，佶抗議請討，上深器之，前席慰勉〔八〕。三遷吏部員外，歷駕部兵部郎中，遷諫議大夫。會黔中觀察使韋士宗慘酷馭下〔九〕，爲夷獠所逐，俾佶代之，酋渠自化。其後爲瘴毒所侵，堅請入覲，拜同州刺史。徵入爲中書舍人，遷尚書右丞。時兵部尚書李巽兼鹽鐵使，將以使局置於本行，經構已半，會佶拜命，堅執以爲不可，遂令徹之。巽恃恩而強，時重佶之有守，就拜吏部侍郎。以疾除國子祭酒，尋遷工部尚書致仕。元和八年卒，年六十二，贈吏部尚書。佶清勁溫敏，凡所定交，時稱爲第一流。與鄭餘慶特相友善，佶歿後，餘慶行朋友之服，搢紳美之。

史臣曰：魏知古、盧懷愼、源乾曜、李元紘、杜暹、韓休、裴耀卿，悉藴器能，咸居宰輔。或心存啓沃，或志在薦賢，或出愛子爲外官，或止屯田於關輔，或不受蕃人之賂，或堅劾伯獻之姦，或廣漕渠以充國用：此皆立事立功，有足嘉尚者也。盧、李、杜三君子，又以淸白垂美簡書，公孫弘之流也。乾曜職當機密，無所是非，持祿保身，焉用彼相？

贊曰：盧、魏、乾曜，弼違進賢。裴、韓、李、杜，遠財劾姦。汗簡書事，淸風肅然。萬歲之後，其名不刊。

校勘記

〔一〕下明敕 「敕」字各本原作「策」，據唐會要卷五〇改。

〔二〕七月 各本原作「十月」，據册府卷一三三改。

〔三〕突騎施 「突」字下各本原有「厥」字，據新書卷一二六杜暹傳删。

〔四〕豈是故欲來往 「來」字各本原作「不」，據册府卷四九八改。

〔五〕江南 各本原作「河南」，據唐會要卷八七、册府卷四九八改。

〔六〕臣前後頻在州縣或緣雜犯決人 「臣」「雜」二字各本原無，據英華卷六一九、全唐文卷二九七補。

〔七〕莫敖狃於蒲騷之役 「狃」字各本原作「敗」，據左傳桓公十三年、册府卷五四六改。

〔八〕前席慰勉 「勉」字各本原作「免」，據合鈔卷一四九裴耀卿傳改。

〔九〕韋士宗 「宗」字各本原作「文」，據本書卷一三德宗紀下、通鑑卷二三五改。

舊唐書卷九十九

列傳第四十九

崔日用 從兄日知 張嘉貞 弟嘉祐 蕭嵩 子華 張九齡 仲方 李適之 子季卿 嚴挺之

崔日用，滑州靈昌人，其先自博陵徙家焉。進士舉，初爲芮城尉。大足元年，則天幸長安，路次陝州。宗楚客時爲刺史，日用支供頓事，廣求珍味，稱楚客之命，偏饋從官。楚客知而大加賞歎，盛稱薦之，由是擢爲新豐尉。無幾，拜監察御史。

神龍中，祕書監鄭普思納女後宮，潛謀左道，日用遽奏劾之。普思方承恩，中宗不之省，日用廷爭懇至，詞甚抗直，普思竟伏其罪。時宗楚客、武三思、武延秀等遞爲朋黨，日用潛皆附之，驟遷兵部侍郎兼修文館學士。中宗暴崩，韋庶人稱制，日用恐禍及己。知玄宗將圖義舉，乃因沙門普潤、道士王曄密詣藩邸，深自結納，潛謀翼戴。玄宗嘗謂曰：「今謀此舉：直爲親，不爲身。」日用曰：「此乃孝感動天，事必克捷。望速發，出其不意，若少遲延，或恐生變。」及討平韋氏，其夜，令權知雍州長史事。以功授銀青光祿大夫、黃門侍郎，參知機務，封齊國公，食實封二百戶。

爲相月餘，與中書侍郎薛稷不協，於中書忿競，由是轉雍州長史，停知政事。尋出爲揚州長史，歷婺、汴二州刺史、兗州都督、荆州長史。因入奏事，言：「太平公主謀逆有期，陛下往在宮府，欲有討捕，猶是子道臣道，須用謀用力。今旣光臨大寶，但須下一制，誰敢不從？忽姦宄得志，則禍亂不小。」上曰：「誠如此，直恐驚動太上皇，卿宜更思之。」日用曰：「臣聞天子孝與庶人孝全別。庶人孝，謹身節用，承順顏色；天子孝，安國家，定社稷。今若逆黨竊發，卽大業都棄，豈得成天子之孝乎！伏請先定北軍，次收逆黨，卽不驚動太上皇。」玄宗從其議。及討蕭至忠、竇懷貞之際，又令權檢校雍州長史，加實封通前滿四百戶。尋拜吏部尙書。

日用嘗採毛詩大雅、小雅二十篇及司馬相如封禪書，因上生日表上之，以申規諷，幷述告成之事。手詔答曰：「夫詩者，動天地，感鬼神，厚於人，美於教矣。朕志之所尙，思與之齊，庶乎採詩之官，補朕之闕。且古者封禪，升中告成，朕以菲德，未明於至道。竦然以聽，頗壯相如之詞；惕然載懷，復慚夷吾之語。卿洽聞彊見，溫故知新，逮此發揮，益彰忠懇。

豈非討蓬山之籍，心不忘於起予；因蘭殿之祥，言固深於啓沃。朕循環覽諷，用慰于懷。今賜卿衣裳一副、物五十段，以示無言不酬之信也。」

尋出爲常州刺史，削實封三百戶，轉汝州刺史。開元七年，差降口賦，特下敕曰：「唐元之際，逆黨搆凶，崔日用當時潛論其事，及于戡翦，實預元謀，而所食之封，後以例減。功旣居多，特宜準初食之封，與二百戶。」十年，轉幷州大都督長史。尋卒，時年五十，贈吏部尙書，謚曰昭。後又贈荆州大都督，子宗之襲。

日用才辯過人，見事敏速，每朝廷有事，轉禍爲福，以取富貴。及先天已後，復求入相，竟亦不遂。常謂人曰：「吾一生行事，皆臨時制變，不必重專守始謀。每一念之，不覺芒刺在於背也。」

日用從父兄日知，亦有吏幹。景雲中，爲洛州司馬。會譙王重福入東都作亂，羣臣皆避難逃匿，日知獨督率人吏赴留守，與屯營合勢討賊。重福旣死，以功加銀青光祿大夫，累遷京兆尹。坐贓爲御史李如璧所劾，左遷歙縣丞，俄又歷遷殿中監。日知素與張說友善，說薦之，奏請授御史大夫。上不許，遂以爲左羽林衞大將軍，而以河南尹崔隱甫爲御史大夫，隱甫由是與說不叶。日知俄遷太常卿。自以歷任年久，每朝士參集，常與尙書同列，時人號爲「尚書裏行」，遂爲口實。開元十六年，出爲潞州大都督府長史。尋以年老致仕，卒，謚曰襄。

張嘉貞，蒲州猗氏人也。弱冠應五經舉，拜平鄉尉，坐事免歸鄉里。長安中，侍御史張循憲爲河東採訪使，薦嘉貞材堪憲官，請以己之官秩授之。則天召見，垂簾與之言，嘉貞奏曰：「以臣草萊而得入謁九重，是千載一遇也。咫尺之間，如隔雲霧，竟不覩日月，恐君臣之道有所未盡。」則天遽令卷簾，與語大悅，擢拜監察御史。累遷中書舍人，歷秦州都督、并州長史，爲政嚴肅，甚爲人吏所畏。

開元初，因奏事至京師，上聞其善政，數加賞慰。嘉貞因奏曰：「臣少孤，兄弟相依以至今。臣弟嘉祐，今授鄯州別駕，與臣各在一方，同心離居，魂絕萬里。乞移就臣側近，臣兄弟盡力報國，死無所恨。」上嘉其友愛，特改嘉祐爲忻州刺史。

時突厥九姓新來內附，散居太原以北，嘉貞奏請置軍以鎮之，於是始於并州置天兵軍，以嘉貞爲使。六年春，嘉貞又入朝。俄有告其在軍奢僭及贓賄者，御史大夫王晙因而劾奏之，按驗無狀，上將加告者反坐之罪。嘉貞奏曰：「昔者天子聽政於上，瞍賦矇誦，百工諫，庶人謗，而後天子斟酌焉。今反坐此輩，是塞言者之路，則天下之事無由上達。特望免此罪，以廣謗誦之道。」從之，遂令減死。自是帝以嘉貞爲忠。嘉貞又嘗奏曰：「今志力方壯，是効命之秋，更三數年，卽衰老無能爲也。惟陛下早垂任使，死且不憚。」上以其明辯，尤重之。八年春，宋璟、蘇頲罷知政事，擢嘉貞爲中書侍郎、同中書門下平章事。數月，加銀青光祿大夫，遷中書令。

嘉貞斷決敏速，善於敷奏，然性強躁自用，頗爲時論所譏。時中書舍人苗延嗣呂太一、考功員外郎員嘉靜、殿中侍御史崔訓，皆嘉貞所引，位列淸要，常在嘉貞門下共議朝政，時人爲之語曰：「令公四俊，苗、呂、崔、員。」

開元十年，車駕幸東都。有洛陽主簿王鈞爲嘉貞修宅，將以求御史，因受贓事發，上特令朝堂集衆決殺之。嘉貞促所由速其刑以滅口，乃歸罪於御史大夫韋抗、中丞韋虛心，皆貶黜之。其冬，祕書監姜皎犯罪，嘉貞又附會王守一奏請杖之，皎遂死于路。俄而廣州都督裴伷先下獄，上召侍臣問當何罪，嘉貞又請杖之。兵部尙書張說進曰：「臣聞刑不上大夫，以其近於君也。故曰：『士可殺，不可辱。』臣今秋受詔巡邊，中途聞姜皎以罪於朝堂決杖，配流而死。皎官是三品，亦有微功。若其有犯，應死卽殺，應流卽流，不宜決杖廷辱，以卒伍待之。且律有八議，勳貴在焉。皎事已往，不可追悔。伷先祇宜據狀流貶，不可輕又決罰。」上然其言。嘉貞不悅，退謂說曰：「何言事之深也？」說曰：「宰相者，時來即爲，豈能長據？若貴臣盡當可杖，但恐吾等行當及之。此言非爲伷先，乃爲天下士君子也。」初，嘉貞爲兵部員外郎，時張說爲侍郎。及是，說位在嘉貞下，既無所推讓，說頗不平，因以此言激怒嘉貞，由是與說不叶。上又以嘉貞弟嘉祐爲金吾將軍，兄弟並居將相之位，甚爲時人之所畏憚。十一年，上幸太原行在所，嘉祐贓汙事發，張說勸嘉貞素服待罪，不得入謁，因出爲幽州刺史，說遂代爲中書令。嘉貞惋恨，謂人曰：「中書令幸有二員，何相迫之甚也！」明年，復拜戶部尙書，兼益州長史，判都督事。敕嘉貞就中書省與宰相會宴，嘉貞既恨張說擠己，因攘袂勃罵，源乾曜、王晙共和解之。

明年，坐與王守一交往，左轉台州刺史。復代盧從愿爲工部尙書、定州刺史，知北平軍事，累封河東侯。將行，上自賦詩，詔百僚於上東門外餞之。至州，於恆嶽廟中立頌，嘉貞自爲其文，乃書於石，其碑用白石爲之，素質黑文，甚爲奇麗。先是，嶽祠爲遠近祈賽，有錢數百萬，嘉貞自以爲頌文之功，納其數萬。十七年，嘉貞以疾請就醫東都，制從之。至都，目瞑無所見，上令醫人內直郎田休裕、郎將呂弘泰馳傳往省療之。其秋卒，年六十四，贈益州大都督，諡曰恭肅。

嘉貞雖久歷淸要，然不立田園。及在定州，所親有勸植田業者，嘉貞曰：「吾忝歷官榮，曾任國相，未死之際，豈憂飢餒？若負譴責，雖富田莊，亦無用也。比見朝士廣占良田，及身沒後，皆爲無賴子弟作酒色之資，甚無謂也。」聞者皆歎伏。

初，嘉貞作相，薦萬年縣主簿韓朝宗，擢爲監察御史。及嘉貞卒後十數歲，朝宗爲京兆尹，因奏曰：「自陛下臨御已來，所用宰相，皆進退以禮，善始令終，身雖已沒，子孫咸在朝廷。唯張嘉貞晚年一子，今猶未登官序。」上亦憫然，遽令召之，賜名延賞，特拜左內率府兵曹參軍。德宗朝，位至宰輔，自有傳。

嘉祐，有幹略，自右金吾將軍貶浦陽府折衝，至二十五年，爲相州刺史。相州自開元已來，刺史死貶者十數人，嘉祐訪知尉遲迥周末爲相州總管，身死國難，乃立其神祠以邀福。經三考，改左金吾將軍。後吳兢爲鄴郡守，又加尉遲神冕服。自後郡守無患。

蕭嵩，貞觀初左僕射、宋國公瑀之曾姪孫。祖鈞，中書舍人，有名於時。嵩美鬚髯，儀形偉麗。初，娶會稽賀晦女，與吳郡陸象先爲僚婿。象先時爲洛陽尉，宰相子，門望甚高；嵩尙未入仕。宣州人夏榮稱有相術，謂象先曰：「陸郞十年內位極人臣，然不及蕭郞一門盡貴，官位高而有壽。」時人未之許。

神龍元年，嵩調補洛州參軍。尋而侍中、扶陽王桓彥範出爲洛州刺史，見之推重，待以殊禮。景雲元年，爲醴泉尉。時陸象先已爲中書侍郎，引爲監察御史。及象先知政事，嵩又驟遷殿中侍御史。開元初，爲中書舍人，與崔琳、王丘、齊澣同列，皆以嵩寡學術，未異之，而紫微令姚崇許其致遠，眷之特深。歷宋州刺史，三遷爲尚書左丞、兵部侍郎。

十五年，涼州刺史、河西節度王君㚟恃衆每歲攻擊吐蕃。吐蕃大將悉諾邏恭祿及燭龍莽布支攻陷瓜州城，執刺史田元獻及君㚟父壽，盡取城中軍資及倉糧，仍毁其城而去。又攻玉門軍及常樂縣，縣令賈師順嬰城固守，賊遂引退。無何，君㚟又爲迴紇諸部殺之於鞏笔驛，河、隴震駭。玄宗以君㚟勇將無謀，果及於難，擇堪邊任者，乃以嵩爲兵部尚書、河西節度使，判涼州事。嵩乃請以裴寬、郭虛己、牛仙客在其幕下，又請以建康軍使、左金吾將軍張守珪爲瓜州刺史，修築州城，招輯百姓，令其復業。又加嵩銀青光祿大夫。時悉諾邏恭祿威名甚振，嵩乃縱反間於吐蕃，言其與中國潛通，贊普遂召而誅之。明年秋，吐蕃大下，悉末朗復率衆攻瓜州〔一〕，守珪出兵擊走之。隴右節度使、鄯州都督張志亮引兵至青海西南渴波谷〔二〕，與吐蕃接戰，大破之。八月，嵩又遣副將杜賓客率弩手四千人，與吐蕃戰于祁連城下，自晨至暮，散而復合，賊徒大潰，臨陣斬其副將一人，散走山谷，哭聲四合。露布至，玄宗大悅，乃加嵩同中書門下三品，恩顧莫比。

十七年，授宇文融、裴光庭宰相，又加嵩兼中書令。自十四年燕國公張說罷中書令後，缺此位四年，而嵩居之。常帶河西節度，遙領之。加集賢殿學士、知院事，兼修國史，進位金紫光祿大夫。子衡，尚新昌公主，嵩夫人賀氏入覲拜席，玄宗呼爲親家母，禮儀甚盛。尋又進封徐國公。二十一年二月，侍中裴光庭卒。光庭與嵩同位數年，情頗不協，及是，玄宗遣嵩擇相，嵩以右丞韓休長者，舉之。及休入相，嵩舉事，休峭直，輒不相假，互於玄宗前論曲直，因讓位。玄宗眷嵩厚，乃許嵩授尚書右丞相，令罷相，以休爲工部尚書。尋又以嵩子華爲給事中。

二十四年，拜太子太師。及幽州節度使張守珪坐賂遺中官牛仙童，貶爲括州刺史，嵩嘗賄仙童，李林甫發之，貶靑州刺史。尋又追拜太子太師，嵩又請老。嵩性好服餌，及罷相，於林園植藥，合鍊自適。華時爲工部侍郎，衡以主婿三品，嵩皤然就養十餘年，家財豐贍，衣冠榮之。天寶八年薨，年八十餘，贈開府儀同三司。

子華，天寶末轉兵部侍郎。祿山之亂，從駕不及，陷賊，僞署魏州刺史。乾元元年，郭子儀與九節度之師渡河攻安慶緒於相州，華潛通表疏，俟官軍至爲內應。賊伺知之，禁錮華於獄。崔光遠收魏州，破械出華。魏人美華之惠政，詣光遠請留，朝廷正授魏州刺史。

既而史思明率衆南下，子儀懼華復陷，乃表崔光遠代華，召至軍中。及相州兵潰，華歸京，仍以僞命所汙，降授試祕書少監。華謹重方雅，綽有家法，人士稱之。尋遷尚書右丞。乾元二年，出爲河中尹、河中晉絳節度使。

上元元年十二月，制曰：「弼予之選，審象是求，天步未平，廟謨尤切。必資明表，佇以佐時，晝一之才，取則不遠。正議大夫、前河中尹、兼御史中丞、充本府晉絳等州節度觀察等使、上柱國、嗣徐國公、賜紫金魚袋蕭華，公輔成名，承家繼業，詞標麗則，德蘊謨明。再履宮坊，尤知至行，致君望美，閱相求能。且推伊陟之賢，更啓漢臣之閤，還依日月，佐理陰陽。俾參政於紫宸，用建中於皇極。可中書侍郎、同中書門下平章事、集賢殿崇文館大學士，監修國史。」

時中官李輔國專典禁兵，怙寵用事，求爲宰相，諷宰臣裴冕等薦己，華頗拒之，輔國怒。肅宗方寢疾，輔國矯命罷華相位，守禮部尚書，仍引元載代華。肅宗崩，代宗在諒闇，元載希輔國旨，貶華爲硤州員外司馬，卒於貶所。

衡子復，德宗朝位亦至宰輔。

華子恆、悟。恆子俛，大和中宰輔；悟子倣，咸通中宰輔，皆自有傳。

張九齡字子壽，一名博物。曾祖君政，韶州別駕，因家于始興，今爲曲江人。父弘愈，以九齡貴，贈廣州刺史。九齡幼聰敏，善屬文。年十三，以書干廣州刺史王方慶，大嗟賞之，曰：「此子必能致遠。」登進士第，應舉登乙第，拜校書郎。玄宗在東宮，舉天下文藻之士，親加策問，九齡對策高第，遷右拾遺。

時帝未行親郊之禮，九齡上疏曰：

伏以天者，百神之君，而王者之所由受命也。自古繼統之主，必有郊配之義，蓋以敬天命以報所受。故於郊之義，則不以德澤未洽，年穀不登，凡事之故，而闕其禮。孝經云：「昔者周公郊祀后稷以配天。」斯謂成王幼沖，周公居攝，猶用其禮，明不暫廢。漢丞相匡衡亦云：「帝王之事，莫重乎郊祀。」董仲舒又云：「不郊而祭山川，失祭之序，逆於禮正，故春秋非之。」臣愚以爲匡衡、仲舒，古之知禮者，皆謂郊之爲祭所宜先也。伏惟陛下紹休聖緒，其命惟新，御極已來，於今五載，既光太平之業，未行大報之禮，竊考經傳，義或未通。今百穀嘉生，鳥獸咸若，夷狄內附，兵革用寧。將欲鑄劍爲農，泥金封禪，用彰功德之美，允答神祇之心。能事畢行，光耀帝載。況郊祀常典，猶闕其儀，有若怠於事天，臣恐不可以訓。伏望以迎日之至，展焚柴之禮，升紫壇，陳采席，定天位，明天道，則聖朝典則，可謂無遺矣。

九齡以才鑒見推，當時吏部試拔萃選人及應舉者，咸令九齡與右拾遺趙冬曦考其等第，前後數四，每稱平允。開元十年，三遷司勳員外郎。時張說爲中書令，與九齡同姓，敍爲昭穆，尤親重之，常謂人曰：「後來詞人稱首也。」九齡既欣知己，亦依附焉。十一年，拜中書舍人。

十三年，車駕東巡，行封禪之禮。說自定侍從升中之官，多引兩省錄事主書及己之所親攝官而上，遂加特進階，超授五品。初，令九齡草詔，九齡言於說曰：「官爵者，天下之公器，德望爲先，勞舊次焉。若顛倒衣裳，則譏謗起矣。今登封霈澤，千載一遇。淸流高品，不沐殊恩；胥吏末班，先加章紱。但恐制出之後，四方失望。今進草之際，事猶可改，唯令公審籌之，無貽後悔也。」說曰：「事已決矣，悠悠之談，何足慮也！」竟不從。及制出，內外甚咎於說。

時御史中丞宇文融方知田戶之事，每有所奏，說多建議違之，融亦以此不平於說。九齡復勸說爲備，說又不從其言。無幾，說果爲融所劾，罷知政事，九齡亦改太常少卿，尋出爲冀州刺史。九齡以母老在鄉，而河北道里遼遠，上疏固請換江南一州，望得數承母音耗，優制許之，改爲洪州都督。俄轉桂州都督，仍充嶺南道按察使。上又以其弟九章、九皐爲嶺南道刺史，令歲時伏臘，皆得寧覲。

初，張說知集賢院事，常薦九齡堪爲學士，以備顧問。說卒後，上思其言，召拜九齡爲祕書少監、集賢院學士，副知院事。再遷中書侍郎。常密有陳奏，多見納用。尋丁母喪歸鄉里。二十一年十二月，起復拜中書侍郎、同中書門下平章事。明年，遷中書令，兼修國史。

時范陽節度使張守珪以裨將安祿山討奚、契丹敗衄，執送京師，請行朝典。九齡奏劾曰：「穰苴出軍，必誅莊賈；孫武教戰，亦斬宮嬪。守珪軍令必行，祿山不宜免死。」上特捨之。九齡奏曰：「祿山狼子野心，面有逆相，臣請因罪戮之，冀絕後患。」上曰：「卿勿以王夷甫知石勒故事，誤害忠良。」遂放歸藩。

二十三年，加金紫光祿大夫，累封始興縣伯。李林甫自無學術，以九齡文行爲上所知，心頗忌之。乃引牛仙客知政事，九齡屢言不可，帝不悅。二十四年，遷尚書右丞相，罷知政事。後宰執每薦引公卿，上必問：「風度得如九齡否？」故事皆搢笏於帶，而後乘馬，九齡體羸，常使人持之，因設笏囊。笏囊之設，自九齡始也。

初，九齡爲相，薦長安尉周子諒爲監察御史。至是，子諒以妄陳休咎，上親加詰問，令於朝堂決殺之。九齡坐引非其人，左遷荆州大都督府長史。俄請歸拜墓，因遇疾卒，年六十八，贈荆州大都督，謚曰文獻〔三〕。九齡在相位時，建議復置十道採訪使，又教河南數州水種稻，以廣屯田。議置屯田，費功無利，竟不能就，罷之。性頗躁急，動輒忿詈，議者以此少之。

子拯〔四〕，伊闕令。祿山之亂陷賊，不受僞命；兩京克復，詔加太子右贊善。弟九皐，自尙書郎歷唐、徐、宋、襄、廣五州刺史。九章，歷吉、明、曹三州刺史，鴻臚卿。

九齡爲中書令時，天長節百僚上壽，多獻珍異，唯九齡進金鏡錄五卷，言前古興廢之道，上賞異之。又與中書侍郎嚴挺之、尙書左丞袁仁敬、右庶子梁升卿、御史中丞盧怡結交友善。挺之等有才幹，而交道終始不渝，甚爲當時之所稱。至德初，上皇在蜀，思九齡之先覺，下詔褒贈，曰：「正大廈者柱石之力，昌帝業者輔相之臣。生則保其榮名，歿乃稱其盛德，飾終未允於人望，加贈實存乎國章。故中書令張九齡，維嶽降神，濟川作相，開元之際，寅亮成功。讜言定其社稷，先覺合於蓍策，永懷賢弼，可謂大臣。竹帛猶存，樵蘇必禁，爰從八命之秩，更進三台之位。可贈司徒，仍遣使就韶州致祭。」有集二十卷。

九皐曾孫仲方，少朗秀。爲兒童時，父友高郢見而奇之，曰：「此子非常，必爲國器，吾獲高位，必振發之。」後郢爲御史大夫，首請仲方爲御史。歷金州刺史，郡人有田產爲中人所奪，仲方三疏奏聞，竟理其冤。入爲度支郎中，駁李吉甫謚，吉甫之黨惡之，出爲遂州司馬。

稍遷復、曹、鄭三郡守。爲諫議大夫。時鄠縣令崔發因辱小黃門，敬宗赫怒，付臺推鞫。及元日大赦，獨發不得宥。仲方上疏，其略曰：「鴻恩將布於天下，而不行御前；霈澤始被於昆蟲，而獨遺崔發。」由是發得不死，時論美之。大和九年，爲京兆尹，將相從累者皆大戮，仲方密令識之。旋詔下許令收葬，得認遺骸，實仲方之力也。是時軍人橫恣，仲方脂韋，坐不稱職，出爲華州刺史，改祕書監。開成二年卒，年七十二，贈禮部尚書，謚曰成。

李適之，一名昌，恆山王承乾之孫也。父象，官至懷州別駕。適之，神龍初起家拜左衞郎將。開元中，累遷通州刺史，以強幹見稱。時給事中韓朝宗爲按察使，特表薦之，擢拜秦州都督。俄轉陝州刺史，入爲河南尹。適之性簡率，不務苛細，人吏便之。歲餘，拜御史大夫。開元二十七年，兼幽州大都督府長史，知節度事。適之以祖得罪見廢，父又遭則天所黜，葬禮有闕，上疏請歸葬昭陵之闕內。於是下詔追贈承乾爲恆山愍王，象爲越州都督、郇國公，伯父厥及亡兄數人並有褒贈。數喪同至京師，葬禮甚盛，仍刊石於墳所。俄拜刑部尚書。適之雅好賓友，飲酒一斗不亂，夜則宴賞，晝決公務，庭無留事。

天寶元年，代牛仙客爲左相，累封淸和縣公。與李林甫爭權不叶，適之性疏，爲其陰中。林甫嘗謂適之曰：「華山有金鑛，採之可以富國，上未之知。」適之心善其言，他日從容奏之。玄宗大悅，顧問林甫，對曰：「臣知之久矣。然華山陛下本命，王氣所在，不可穿鑿，臣故不敢上言。」帝以爲愛己，薄適之言疏。隴右節度皇甫惟明、刑部尚書韋堅、戶部尚書裴寬、京兆尹韓朝宗，悉與適之善，林甫皆中傷之，構成其罪，相繼放逐。適之懼不自安，求爲散職。五載，罷知政事，守太子少保。遽命親故歡會，賦詩曰：「避賢初罷相，樂聖且銜盃。爲問門前客，今朝幾箇來？」竟坐與韋堅等相善，貶宜春太守。後御史羅希奭奉使殺韋堅、盧幼臨、裴敦復、李邕等於貶所，州縣且聞希奭到，無不惶駭。希奭過宜春郡，適之聞其來，仰藥而死。

子季卿，弱冠舉明經，頗工文詞。應制舉，登博學宏詞科，再遷京兆府鄠縣尉。肅宗朝，累遷中書舍人，以公事坐貶通州別駕。代宗卽位，大舉淹抑，自通州徵爲京兆少尹。尋復中書舍人，拜吏部侍郎。俄兼御史大夫，奉使河南、江淮宣慰，振拔幽滯，進用忠廉，時人稱之。在銓衡數年，轉右散騎常侍。季卿有宇量，性識博達，善與人交，襟懷豁如。其在朝以進賢爲務，士以此多之。大曆二年卒，贈禮部尚書。

孫融，立性嚴整，善吏事。貞元十年，歷官至渭州節度使卒。

嚴挺之，華州華陰人。叔父方嶷，景雲中戶部郎中。挺之少好學，舉進士。神龍元年，制舉擢第，授義興尉。遇姚崇爲常州刺史，見其體質昂藏，雅有吏幹，深器異之。及崇再入爲中書令，引挺之爲右拾遺。

睿宗好樂，聽之忘倦，玄宗又善音律。先天二年正月望，胡僧婆陀請夜開門燃百千燈，睿宗御延喜門觀樂，凡經四日。又追作先天元年大酺，睿宗御安福門樓觀百司酺宴，以夜繼晝，經月餘日。挺之上疏諫曰：

微臣竊惟陛下應天順人，發號施令，躬親大禮，昭布鴻澤，孜孜庶政，業業萬幾。蓋以天下心爲心，深戒安危之理，此誠堯、舜、禹、湯之德敎也。奈何親御城門，以觀大酺，累日兼夜，臣愚竊所未諭。

夫酺者，因人所利，合醵爲歡，無相奪倫，不至糜弊。且臣卜其晝，史册攸存，君舉必書，帝王重慎。今乃暴衣冠於上路，羅妓樂於中宵。雜鄭、衞之音，縱倡優之樂。陛下還淳復古，宵衣旰食，不矜細行，恐非聖德所宜。臣以爲一不可也。

譙何警夜，伐鼓通晨，以備非常，存之善敎。今陛下不深惟戒愼，輕違動息，重門弛禁，巨猾多徒。倘有躍馬奔車，流言駭叫，一塵聽覽，有累宸衷。臣以爲二不可也。

且一人向隅，滿堂不樂；一物失所，納隍增慮。陛下北宮多暇，西墉暫臨。青春日長，已積埃塵之弊；紫微漏永，重竊歌舞之樂。倘令有司跛倚，下人飢倦，以陛下近猶不恤，而況於遠乎！聖情攸聞，豈不懍然祗畏。臣以爲三不可也〔五〕。

且元正首祚，大禮頻光，百姓顒顒，咸謂業盛配天，功垂曠代。今陛下恩似薄於衆望，酺卽過於往年。王公貴人，各承微旨；州縣坊曲，競爲課稅。吁嗟道路，貿易家產，損萬人之力，營百戲之資。適欲同其歡，而乃遺其患，復令兼夜，人何以堪？臣以爲四不可也〔六〕。

書曰：「罔咈百姓，以從己之欲。」況自去夏霪霖，經今亢旱，農乏收成，市有騰貴。損其實，崇其虛，馳不急之務，擾方春之業。前代聖主明王，忽於細微而成過患多矣，陛下可效之哉？伏望晝則歡娛，暮令休息，要令兼夜，恐無益於聖朝。

上納其言而止。

時侍御史任知古恃憲威，於朝行詬詈衣冠，挺之深讓之，以爲不敬，乃爲臺司所劾，左遷萬州員外參軍。開元中，爲考功員外郎。典舉二年，大稱平允，登科者頓減二分之一。遷考功郎中，特敕又令知考功貢舉事，稍遷給事中。時黃門侍郎杜暹、中書侍郎李元紘同列爲相，不叶。暹與挺之善，元紘素重宋遙，引爲中書舍人。及與起居舍人張烜等同考吏部等第判，遙復與挺之好尚不同，遙言於元紘。元紘詰譙挺之，挺之曰：「明公位尊國相，情溺小人，乃有憎惡，甚爲不取也。」詞色俱厲。元紘曰：「小人爲誰？」挺之曰：「卽宋遙也。」因出爲登州刺史、太原少尹。殿中監王毛仲使太原、朔方、幽州，計會兵馬，事隔數年，乃牒太原索器仗。挺之以不挾敕，毛仲寵幸久，恐有變故，密奏之。尋遷濮、汴二州刺史。挺之所歷皆嚴整，吏不敢犯，及莅大郡，人乃重足側息。

二十年，毛仲得罪賜死，玄宗思曩日之奏，擢爲刑部侍郎，深見恩遇，改太府卿。與張九齡相善，九齡入相，用挺之爲尚書左丞，知吏部選，陸景融知兵部選，皆爲一時精選。時侍中裴耀卿、禮部尚書李林甫與九齡同在相位，九齡以詞學進，入視草翰林，又爲中書令，甚承恩顧。耀卿與九齡素善，林甫巧密，知九齡方承恩遇，善事之，意未相與。林甫引蕭炅爲戶部侍郎，嘗與挺之同行慶弔，客次有禮記，蕭炅讀之曰：「蒸嘗伏獵。」炅早從官，無學術，不識「伏臘」之意，誤讀之。挺之戲問，炅對如初。挺之白九齡曰：「省中豈有『伏獵侍郎』？」由是出爲岐州刺史，林甫深恨之。九齡嘗欲引挺之同居相位，謂之曰：「李尚書深承聖恩，足下宜一造門款狎。」挺之素負氣，薄其爲人，三年，非公事竟不私造其門，以此彌爲林甫所嫉。及挺之囑蔚州刺史王元琰，林甫使人詰於禁中，以此九齡罷相，挺之出爲洺州刺史，二十九年，移絳郡太守。

天寶元年，玄宗嘗謂林甫曰：「嚴挺之何在？此人亦堪進用。」林甫乃召其弟損之至門敍故，云「當授子員外郎」，因謂之曰：「聖人視賢兄極深，要須作一計，入城對見，當有大用。」令損之取絳郡一狀，云：「有少風氣，請入京就醫。」林甫將狀奏云：「挺之年高，近患風，且須授閑官就醫。」玄宗歎吒久之。林甫奏授員外詹事，便令東京養疾。

挺之素歸心釋典，事僧惠義。及至東都，鬱鬱不得志，成疾。自爲墓誌曰：「天寶元年，嚴挺之自絳郡太守抗疏陳乞，天恩允請，許養疾歸閑，兼授太子詹事。前後歷任二十五官，每承聖恩，嘗忝獎擢，不盡驅策，駑蹇何階，仰答鴻造？春秋七十，無所展用，爲人士所悲。其年九月，寢疾，終於洛陽某里之私第。十一月，葬於大照和尚塔次西原，禮也。盡忠事君，叨載國史，勉拙從仕，或布人謠。陵谷可以自紀，文章焉用爲飾。遺文薄葬，斂以時服。」挺之與裴寬皆奉佛。開元末，惠義卒，挺之服縗麻送於龕所。寬爲河南尹，僧普寂卒，寬與妻子皆服縗絰，設次哭臨，妻子送喪至嵩山。故挺之誌文云「葬於大照塔側」，祈其靈祐也。挺之素重交結，有許與，凡舊交先歿者，厚撫其妻子，凡嫁孤女數十人，時人重之。

子武，廣德中黃門侍郎、成都尹、劍南節度使。

史臣曰：崔日用附會三思，以取高位，預討韋氏，遂握重權。自言「吾一生行事，皆臨時制變，不必專守始謀」，信矣。與夫守死善道者，不可同年而語也。張嘉貞雖不立田園，奈急於勢利，朋比近習，杖姜晈、伷先，非中立之士也。蕭嵩位極中令，畢政無聞，樹破虜之勳，眞致遠之器。九齡文學政事，咸有所稱，一時之選也。適之臨下雖簡，在公克勤，惜乎不得其死也！挺之才略器識，不下諸公，恥近權門，爲人所惡，不登台輔，養疾宮僚。雖富貴在天，窮達有命，彼林甫者，誠可投畀豺虎也。

贊曰：開元之代，多士盈庭。日用無守，嘉貞近名。嵩、齡、適、挺，各有度程。大位俱極，半慚德馨。

校勘記

〔一〕悉末朗　各本原作「悉末明」，據本書卷一九六上吐蕃傳、通鑑卷二一三改。

〔二〕渴波谷　各本原作「遏波谷」，據本書卷一九六上吐蕃傳、通鑑卷二一三改。

〔三〕文獻　「獻」字各本原作「憲」，據唐會要卷八〇改。

〔四〕子拯　「拯」字各本原作「極」，據新書卷七二下宰相世系表、卷一二六張九齡傳改。

〔五〕三不可也　「三」字各本原作「四」，據唐會要卷五六、冊府卷五四五改。

〔六〕四不可也　「四」字各本原作「五」，據唐會要卷五六、冊府卷五四五改。

舊唐書卷一百

列傳第五十

尹思貞 李傑 解琬 畢構 蘇珦 子晉 鄭惟忠 王志愔
盧從愿 李朝隱 裴漼 從祖弟寬 王丘

尹思貞，京兆長安人也。弱冠明經舉，補隆州參軍。時晉安縣有豪族蒲氏，縱橫不法，前後官吏莫能制。州司令思貞推按，發其姦贓萬計，竟論殺之，遠近稱慶，刻石以紀其事，由是知名。累轉明堂令，以善政聞。三遷殿中少監，檢校洺州刺史。會契丹孫萬榮作亂，河朔不安，思貞善於綏撫，境內獨無驚擾，則天降璽書褒美之。

長安中，七遷秋官侍郎，以忤張昌宗被構，出爲定州刺史，轉晉州刺史。尋復入爲司府少卿。時卿侯知一亦厲威嚴，吏人爲之語曰：「不畏侯卿杖，惟畏尹卿筆。」其爲人所伏若此。尋加銀青光祿大夫。於宅中掘得古戟十二，俄而門加棨戟，時人異焉。

神龍初，爲大理卿，時武三思擅權，御史大夫李承嘉附會之。雍州人韋月將上變，告三思謀逆，中宗大怒，命斬之。思貞以發生之月，固執奏以爲不可行刑，竟有敕決杖配流嶺南。三思令所司因此非法害之，思貞又固爭之。承嘉希三思旨，託以他事，不許思貞入朝廷。謂承嘉曰：「公擅作威福，不顧憲章，附託姦臣，以圖不軌，將先除忠良以自恣耶？」承嘉大怒，遂劾奏思貞，出爲青州刺史。境內有蠶一年四熟者，黜陟使、衞州司馬路敬潛八月至州，見蠶歎曰：「非善政所致，孰能至於此乎！」特表薦之。思貞前後爲十三州刺史，皆以清簡爲政，奏課連最。

睿宗卽位，徵爲將作大匠，累封天水郡公。時左僕射竇懷貞興造金仙、玉眞兩觀，調發夫匠，思貞常節減之。懷貞怒，頻詰責思貞，思貞曰：「公職居端揆，任重弼諧，不能翼贊聖明，光宣大化，而乃盛興土木，害及黎元，豈不愧也！又受小人之譖，輕辱朝臣，今日之事，不能苟免，請從此辭。」拂衣而去，闔門累日，上聞而特令視事。其年，懷貞伏誅，乃下制曰：「國之副相，位亞中台，自匪邦直，孰司天憲？將作大匠尹思貞，賢良方正，碩儒耆德，剛不護缺，清而畏知，簡言易從，莊色難犯。徵先王之體要，敷祐必陳；折佞臣之怙權，拂衣而謝。故以事聞海內，名動京師；鷹隼是擊，豺狼自遠。必能條理前弊，發揮舊章，宜承弄印之榮，式允登車之志。可御史大夫。」俄兼申王府長史，遷戶部尙書，轉工部尙書。以老疾累表請致仕，許之。開元四年卒，年七十七，贈黃門監，謚曰簡。

李傑，本名務光，相州滏陽人。後魏幷州刺史寶之後也，其先自隴西徙焉。傑少以孝友著稱，舉明經，累遷天官員外郎，明敏有吏才，甚得當時之譽。神龍初，累遷衞尉少卿，爲河東道巡察黜陟使，奏課爲諸使之最。開元初，爲河南尹。傑旣勤於聽理，每有訴列，雖衢路當食，無廢處斷，由是官無留事，人吏愛之。先是，河、汴之間有梁公堰，年久堰破，江、淮漕運不通。傑奏調發汴、鄭丁夫以濬之，省功速就，公私深以爲利，刊石水濱，以紀其績。

尋代宋璟爲御史大夫。時皇后妹婿尙衣奉御長孫昕與其妹婿楊仙玉因於里巷遇傑，遂毆擊之，上大怒，令斬昕等。散騎常侍馬懷素以爲陽和之月，不可行刑，累表陳請。乃下敕曰：「夫爲令者自近而及遠，行罰者先親而後疏。長孫昕、楊仙玉等憑恃姻戚，恣行凶險，輕侮常憲，損辱大臣，情特難容，故令斬決。今羣官等累陳表疏，固有誠請，以陽和之節，非肅殺之時，援引古今，詞義懇切。朕志從深諫，情亦惜法，宜寬異門之罰，聽從枯木之斃。卽宜決殺，以謝百僚。」

傑明年以護橋陵作，賜爵武威子。初，傑護作時，引侍御史王旭爲判官。旭貪冒受贓，傑將繩之而不得其實，反爲旭所構，出爲衢州刺史。俄轉揚州大都督府長史，又爲御史所劾，免官歸第。尋卒，贈戶部尚書。

解琬，魏州元城人也。少應幽素舉，拜新政尉，累轉成都丞。因奏事稱旨，超遷監察御史，丁憂離職。則天以琬識練邊事，起復舊官，令往西域安撫夷虜，抗疏固辭。則天嘉之，下敕曰：「解琬孝性淳至，哀情懇切，固辭權奪之榮，乞就終憂之典。足可以激揚風俗，敦獎名教，宜遂雅懷，允其所請。仍令服闋後赴上。」

聖曆初，遷侍御史，充使安撫烏質勒及十姓部落，咸得其便宜，蕃人大悅，以功擢拜御史中丞，兼北庭都護、持節西域安撫使。琬素與郭元振同官相善，遂爲宗楚客所毀，由是左遷滄州刺史。爲政務存大體，甚得人和。景龍中，遷右臺御史大夫，兼持節朔方行軍大總管。琬前後在軍二十餘載，務農習戰，多所利益，邊境安之。

景雲二年，復爲朔方軍大總管。琬分遣隨軍要籍官河陽丞張冠宗、肥鄉令韋景駿、普安令于處忠等校料三城兵募，於是減十萬人，奏罷之。尋授右武衞大將軍，兼檢校晉州刺史，賜爵濟南縣男。以年老乞骸骨，拜表訖，不待報而去。優詔加金紫光祿大夫，聽致仕，其祿準品全給。尋降璽書勞之曰：「卿器局堅正，才識高遠，公忠彰其立身，貞固足以幹事。類張騫之出使，同魏絳之和戎。職綰文武，功申方面，勤于王家，是爲國老。頃者，顧斯側景，願言勇退，深惜馬援之能，未遂祁奚之請。然章疏頻上，雅懷難奪。今知脫屣歸閑，拂衣高謝，固可以激勵頹俗，儀刑庶僚。永言終始，良可嘉尙。宜善攝養，以介期頤。」

未幾，吐蕃寇邊，復召拜左散騎常侍，令與吐蕃分定地界，兼處置十姓降戶。琬言吐蕃必潛懷叛計，請預支兵十萬於秦、渭等州嚴加防遏。其年冬，吐蕃果入寇，竟爲支兵所擊走之。俄又表請致仕，不許，遷太子賓客。開元五年，出爲同州刺史。明年卒，年八十餘。

畢構，河南偃師人也。父憬，則天時爲司衞少卿。構少舉進士。神龍初，累遷中書舍人。時敬暉等奏請降削武氏諸王，構次當讀表，旣聲韻朗暢，兼分析其文句，左右聽者皆歷然可曉。由是武三思惡之，出爲潤州刺史。累除益州大都督府長史。景雲初，召拜左御史大夫，轉陝州刺史，加銀青光祿大夫，封魏縣男。頃之，復授益州大都督府長史，兼充劍南道按察使。所歷州府，咸著聲績，在蜀中尤革舊弊，政號清嚴。睿宗聞而善之，璽書勞曰：

我國家創開天地，再造黎元，四夷來王，萬邦會至，置州立郡，分職設官。貞觀、永徽之前，皇猷惟穆；咸亨、垂拱之後，淳風漸替。征賦將急，調役頗繁，選吏舉人，涉於浮濫。省閣臺寺，罕有公直，苟貪祿秩，以度歲時。中外因循，紀綱弛紊，且無懲革，弊乃滋深。爲官既不擇人，非親卽賄；爲法又不按罪，作孽寧逃？貪殘放手者相仍，清白潔己者斯絕。蓋由賞罰不舉，生殺莫行。更以水旱時乖，邊隅未謐，日損一日，徵斂不休，大東小東，杼軸爲怨，就更割剝，何以克堪！

昔聞當官，以留犢還珠爲上；今之從職，以充車聯駟爲能。或交結富豪，抑棄貧弱；或矜假典正，樹立腹心。邑屋之間，囊篋俱委，或地有椿幹梓漆，或家有畜產資財，卽被暗通，並從取奪。若有固吝，卽因事以繩，粗杖大枷，動傾性命，懷冤抱痛，無所告陳。比差御史委令巡察，或有貴要所囑，未能不避權豪；或有親故在官，又罕絕於顏面。載馳原隰，徒煩出使之名；安問狐狸，未見埋車之節。揚清激濁，涇、渭不分；嫉惡好善，蕭、蘭莫別。官守既其若此，下人豈以聊生。數年已來，凋殘更甚。

卿孤潔獨行，有古人之風，自臨蜀川，弊化頓易，覽卿前後執奏，何異破柱求姦？諸使之中，在卿爲最。並能盡節似卿如此，百郡何憂乎不理，萬人何慮乎不安？卿當益堅，勿爲後顧。朕嘉卿直道，今賜袍帶並衣一副。尋拜戶部尙書，轉吏部尙書，並遙領益州大都督府長史。玄宗卽位，累拜河南尹，遷戶部尙書。開元四年，遇疾，上手疏醫方以賜之。時議戶部尙書爲凶官，遽改授太子詹事，冀其有瘳。尋卒，贈黃門監，謚曰景。

構初喪繼母時，有二妹在襁褓，親加鞠養，咸得成立。及構卒，二妹號絕久之，以撫育恩，遂制三年之服。其弟栩亦甚哀毀，並爲當時所稱。栩官至荊州司馬。

蘇珦，雍州藍田人。明經舉，累授鄠縣尉。雍州長史李義琰召而謂曰：「鄠縣本多訴訟，近日遂絕，訪問果由明公爲其疏理。」因顧指聽事曰：「此座卽明公座也，但恨非遲暮所見耳。」

垂拱初，拜右臺監察御史。時則天將誅韓、魯等諸王，使珦按其密狀，珦訊問皆無徵驗。或誣告珦與韓、魯等同情，則天召見詰問，珦抗議不回。則天不悅，曰：「卿大雅之士，朕當別有驅使，此獄不假卿也。」遂令珦於河西監軍。五遷右司郎中。時御史王弘義託附來俊臣，構陷無罪，朝廷疾之。嘗受詔於虢州採木，役使不節，丁夫多死，珦按奏其事，弘義竟以坐黜。珣尋遷給事中，累授左肅政臺御史大夫。時有詔白司馬坂營大像，糜費巨億，珣以妨農，上疏切諫，則天納焉。

神龍初，武三思擅權，韋月將告三思將有逆謀，返爲三思所構，中宗令斬之。珣奏非時不可行刑，由是忤三思旨，轉爲右御史大夫。尋出爲岐州刺史，復爲右臺大夫。會節愍太子敗，詔珣窮其黨與。時睿宗在藩，爲得罪者所引，珣因辯析事狀，密奏以保持之。中宗意解，因是多所原免，擢珣爲戶部尚書，賜爵河內郡公。尋授太子賓客、檢校詹事，以年老致仕。開元三年卒，年八十一，贈兗州都督，諡曰文。子晉，亦知名。

晉數歲能屬文，作八卦論，吏部侍郎房穎叔、祕書少監王紹宗見而賞歎曰：「此後來王粲也。」弱冠舉進士，又應大禮舉，皆居上第。先天中，累遷中書舍人，兼崇文館學士。玄宗監國，每有制命，皆令晉及賈曾爲之。晉亦數進讜言，深見嘉納。俄出爲泗州刺史，以父老乞辭職歸侍，許之。父卒後，歷戶部侍郎，襲爵河內郡公。

開元十四年，遷吏部侍郎。時開府宋璟兼尚書事，晉及齊澣遞於京都知選事，旣糊名考判，晉獨多賞拔，甚得當時之譽。俄而侍中裴光庭知尚書事，每過官應批退者，但對衆披簿，以朱筆點頭而已。晉遂榜選院云：「門下點頭者，更引注擬。」光庭以爲侮己，甚不悅，遂出爲汝州刺史。三遷魏州刺史，加銀青光祿大夫，入爲太子左庶子。二十二年卒，年五十九。

初，晉與洛陽人張循之、仲之兄弟友善，循之等並以學業著名。循之，則天時上書忤旨被誅。仲之，神龍中謀殺武三思，爲友人宋之遜所發，下獄死。晉厚撫仲之子漸，有如己子，致之書記，爲營婚宦。及晉卒，漸制猶子之服，時人甚以此稱之。

鄭惟忠，宋州宋城人也。儀鳳中，進士舉，授井陘尉，轉湯陰尉。天授中，應舉召見，則天臨軒問諸舉人：「何者爲忠？」諸人對不稱旨。惟忠對曰：「臣聞忠者，外揚君之美，內匡君之惡。」則天曰：「善。」授左司禦率府胄曹參軍，累遷水部員外郎。則天幸長安，惟忠待制引見，則天謂曰：「朕識卿，前於東都言『忠臣外揚君之美，內匡君之惡』，至今不忘。」尋加朝散大夫，再遷鳳閣舍人。

中宗卽位，甚敬重之，擢拜黄門侍郎。時議請禁嶺南首領家畜兵器，惟忠曰：「夫爲政不可革以習俗，且吳都賦云：『家有鶴膝，戶有犀渠。』如或禁之，豈無驚擾耶？」遂寢。無何，守大理卿。節愍太子與將軍李多祚等舉兵誅武三思，事變伏誅。其詿誤守門者並配流，將行，有韋氏黨與密奏請盡誅之。中宗令推斷，惟忠奏曰：「今大獄始決，人心未寧，若更改推，必遞相驚恐，則反側之子，無由自安。」敕令百司議，遂依舊斷，所全者甚多。俄拜御史大夫，持節賑給河北道，仍黜陟牧宰。還，數奏稱旨，加銀青光祿大夫，封滎陽縣男。開元初，爲禮部尙書，轉太子賓客。十年卒，贈太子少保。

王志愔，博州聊城人也。少以進士擢第。神龍年，累除左臺御史，加朝散大夫。執法剛正，百僚畏憚，時人呼爲「皁鵰」，言其顧瞻人吏，如鵰鶚之視燕雀也。尋遷大理正，嘗奏言：「法令者，人之隄防，隄防不立，則人無所禁。竊見大理官僚，多不奉法，以縱罪爲寬恕，以守文爲苛刻。臣濫執刑典，實恐爲衆所謗。」遂表上所著應正論以見志，其詞曰：

嘗讀易至「萃，利見大人，亨，聚以正也。六二，引吉无咎。」注曰：「居萃之時，體柔當位。處坤之中，己獨處正。異操而聚，獨正者危，未能變體，以遠於害。故必見引，然後乃吉而无咎。」王肅曰：「六二與九五相應，俱履貞正。引由迎也，爲吉所迎，何咎之有？」未嘗不輟書而歎曰：居中履正，事之常體，見引无咎，道亦宜然。

有客聞而惑之，因謂僕曰：今主上文明，域中理定，君累司典憲，不務和同。處正之志雖存，見引之吉誰應？行之不已，余竊懼焉。

僕斂襟降階揖而謝曰：補遺闕於袞職，用忠讜爲己任，以蒙養正，見引獲吉，應此道也，仁何遠哉！昔咎繇謨虞，登朝作士，設教理物，開訓成務。是以五流有宅，五宅三居，怙終賊刑，刑故無小。於是舜美其事曰：「汝明於五刑，以弼五教，期于予理，刑期于無刑，人協于中，時乃功，懋哉！」故孔子歎其政曰：「舜舉咎繇，不仁者遠。」此非明辟執法，大人見引之應乎？季孫行父之事君也，舉竊寶之愆，黜授邑之賞，明善惡而糾慝，議僭賞以塞違。在虞舜之功，居二十之一，主司得行其道，時君不以爲嫌，此非己獨處正，應正而无咎。矢魚於棠，臧伯正色；賂鼎在廟，哀伯抗詞。言者得盡其忠，聞之不加其罪。故春秋稱臧氏之正，曰：「積善之家，必有餘慶。」此非異操而聚，引吉之所致乎？魏絳理直，晉侯乃復其位；郗人辭順，趙盾不伐其國。此非正體未變，爲吉所迎者乎？

夫在上垂拱，臣下守制，若正應乎上，乃引吉於下。而中士聞道，若存若亡，交戰於譎正之門，懷疑乎語默之境，懼獨正之莫引，忘此正之必亨。吁嗟乎！行己立身，居正踐義，其動也直，其正也方。維正直而是與，何往而非攸利。何以明之？坤六二：「直方大，不習無不利。」文言曰：「直其正也，方其義也，君子敬以直內，義以方外。敬義立而德不孤，直方大則不疑其所行也。」嵇康撰釋私論，曹羲著至公篇，皆以崇公激俗，抑私事主，一言可以蔽之，歸於體正而已矣。禮記曰：「刑者侀也，侀者成也，一成而不可變，故君子盡心焉。」若以喜怒制刑，輕重設比，是則橋前驚馬，用希旨論人，苑中獵兔，以從欲廢法。理有違而合道，物貴和而不同，不同之和，正在其中矣。

昔任延爲武威太守，漢帝誡之曰：「善事上官，無失名譽。」延對曰：「臣聞忠臣不私，私臣不忠，上下雷同，非國家之福。善事上官，臣不敢奉詔。」任延雅奏，漢主是其言。此則歸正不回，乖旨順義，不以忤懷見忌，斯亦違而合道。晏子春秋：景公見梁丘據曰：「據與我和。」晏子曰：「此同也。和者，君甘則臣酸，君淡則臣醎。今據也，君甘亦甘，所謂同也，安得爲和？」是以濟鹽梅以調羹，乃適平心之味；獻可否而論道，方恢政體之節。俟引正而遵度，故曰物貴和而不同。劉曼山辯和同之義，有旨哉！若以不同見譏，未敢聞誨。

客曰：和同乖訓，則已聞之。援法成而不變者，豈恤獄之寬憲耶？書曰：「御衆以寬。」傳曰：「寬則得衆。」若以嚴統物，異乎寬政矣。

對曰：刑賞二柄，唯人主操之，崇厚任寬，是謂帝王之德。愼子曰：「以力役法者，百姓也；以死守法者，有司也；以道變法者，君上也。」然則匪人臣所操。後魏游肇之爲廷尉也，魏帝嘗私敕肇有所降恕，肇執而不從曰：「陛下自能恕之，豈足令臣曲筆也？」是知寬恕是君道，曲從非臣節。人或未達斯旨，不料其務，以平刑爲峻，將曲法爲寬，謹守憲章，號爲深密。內律：「釋種虧戒，一誅五百人，如來不救其罪。」豈謂佛法爲殘刻耶？老子道德經云：「天網恢恢，疏而不漏。」豈謂道教爲凝峻耶？家語曰：「王者之誅有五，而竊盜不預焉。」卽心辯言僞之流；禮記亦陳四殺，破律亂名之謂。豈是儒家執禁，孔子之深文哉？此三教之用法者，所以明眞諦，重玄猷，存天綱，立人極也。

然則乾象震曜，天道明威。齊衆惟刑，百王所以垂範；折人以法，三后於是成功。所務掌憲決平，斯廷尉之職耳。易曰：「家人嗃嗃，无咎；婦子嘻嘻，終吝。」嚴於其家，可移於國。昔崔寔達於理而作政論，仲長統曰：「凡爲人主，宜寫政論一通，置諸坐側。」其大抵云爲國者以嚴致平，非以寬致平者也。然則稱嚴者不必踰條越制，凝網重罰，在於施隱括以矯枉，用平典以禁非。刑故有常，罰輕無捨，人不易犯，防之難越故也。但人慢吏濁，僞積贓深，而曰以寬理之，可以無過。何異乎命王良御騂，捨銜策於奔踶；請俞跗攻疾，停藥石於膚腠！適見秋駕轉逸，膏肓更深，醫人僕夫，何功之有？

又謂僕曰：成法而變，唯帝王之命歟？

對曰：何爲其然也？昔漢武帝甥昭平君殺人，以公主子，廷尉上請論。左右爲言，武帝垂涕歎曰：「法令者，先帝之所造也，用親故誣先帝之法，吾何面目入高廟乎？又下負萬人！」乃可其奏。近代隋文帝子秦王俊爲幷州總管，以奢縱免官。僕射楊素奏言：「王，陛下愛子，請捨其過。」文帝曰：「法不可違。若如公意，我是五兒之父，非兆人之父，何不別制天子兒律乎？我安能虧法！」卒不許。此是帝王操法，協於禮經不變之義。況於秋官典職，司寇肅事，而可變動者乎！我皇睿哲登宸，高視巖廊之上；宰衡明允就列，輯穆廟堂之下。乾坤交泰，日月光華，庶績其凝，衆工咸理。聚以正也，僕幸利見大人；引其吉焉，期養正於下位。中正是託，子何懼乎？

夫君子百行之基，出處二途而已。出則策名委質，行直道以事人，進善納忠，仰太階而緝政。諤諤其節，思爲社稷之臣；謇謇匪躬，願參柱石之任。處則高謝公卿，孝友揚名，是亦爲政。烟霞尙志，其用永貞，行藏事業，心迹斯在。至如水中泛泛，天下悠悠，執馭爲榮，掃門自媚，拜塵邀勢，括囊守祿，從來長息，以爲深恥。

客乃逡巡不對，遂無以閒僕也。

中宗覽而嘉之。稍遷駕部郎中。

景雲元年，累轉左御史中丞，尋遷大理少卿。二年，制依漢置刺史監郡，於天下衝要大州置都督二十人，妙選有威重者爲之，遂拜志愔齊州都督，事竟不行。又授齊州刺史，充河南道按察使。未幾，遷汴州刺史，仍舊充河南道按察使。太極元年，又令以本官兼御史中丞、內供奉，特賜實封一百戶。尋加銀青光祿大夫，拜戶部侍郎。出爲魏州刺史，轉揚州大都督府長史，俱充本道按察使。所在令行禁止，姦猾屏迹，境內肅然。久之，召拜刑部尚書。

開元九年，上幸東都，令充京師留守。十年，有京兆人權梁山僞稱襄王男，自號光帝，與其黨及左右屯營押官謀反。夜半時擁左屯營兵百餘人自景風、長樂等門斬關入宮城，將殺志愔，志愔踰牆避賊。俄而屯營兵潰散，翻殺梁山等五人，傳首東都，志愔遂以駭卒。

盧從愿，相州臨漳人，後魏度支尚書昶六代孫也。自范陽徙家焉，世爲山東著姓。弱冠明經舉，授絳州夏縣尉，又應制舉，拜右拾遺。俄遷右肅政監察御史，充山南道黜陟巡撫使，奉使稱旨，拜殿中侍御史。累遷中書舍人。

睿宗踐祚，拜吏部侍郎。中宗之後，選司頗失綱紀，從愿精心條理，大稱平允。其有冒名僞選及虛增功狀之類，皆能擿發其事，典選六年，前後無及之者。上嘉之，特與一子太子通事舍人。從愿上疏乞迴恩贈父，乃贈其父吉陽丞敬一爲鄭州長史。初，高宗時裴行儉、馬載爲吏部，最爲稱職，及是，從愿與李朝隱同時典選，亦有美譽。時人稱曰：「吏部前有馬、裴，後有盧、李。」

開元四年，上盡召新授縣令，一時於殿庭策試，考入下第者，一切放歸學問。從愿以注擬非才，左遷豫州刺史。爲政嚴簡，按察使奏課爲天下第一，降璽書勞問，賜絹百匹。無幾，入爲工部侍郎，轉尚書左丞。又與楊滔及吏部侍郎裴漼、禮部侍郎王丘、中書舍人劉令植删定開元後格，遷中書侍郎。十一年，拜工部尚書，加銀青光祿大夫，仍令東都留守。十三年，從升泰山，又加金紫光祿大夫，代韋抗爲刑部尚書。頻年充校京外官考使，前後咸稱允當。

御史中丞宇文融承恩用事，以括獲田戶之功，本司校考爲上下，從愿抑不與之。融頗以爲恨，密奏從愿廣占良田，至有百餘頃。其後，上嘗擇堪爲宰相者，或薦從愿，上曰：「從愿廣占田園，是不廉也。」遂止不用。從愿又因早朝，途中爲人所射，中其從者，捕賊竟不獲。時議從愿久在選司，爲被抑者所讎。

十六年，東都留守。時坐子起居郎論糴米入官有剩利，爲憲司所糾，出爲絳州刺史，再遷太子賓客。二十年，河北穀貴，敕從愿爲宣撫處置使，開倉以救饑餒。使迴，以年老抗表乞骸骨，乃拜吏部尚書，聽致仕，給全祿。二十五年卒，年七十餘，贈益州大都督，謚曰文。

李朝隱，京兆三原人也。少以明法舉，拜臨汾尉，累授大理丞。神龍年，功臣敬暉、桓彦範爲武三思所構，諷侍御史鄭愔奏請誅之，敕大理結其罪。朝隱以暉等所犯，不經推鞫，未可即正刑名。時裴談爲大理卿，異筆斷斬，仍籍沒其家，朝隱由是忤旨。中宗令貶嶺南惡處，侍中韋巨源、中書令李嶠奏曰：「朝隱素稱清正，斷獄亦甚當事，一朝遠徙嶺表，恐天下疑其罪。」中宗意解，出爲聞喜令。

尋遷侍御史，三遷長安令，有宦官閭興貴詣縣請託，朝隱命拽出之，睿宗聞而嘉歎，延召朝隱，勞曰：「卿爲京縣令能如此，朕復何憂。」乃下制曰：「夫不吐剛而諂上、不茹柔而黷下者，君子之事也。踐霜必繩、登車無屈者，正人之務也。長安縣令李朝隱，德義不回，清強自遂，亟聞嘉政，累著能名。近者品官入縣，有乖儀式，遂能責之以禮，繩之以愆。但閹豎之流，多有憑恃，柔寬之代，必弄威權。歷觀載籍，常所歎息。朕規誡前古，勤求典憲，能副朕意，實賴斯人。昔虞延持皇后之客，梅陶鞭太子之傅，古稱遺直，復見於今。思欲旌其美行，遷以重職，爲時屬閱戶，政在養人，宜加一階，用表剛烈。可太中大夫。特賜中上考，兼絹百匹。」七遷絳州刺史，兼知吏部選事。

開元二年，遷吏部侍郎，銓敍平允，甚爲當時所稱，降璽書褒美，授一子太子通事舍人。四年春，以授縣令非其人，出爲滑州刺史，轉同州刺史。駕幸東都，路由同州，朝隱蒙旨召見賞慰，賜衣一副、絹百匹。尋遷河南尹，政甚清嚴，豪右屏跡。時太子舅趙常奴恃勢侵害平人，朝隱曰：「此而不繩，何以爲政？」執而杖之。上聞，又降敕書慰勉之。

十年，遷大理卿。時武強令裴景仙犯乞取贓積五千匹，事發逃走。上大怒，令集衆殺之。朝隱執奏曰：「裴景仙緣是乞贓，犯不至死。又景仙曾祖故司空寂，往屬締構，首預元勳。載初年中，家陷非罪，凡有兄弟皆被誅夷，唯景仙獨存，今見承嫡。據贓未當死坐〔一〕，準犯猶入請條。十代宥賢，功實宜錄；一門絕祀，情或可哀。願寬暴市之刑，俾就投荒之役，則舊勳斯允。」手詔不許。朝隱又奏曰：

有斷自天，處之極法。生殺之柄，人主合專；輕重有條，臣下當守。枉法者，枉理而取，十五匹便抵死刑；乞取者，因乞爲贓，數千匹止當流坐。今若乞取得罪，便處斬刑，後有枉法當科，欲加何辟？所以爲國惜法，期守律文，非敢以法隨人，曲矜仙命。射兔魏苑，驚馬漢橋，初震皇赫，竟從廷議，豈威不能制，而法貴有常。又景仙曾祖寂，草昧忠節，定爲元勳，位至台司，恩倍常數。載初之際，枉被破家，諸子各犯非辜，唯仙今見承嫡。若寂勳都棄，仙罪特加，則叔向之賢何足稱者，若敖之鬼不其餒而？捨罪念功，乞垂天聽。應敕決杖及有犯配流，近發德音，普標殊澤，杖者既聽減數，流者仍許給程。天下顒顒，孰不幸甚！瞻彼四海，已被深恩，豈於一人，獨峻常典？伏乞採臣之議，致仙於法。

乃下制曰：「罪不在大，本乎情；罰在必行，不在重。朕垂範作訓，庶動植咸若，豈嚴刑逞戮，使手足無措者哉？裴景仙幸藉緒餘，超升令宰，輕我憲法，蠹我風猷，不慎畏知之金，詎識無貪之寶，家盈黷貨，身乃逃亡。殊不知天孽可違，自愆難逭，所以不從本法，加以殊刑，冀懲貪暴之流，以塞侵漁之路。然以其祖父昔預經綸，佐命有功，締構斯重，緬懷賞延之義，俾協政寬之典，宜捨其極法，以竄遐荒。仍決杖一百，流嶺南惡處。」

朝隱俄轉岐州刺史，母憂去官。起爲揚州大都督府長史，抗疏固辭，制許之。朝隱性孝友，時年已衰暮，在喪尤加毀瘠。明年，制又起爲揚州長史，不獲已而就職，復入爲大理卿，累封金城伯，代崔隱甫爲御史大夫。朝隱素有公直之譽，每御史大夫缺，時議咸許之。及居其職，竟無所糾劾，唯煩於細務，時望由是稍減。俄轉太常卿。二十一年，兼判廣州事，仍攝御史大夫，充嶺南採訪處置使。明年，卒於嶺外，年七十，贈吏部尚書，官給靈輿，兼家口給遞還鄉，謚曰貞。

裴漼，絳州聞喜人也。世爲著姓。父琰之，永徽中，爲同州司戶參軍，時年少，美容儀，刺史李崇義初甚輕之。先是，州中有積年舊案數百道，崇義促琰之使斷之，琰之命書吏數人，連紙進筆，斯須剖斷並畢，文翰俱美，且盡與奪之理。崇義大驚，謝曰：「公何忍藏鋒以成鄙夫之過！」由是大知名，號爲「霹靂手」。後爲永年令，有惠政，人吏刊石頌之。歷任倉部郎中，以老疾廢於家。

漼色養劬勞，十數年不求仕進。父卒後，應大禮舉，拜陳留主簿，累遷監察御史。時吏部侍郎崔湜、鄭愔坐贓爲御史李尙隱所劾，漼同鞫其獄。安樂公主及上官昭容阿黨湜等，漼竟執正奏其罪，甚爲當時所稱。三遷中書舍人。

太極元年，睿宗爲金仙、玉眞公主造觀及寺等，時屬春旱，興役不止。漼上疏諫曰：

臣謹案禮記春、夏令曰：無聚大衆，無起大役，不可興土功，恐妨農事。若號令乖度，役使不時，則人加疾疫之危〔三〕，國有水旱之災，此五行之必應也。今自春至夏，時雨愆期，下人憂心，莫知所出。陛下雖降哀矜之旨，兩都仍有寺觀之作，時旱之應，實此之由。且春令告期，東作方始，正是丁壯就功之日，而土木方興，臣恐所妨尤多，所益尤少，耕夫罷妾，飢寒之源。故春秋「莊公三十一年冬，不雨」，五行傳以爲「歲三築臺」；「僖公二十一年夏，大旱」，五行傳以「時作南門，勞人興役」。陛下每以萬方爲念，睿旨殷勤，安國濟人，防微慮遠。伏願下明制，發德音，順天時，副人望，兩京公私營造及諸和市木石等並請且停，則蒼生幸甚。農桑失時，戶口流散，縱寺觀營構，豈救黎元飢寒之弊哉！

疏奏不報。尋轉兵部侍郎，以銓敍平允，特授一子爲太子通事舍人。

開元五年，遷吏部侍郎，典選數年，多所特拔。再轉黃門侍郎，代韋抗爲御史大夫。漼早與張說特相友善，時說在相位，數稱薦之。漼又善於敷奏，上亦嘉重焉。由是擢拜吏部尚書，尋轉太子賓客。漼家世儉約，旣久居清要，頗飾妓妾，後庭有綺羅之賞，由是爲時論所譏。二十四年卒，年七十餘，贈禮部尚書，諡曰懿。

漼從祖弟寬。寬父無晦，袁州刺史。寬通略，以文詞進，騎射、彈棊、投壺特妙。景雲中，爲潤州參軍，刺史韋銑爲按察使，引爲判官，淸幹善於剖斷，銑重其才，以女妻之。後應拔萃，舉河南丞。再轉爲長安尉，時宇文融爲侍御史，括天下田戶，使奏差爲江南東道勾當租庸地稅兼覆田判官。轉太常博士。禮部擬國忌之辰享廟用樂，下太常，寬深達禮節，特建新意，以爲廟尊忌卑則登歌，廟卑忌尊則去籥。中書令張說謂寬明識，舉而行之。再遷爲刑部員外郎。有萬騎將軍馬崇正晝殺人，時開府、霍國公王毛仲恩幸用事，將鬻其獄，寬執之不回。兵部尚書蕭嵩爲河西節度使，奏寬及郭虛己爲判官，累年專見委任，嵩加中書令，寬歷中書舍人、御史中丞、兵部侍郎。開元二十一年冬，裴耀卿以黃門侍郎知政事，扈從出關，知江、淮轉運，於河陰置倉，奏寬爲戶部侍郎，爲其副。

寬性友愛，弟兄多宦達，子姪亦有名稱，於東京立第同居，八院相對，甥姪皆有休憩所，擊鼓而食，當世榮之。選吏部侍郎，及玄宗還京，又改蒲州刺史。州境久旱，入境，雨乃大浹。遷河南尹，不附權貴，務於恤隱，政乃大理。改左金吾衛大將軍，一年，除太原尹，賜紫金魚袋。玄宗賦詩而餞之，曰：「德比岱雲布，心如晉水清。」

天寶初，除陳留太守，兼採訪使。尋而范陽節度李適之入爲御史大夫，除寬范陽節度兼河北採訪使替之〔三〕。其年，又加御史大夫，時北平軍使烏承恩恃以蕃酋與中貴通，恣求貨賄，寬以法按之。檀州刺史何僧獻生口數十人，寬悉命歸之，故夷夏感悅。

三載，以安祿山爲范陽節度，寬爲戶部尚書、兼御史大夫。玄宗素重寬，日加恩顧。刑部尚書裴敦復討海賊迴，頗張賊勢，又廣敍功以開請託之路，寬嘗幾微奏之。居數日，有河北將士入奏，盛言寬在范陽能政，塞上思之，玄宗嗟賞久之。李林甫懼其入相，又惡寬與李適之善，乃呼裴敦復，且以寬之語告之。敦復使氣性疏，與寬素不相下，以爲林甫推誠於己，因願結之，且訴其冤。先是，寬以親故名囑敦復，求請軍功。至是敦復氣憤發其事，林甫曰：「公宜速奏，無後於人。」尋而敦復扈從幸溫泉宮，寬在京城未發。遇有敦復下軍將程藏曜、郎將曹鑒。鑒，郴州富人；藏曜，嶺南首領之子。皆有他事，與人詣臺告訴，寬受其狀，捕鑒等鞫之。敦復判官太常博士王悅聞之，謂寬求其過，連夜詣湯所以告。敦復大懼，促裝待罪，因令子婿以五百金賂於貴妃姊楊三娘。楊氏遽爲言之，明日貶寬爲睢陽太守。

寬以清簡爲政，故所莅人皆愛之。當時望爲宰輔。及韋堅構禍，寬又以親累貶爲安陸別駕員外置。林甫使羅希奭南殺李適之，紆路至安陸過，擬怖死之。寬叩頭祈請，希奭不宿而過。寬又懼死，上表請爲僧，詔不許。然崇信釋典，常與僧徒往來，焚香禮懺，老而彌篤。累遷東海太守、襄州採訪使、銀青光祿大夫，轉馮翊太守，入拜禮部尚書。十四載卒，年七十五。詔贈太子少傅，賻帛一百五十段、粟一百五十石。兄弟八人，皆明經及第，入臺省、典郡者五人。

寬歿之後，弟珣爲河內郡太守〔四〕，安祿山反，以執父喪，將投闕庭，恐累其母，乃詣河東節度訴誠而退。後在母憂，又陷史思明，授其僞官委任，使弟朗密奉表疏至上京。代宗時，爲左司郎中、兼侍御史、河東道租庸判官。

王丘，光祿卿同皎從兄子也。父同晊，左庶子。丘年十一，童子舉擢第，時類皆以誦經爲課，丘獨以屬文見擢，由是知名。弱冠，又應制舉，拜奉禮郎。丘神氣淸古，而志行修潔，尤善詞賦，族人左庶子方慶及御史大夫魏元忠皆稱薦之。長安中，自偃師主簿擢第，拜監察御史。

開元初，累遷考功員外郎。先是，考功舉人，請託大行，取士頗濫，每年至數百人，丘一切覈其實材，登科者僅滿百人。議者以爲自則天已後凡數十年，無如丘者，其後席豫、嚴挺之爲其次焉。三遷紫微舍人，以知制誥之勤，加朝散大夫，再轉吏部侍郎。典選累年，甚稱平允，擢用山陰尉孫逖、桃林尉張鏡微、湖城尉張晉明、進士王泠然，皆稱一時之秀。俄換尙書左丞。

十一年，拜黃門侍郎。其年，山東旱儉，朝議選朝臣爲刺史以撫貧民，制曰：「昔咎繇與禹言曰：『在知人，在安人。』此皆念存邦本，光于帝載，乾乾夕惕，無忘一日。而長吏或不稱，蒼生或未寧，深思循良，以矯過弊，仍重諸侯之選，故自朝廷始之。」於是以丘爲懷州刺史，又以中書侍郎崔沔等數人皆爲山東諸州刺史。至任，皆無可稱，唯丘在職淸嚴，人吏甚畏慕之。俄又分知吏部選事，入爲尙書左丞，丁父憂去職，服闋，拜右散騎常侍，仍知制誥。

二十一年，侍中裴光庭病卒，中書令蕭嵩與丘有舊，將薦丘知政事，丘知而固辭，且盛推尙書右丞韓休，嵩因而奏之。及休作相，遂薦丘代崔琳爲御史大夫。丘旣訥於言詞，敷奏多不稱旨。俄轉太子賓客，襲父爵宿預男，尋以疾拜禮部尙書，仍聽致仕。

丘雖歷要職，固守淸儉，未嘗受人饋遺，第宅輿馬，稱爲敝陋。致仕之後，藥餌殆將不給。上聞而嘉歎，下制曰：「王丘夙負良材，累升茂秩，比緣疾疹，假以優閑。聞其家道屢空，醫藥靡給，久此從宦，遂無餘資。持操若斯，古人何遠！且優賢之義，方册所先，周急之宜，沮勸攸在。其俸祿一事已上，並宜全給，式表殊常之澤，用旌貞白之吏。」天寶二年卒，贈荆州大都督。

史臣曰：有唐之興，綿歷年所，骨鯁淸廉之士，懷忠抱義之臣，臺省之間，駕肩接武。但時有夷險，道有汙隆，用與不用而已。睿、玄之世　若李傑、畢構、蘇珦、鄭惟忠、王志愔、盧從愿、裴漼、王丘並位歷臺台，名德兼著。如尹思貞、李朝隱折李承嘉、竇懷貞，辱閭興貴、趙常奴，詩人所謂不畏強禦者也。解琬總兵朔野，料敵如神，功遂身退，深知止足，茲亦有足多也。

贊曰：尚書臺台，京尹方伯。我朝重官，云誰稱職？傑、構、珣、忠，能竭其力。愔、愿、漼、丘，聿修厥德。貞蔑大僚，隱繩貴戚。琬馳令名，燕、蜀之北。

校勘記

〔一〕據臟未當死坐　「未」字各本原作「表」，據唐會要卷四〇、御覽卷六四一、冊府卷六一七改。

〔二〕則人加疾疫之危　「人」字各本原無，據冊府卷五五二、英華卷六二一改。

〔三〕除寬范陽節度兼河北採訪使替之　「河北」二字各本原在「採訪使」下，據合鈔卷一五一裴漼傳改。

〔四〕弟珣　校勘記卷四一：「張氏宗泰云：弟當作子。按寬卒於天寶十四載，祿山之反即在其年，下云安祿山反，將投父喪，將投闕庭，與上正合，是寬爲珣父，非其兄也。」